我们一起解决问题

写给餐饮创业者：

做餐饮没有捷径，只有怀着认真、敬畏、执着的态度，进行系统和专业的学习，并付诸行动，方能成功。

——餐易私塾校长：综剑

餐饮开店
120讲
从设立品牌到连锁运营

徐 剑◎著

餐易私塾出品

人民邮电出版社

北　京

图书在版编目（CIP）数据

餐饮开店120讲：从设立品牌到连锁运营 / 徐剑著
. -- 北京：人民邮电出版社，2019.10
ISBN 978-7-115-52063-0

Ⅰ. ①餐… Ⅱ. ①徐… Ⅲ. ①饮食业—运营管理
Ⅳ. ①F719.3

中国版本图书馆CIP数据核字（2019）第195424号

内 容 提 要

　　随着移动互联网技术的快速发展，餐饮行业的发展路径和竞争模式已发生了巨大的变化。不管是传统餐饮人，还是互联网和新媒体出身的新餐饮人，在开设餐厅的过程中都应该转变思路，掌握技巧。

　　《餐饮开店120讲：从设立品牌到连锁运营》的作者拥有多年餐饮经营培训经验，历时两年打造了这部餐饮开店实操手册。本书分为从零开始做餐饮和餐饮连锁运营要点两个部分，分别从创建品牌、打造产品、设计菜单、科学选址、开业筹备、营销策略、财务管控、人力资源管理、门店运营管理、加盟体系建设等方面，用16章120讲的内容介绍了在餐饮开店过程中应了解的方方面面，为餐饮创业者提供了重要的参考。另外，书中提供了大量典型案例与实用表单的范本，能够帮助餐饮创业者和经营者更好地管理自己的餐厅。

　　本书适合餐饮行业的投资者和经营者，以及希望进入这一行业的人员阅读。

　◆　　著　　徐　剑
　　　责任编辑　贾淑艳
　　　责任印制　彭志环

　◆　人民邮电出版社出版发行　　　北京市丰台区成寿寺路11号
　　　邮编 100164　　电子邮件 315@ptpress.com.cn
　　　网址 http://www.ptpress.com.cn
　　　北京天宇星印刷厂印刷

　◆　开本：700×1000　1/16
　　　印张：18.5　　　　　　　　　　　2019年10月第1版
　　　字数：250千字　　　　　　　　　2025年3月北京第16次印刷

定　价：69.00元
读者服务热线：（010）81055656　印装质量热线：（010）81055316
反盗版热线：（010）81055315

推荐序

....

创业，是一场不断苦练基本功的修行

科技正在不断地改变着我们的生活，让那些曾经想都不敢想的事情一步步变成了现实。餐饮业作为第三产业中的主要行业，随着新技术、新业态的不断出现，也发生着深刻的变化。"超市＋餐饮"、在线餐饮、外卖外送、无人餐厅……餐饮业已经发展到了一个经营多元化、收入多元化的阶段，其推动了消费升级，正在给消费者带来全新体验。

在今天，数字化、智能化、新思维、新模式，让餐饮业的很多不可能变得皆有可能。通过大数据分析获知消费者需求的变化，通过智能化解决方案对餐厅进行形象、服务、门店管理及供应链建设升级，通过互联网打通线上线下营销渠道……

改变，是为了更好地满足消费者变化的需求，但不变的是以客户需求为导向的餐饮行业的本质。餐饮行业是一个人性化的行业，是以服务为营销介质的行业，不管怎么发展，其终归要回到餐饮的本质上来。如何做好产品，怎样实现有效管理，如何选址开店，怎样设计菜单……这些都是餐饮人必修的基本功。

今天的餐饮创业者，面对的是一个更加复杂的环境。作为一个餐饮创业者，要做好长期奋斗的心理准备，苦练基本功。只有掌握餐饮行业的本质，才能在激烈的竞争中立于不败之地。

徐剑校长的这本书涵盖了餐饮开店过程中可能会遇到的 120 个关键问题，涉及选址、开店筹备、营销、管理等创业开店的各个环节。它为餐饮创业者提供了一份详尽的实战指南，能够帮助餐饮创业者从零开始修炼内功、厘清思路，建立系统认知，正确分析和解决问题。它可以让餐饮创业者少走弯路，降低风险，是餐饮创业者必备的入门手册。

在这个充满机遇与挑战的时代，创业难，餐饮创业更难！唯有苦练基本功，餐饮创业者才能为自己的事业打下坚实的基础。

高萍
美团点评到店事业群餐饮行业发展部负责人
新餐饮洞察负责人

自 序

一、为什么要写这本书

我写这本书的目的是帮助众多餐饮创业者真正了解如何经营一家餐饮店。一直以来我都认为，"每个人的心中都有开一家餐厅的梦想"。女人可能梦想开一家浪漫的咖啡厅，面朝大海、春暖花开；男人可能梦想开一家烧烤店，大口吃肉、大碗喝酒。那现实和理想是不是一样的呢？

我有一位北京的朋友，在2016年自信地跟我讲，他妈妈做的丸子特别好吃，他一定要开一家丸子汤店。我劝他不要冲动，一定要考虑清楚：餐厅的定位是什么？产品结构如何设计？运营模式怎么样？这些看似微不足道，实则至关重要。

毕竟我在餐饮行业做了15年，又是他的朋友，所以我得提醒他。但是他全然不顾。他觉得自己有互联网金融行业的从业背景，有两把做生意的"刷子"，钱也不是问题，于是在没有想清楚的情况下迅速开了一家60平方米的小店。那时我只有苦笑，为他祈祷，希望他可以顺利地把小店经营起来。

结果到 2017 年 6 月，时隔不足一年，他整个人变得特别惶恐，因为小店快撑不下去了，而他里里外外投进了 100 万元左右。最后我给他的建议只有一个，就是关掉小店，这样还可以少亏一点。

餐饮业到底怎么样？在顾客看来，这是一个人人都离不开的行业，是一个充满味道，充满欢笑的行业。但是在餐饮经营者看来，这是一个有着租金、人工、材料等各项成本压力的行业；是一个需要天天研究顾客喜好，考虑怎么加工、生产以及配送的行业；是一个需要管理厨师、管理服务员、保证环境质量和产品质量的行业；也是一个动辄投入几十万元甚至几百万元的行业。

很多人仅仅因为自己会做一道好菜，就怀着做餐饮的梦想，怀着把美味带给更多喜欢美食的人的憧憬，在懵懵懂懂中盲目进入餐饮行业。然而当他们进入这个行业后就会发现——隔行如隔山。**餐饮业是一个"进入门槛低，盈利门槛高"的行业。**

你会发现，虽然自己有"精心做好每一碗汤"的初心，但当每天要招待 100 位客人、做 100 碗汤时，需要"慢工出细活"的汤，就变成了需要标准化的汤；精心可能就变成了粗心，初心可能就变成了烦心。

你还会发现，虽然自己有着"找几个志同道合的人，做好一件事"的梦想，但当招来的员工不是文化素质不高，就是整天要求涨工资，还每天"磨洋工"、跟顾客吵架、服务态度恶劣时，志同道合可能就变成了分道扬镳，梦想可能就变成了幻想。也许只有经历过这一切之后，你才会猛然醒悟，**做餐饮其实并没有想象的那么简单，它是一项必须要从最开始就精心谋划的投资。**

二、通过阅读本书，你能收获什么

当今餐饮行业竞争的激烈程度远远超出我们的想象。据我了解，仅

2017 年一年我国倒闭的餐厅就超过 280 万家。那么多摸爬滚打多年的老餐饮人都在波涛起伏的餐饮浪潮中翻了船，你有多大自信一定能把生意做得风生水起？在餐饮经营过程中，你是不是确定能够解决以下问题：

餐厅名字该怎么起，怎么注册？

商标该怎么设计？

如何明确自己的品牌定位？

怎样找到适合自己餐厅定位的最优发展模式？

如何精准地选好商铺？

怎样确定装修是不是有陷阱，该怎么防范？

如何设计产品结构？

怎样定价？

如何应对顾客的投诉？

怎么做营销方案？

如何开加盟店？

······

每一位餐饮创业者在创业过程中都会遇到这些问题，只有解决了这些问题，才能在竞争激烈的餐饮市场突破重围，获得成功。立足于十几年的从业经验和咨询经历，我历时两年完成了本书的写作，希望帮助大家解决餐饮经营路上遇到的困难，告诉大家如何针对自己的情况做出正确的分析，找出一条规避风险、让经营更加顺利的餐饮创业之路。

这本书的内容最初以音频课程的形式在"餐饮老板内参"平台发布，受到广大餐饮朋友的欢迎。为了便于阅读和学习，我在大家多次建议下将其整理成书，并新增了丰富的案例，配置了大量的实用表格，使其更具指导意义。

全书分基础篇与进阶篇两部分，包含了 120 个在餐饮经营过程中涉的重要问题。基础篇从如何创建一个品牌开始，分别介绍了如何设计菜单，如何科学选址，如何做开业筹备，如何策划营销方案，如何管理，如何建立制度，以及如何用数据指导经营等，从多个维度帮助创业者从零开始做餐饮；进阶篇则论述了在品牌建立起来后，创业者如何让品牌更具竞争力，进行连锁运营，实现更快、更好的发展。

希望本书可以帮助大家在餐饮这条路上走得更远，走得更稳。

徐剑　餐易私塾校长

目 录

基础篇　从零开始做餐饮 // 1

第1章　如何创建品牌 // 3

第1讲　如何为餐厅取个好名字 // 3

第2讲　如何为品牌设计一个好的标识 // 6

第3讲　如何讲好品牌故事 // 7

第4讲　如何确定平面设计方案 // 9

第5讲　如何利用好环境、好空间吸引眼球 // 12

第2章　好生意从打造产品和菜单开始 // 15

第6讲　如何打造餐厅的招牌菜 // 15

第7讲　如何确定产品结构 // 17

第8讲　菜品的定价方法有哪些 // 19

第9讲　如何制作菜单 // 20

第3章　如何选址更保险 // 23

第 10 讲　四个选址的常见误区 // 23

第 11 讲　开店之前，先选商圈 // 25

第 12 讲　好生意取决于好位置和好店铺 // 27

第 13 讲　五分钟教你做一张《选址评估表》// 29

第 14 讲　签合同的五个细节 // 32

第4章　开业筹备的关键点 // 34

第 15 讲　掌控开业进度 // 34

第 16 讲　办理餐厅证照的注意事项 // 38

第 17 讲　如何严格跟进设计和装修 // 40

第 18 讲　开业期间要接触的管理部门 // 42

第 19 讲　如何为门店招人 // 44

第 20 讲　员工培训应该注意哪些方面 // 45

第 21 讲　开业前的三个采购要点 // 48

第5章　餐厅的六种营销 // 51

第 22 讲　开业营销怎么做 // 51

第 23 讲　节日营销怎么做 // 55

第 24 讲　会员营销怎么做 // 59

第 25 讲　异业营销怎么做 // 61

第 26 讲　新品营销怎么做 // 62

第 27 讲　事件营销怎么做 // 64

第6章　创业者的五个管理重点 // 66

第28讲　如何处理与合伙人的关系 // 66

第29讲　如何提升门店的收益 // 67

第30讲　怎样提高门店员工的工作效率 // 69

第31讲　如何管理好员工 // 70

第32讲　如何管控各项成本 // 73

第7章　帮你管好门店的四个制度 // 76

第33讲　人事制度 // 76

第34讲　运营管理制度 // 79

第35讲　安全管理制度 // 80

第36讲　培训制度 // 81

第8章　六个方面帮你掌握餐厅的财务情况 // 85

第37讲　五分钟教你掌握餐饮经营基本财务知识 // 85

第38讲　五分钟教会你做餐厅财务报表 // 90

第39讲　如何分析餐厅的营业额 // 93

第40讲　如何分析门店的四大关键成本 // 94

第41讲　分析餐厅的三种效率值 // 96

第42讲　如何预估餐厅的营业额 // 98

||||||||||| **进阶篇** 餐饮连锁运营要点 // 101 |||||||||||

第9章 品牌设计的五大模式与五个模型 // 103

第 43 讲 品牌模式设计——品类及业态模式 // 103

第 44 讲 品牌模式设计——运营模式 // 104

第 45 讲 品牌模式设计——生产供应模式 // 106

第 46 讲 品牌模式设计——设计模式 // 108

第 47 讲 品牌模式设计——营销模式 // 110

第 48 讲 品牌模型设计——投资模型 // 112

第 49 讲 品牌模型设计——盈利模型 // 115

第 50 讲 品牌模型设计——产品模型 // 117

第 51 讲 品牌模型设计——选址模型 // 119

第 52 讲 品牌模型设计——管理模型 // 121

第10章 九大维度定位品牌发展方向 // 123

第 53 讲 三大品牌思维——差异化思维 + 细分思维 + 创新思维 // 123

第 54 讲 四大维度进行品牌分析 // 125

第 55 讲 品牌九大定位——文化定位 // 128

第 56 讲 品牌九大定位——产品定位 // 129

第 57 讲 品牌九大定位——价格定位 // 131

第 58 讲 品牌九大定位——顾客定位 // 133

第 59 讲 品牌九大定位——营销定位 // 134

第 60 讲 品牌九大定位——时间定位 // 136

第 61 讲 品牌九大定位——空间定位 // 137

第 62 讲 品牌九大定位——服务定位 // 139

第 63 讲 品牌九大定位——选址定位 // 141

第11章　连锁餐饮运营的两大要点 // 143

第 64 讲　菜单规划——如何定产品、定价格 // 143

第 65 讲　菜单规划——产品文案 // 145

第 66 讲　菜单规划——菜单排版 // 146

第 67 讲　菜单规划——菜单形式 // 148

第 68 讲　产品研发——如何研发产品 // 150

第 69 讲　产品研发——如何培训、监督、推广 // 154

第12章　餐企人力资源管理的关键因素 // 156

第 70 讲　公司规划——架构、岗位、责任、权力、利益 // 156

第 71 讲　如何招聘员工 // 158

第 72 讲　面试员工的技巧 // 160

第 73 讲　薪酬结构设计 // 162

第 74 讲　绩效激励方案之运营体系的绩效激励 // 164

第 75 讲　绩效激励方案之职能部门的绩效激励 // 166

第 76 讲　培训晋升体系——培训体系搭建 // 168

第 77 讲　培训晋升体系——晋升体系搭建 // 172

第 78 讲　员工关系管理 // 174

第 79 讲　人事制度建设 // 176

第 80 讲　企业文化建设 // 177

第13章　门店运营管理技巧 // 181

第 81 讲　如何管好管理层的手和管理层的心 // 181

第 82 讲　门店值班管理之门店工作流程和排班管理 // 183

第 83 讲　门店值班管理之门店服务管理和客诉处理 // 191

第 84 讲　门店团队建设管理之如何处理餐厅前厅后厨的矛盾 // 193

第 85 讲　门店团队建设管理之如何开展团队建设 // 195

第 86 讲　门店训练管理之如何准备培训所需的资料 // 196

第 87 讲　门店训练管理之如何制定培训计划 // 198

第 88 讲　门店训练管理之如何开展培训 // 201

第 89 讲　门店安全管理之消防安全 // 202

第 90 讲　门店安全管理之食品安全 // 205

第 91 讲　门店安全管理之人身安全 // 212

第 92 讲　门店安全管理之财产安全 // 214

第 93 讲　门店五常管理 // 215

第 94 讲　成本管理之食材成本的控制与管理 // 217

第 95 讲　成本管理之能源成本的控制与管理 // 219

第 96 讲　成本管理之物料成本的控制与管理 // 222

第 97 讲　门店需要遵循的监管要求 // 224

第 98 讲　门店利润管理之营业收入分析 // 228

第 99 讲　门店利润管理之保本点分析 // 230

第14章　餐饮基础股权设计 // 233

第 100 讲　合伙协议包括哪些要点 // 233

第 101 讲　如何设计餐饮股权架构 // 236

第 102 讲　餐饮企业如何实施期权激励 // 238

第 103 讲　餐饮企业在融资前需要做的准备工作 // 240

第15章　餐饮加盟体系的建设 // 243

第 104 讲　连锁餐饮加盟招商前的准备工作 // 243

第105讲 如何设计加盟招商手册 // 247

第106讲 加盟招商协议包含哪些内容 // 249

第107讲 如何管理加盟商 // 251

第16章 餐饮创业13问 // 255

第108讲 如何给位置不太好的门店引流 // 255

第109讲 如何平衡产品的品质和价格 // 257

第110讲 餐厅生意一直不太好，是要坚持还是放弃 // 259

第111讲 员工实行轮岗制还是定岗制 // 261

第112讲 非厨师出身的老板，如何把握后厨生产的稳定性 // 262

第113讲 如何平衡标准化的出品和依赖厨师的出品 // 264

第114讲 如何紧随风口打造爆款产品并形成自己独特的竞争力 // 266

第115讲 餐厅生意火爆，有人在附近开店抄袭，怎么办 // 268

第116讲 餐饮选址应该规避哪些坑 // 269

第117讲 到底有没有必要建立中央厨房 // 271

第118讲 单店盈利能力比较强的情况下，如何部署下个阶段 // 272

第119讲 如何做好门店的选址调研 // 274

第120讲 加盟其他品牌如何避免被坑被骗 // 276

结束语 // 279

基础篇

从零开始做餐饮

餐饮开店是一个老生常谈的话题，也是一个常谈常新的话题。很多创业者第一个想到的创业方向就是餐饮业，认为它门槛低，不需要什么技术含量，是人人都可以进入的行业。只有做过几年餐饮或者在餐饮行业浮浮沉沉很多年的人才能体会到，想要在餐饮业做大做强，并没有大家想象的那么容易。

　　从创建品牌、制作菜单、选址、营销到设立制度，餐饮经营的每一步都需要周密地设计和策划。餐饮创业者只有具有耐心、恒心和决心，才能在这一行业突出重围，走得长远。

第1章

如何创建品牌

第1讲　如何为餐厅取个好名字

对于一家餐厅来说，有个好名字至关重要。一个好名字，不仅可以加深餐厅在顾客心中的印象，而且可以拉近与顾客的距离。

一、为餐厅取名的三个注意事项

餐饮创业者在为餐厅取名时，有三个注意事项。

第一个注意事项是名字宜短不宜长，两到三个字最好，最多别超过四个字。 餐饮创业者也许会发现，如今两到三个字的餐厅名字越来越不好注册了，原因是很多餐饮创业者都非常注意对品牌和商标的保护，所以只要想到一个好名字，就赶紧将其注册下来，导致留给后来者的选择并不多。

但尽管如此，餐饮创业者在为餐厅取名字时也要注意不要太长，控制在三到四个字比较好。很多大餐饮品牌的名字都没有超过四个字，如"海底捞""西贝""呷哺呷哺"。

第二个注意事项是名字一定要朗朗上口，易读易识别。易读就是要像"很高兴遇见你"一样好读，易识别就是名字里最好不要有太多生僻字，因为生僻字不太容易记。很多餐饮创业者在品牌中加入了生僻字的拼音，认为可以引起消费者的特别关注，加强记忆，这也许有一定的道理，但是从传播角度来说，它并不是一个最佳的取名方法。

第三个注意事项是要将品牌名和品类名结合起来。例如，西贝莜面村就将"西贝"和"莜面"结合在一起。如果消费者只看到"西贝"两个大字，可能心中会有一点糊涂，因为如果他们不知道"西贝"这个品牌，就不能第一时间知道"西贝"到底是做什么的。

所以在为餐厅取名时，将品牌名和品类名结合起来，既可以让顾客记住品牌，又可以让顾客了解其经营的品类，同时也加强了顾客在品牌和品类之间的联想。全聚德烤鸭店、便宜坊烤鸭店、大龙凤鸡煲、遇见小面等，都是将品牌名和品类名结合在一起的成功案例。

明确以上三个注意事项后，我们才能真正进入取名字的环节。

二、为餐厅取名的四种方法

为餐厅取名有四种方法。

第一种方法是直接用创始人的姓名取名。

用创始人的姓名取名自古就比较流行，如胡大饭店、大董烤鸭店、杨记兴臭鳜鱼、王守义十三香，而西贝莜面村的"西贝"这两个字，也是从创始人贾国龙的"贾"字拆分出来的。以上这些都是用创始人的姓名来取名的例子。从某种角度来说，用创始人的姓名取名，会让顾客产生一种传承感和信任感，从而加深对品牌的印象。

第二种方法是以"品类"+"品类的解读"来取名。

用餐厅经营的品类以及对品类的解读来取名，可以增强顾客对品牌和品类的直观感受，增加顾客的消费欲望。例如，辣庄火锅的"辣"字是对产品品类火锅的解读，绝味鸭脖中的"绝味"表明鸭脖的味道很棒、很出色，海底捞火锅的"海底捞"表明我们吃火锅其实就像从海里面捞东西。

第三种方法是用谐音字来取名。

例如，北京有一家酸菜鱼馆叫"渝是乎酸菜鱼"，"于是乎"是文言文中的一个常用词，但是在这个品牌里，创始人将"于"替换为"渝"（重庆的简称），赋予了品牌地域上的含义，增加了顾客对品牌的认识。再如虾吃虾涮火锅，"虾吃虾涮"谐音"瞎吃瞎涮"，给人一种轻松、幽默的感觉，也让顾客容易形成记忆。

第四种方法是用某种理念来取名。

用某种理念来取名也是很多品牌使用的方法，主要是为了提升品牌的文化内涵。例如，新辣道鱼火锅是一个拥有几百家门店的鱼火锅品牌。"新辣道"的"新"代表的是新潮，"辣"表明了它的味道，"道"代表品牌将走一条不一样的发展道路，新辣道三个字给人传递了一种极具文化内涵的品牌印象。

再举个例子，有家素食餐厅名叫静心莲，看到这个名字我们就能了解创始人想传递让大家静下心来用餐的理念。旺顺阁鱼头泡饼传递的理念是希望顾客又旺又顺。这些品牌的创始人希望用品牌承载和传递自己的一些理念，引起顾客的共鸣，促进品牌的传播。

以上是为餐厅取名的四种方法，用好这些方法，餐饮创业者也可以给自己的品牌取一个容易传播、极易识别的好名字。

当然，如果餐饮创业者想来想去都想不到好名字，那还有一个办法，就是买一个"现成"的！现在很多做餐饮的人注册了很多好名字，餐饮创业者也可以从他们手里购买自己想要的名字。例如，喜茶就是创始团队购买来的品牌名。

总之，不管使用什么方法，为餐厅取名是餐饮创业者进入餐饮行业的第一步，也是较为重要的一步。餐饮创业者要重视取名这项工作，这是后续开展一切工作的基础。

第 2 讲 如何为品牌设计一个好的标识

在有了品牌名后，餐饮创业者下一步要做的就是设计一个好的标识。一个能称得上"好"的品牌标识，必须承担起品牌推广发展的责任。餐饮创业者设计一个与品牌定位相符的优质标识，就像是为自己的品牌设计一张光鲜亮丽的"身份证"。

设计品牌标识不仅是为了好看，更重要的是帮助顾客降低认知成本，同时降低品牌的营销成本。**品牌标识一定要让大家一看就懂，不要太复杂，同时文字或者图案之间要有一定的关联性**。就像麦当劳的"M"，你可以把它当作图案，也可以当作字母，其在文字和图案之间形成了一定的关联性，这样既好记，又易于传播。下面为大家介绍三种简单又实用的品牌标识设计方法。

第一种方法是通过品牌名称进行联想。

根据品牌名称设计品牌标识是很多餐饮人选择的方法。我们举例进行说明。大众点评是很多顾客都会使用的点评类网站，它的品牌标识看起来像一个人，实际上是"大"字演变过来的，这就跟大众点评的"大众"形成了关联性。辣尚瘾以烤鱼和毛血旺闻名，它的品牌标识由"尚"字演变而来，品牌标识与品牌名称也具有很大的关联性。杨国福麻辣烫的品牌标识也是由"杨"字联想而来的。根据品牌名称进行联想设计品牌标识可以将品牌名称和品牌标识关联在一起，更具设计感的同时也更容易让顾客记住。

第二种方法是巧用品牌名称的缩写。

麦当劳品牌标识中的 M 是 Mcdonald's 的第一个字母，肯德基品牌标识中的 KFC 是其全名 Kentucky Fried Chicken 的首字母缩写。呷哺呷哺旗下高端火锅品牌湊湊火锅的标识形似一个铜钱，由拼音"coucou"简写组成。巧用品牌名称的缩写设计品牌标识简单易行，而且能让顾客不自觉地进行分析和联想，无形中进行了一次有效的曝光和推广。

第三种方法是根据品牌理念设计品牌标识。

例如，真功夫是做原盅蒸饭的，其品牌标识里有一个神似李小龙的功夫形象。该品牌借用功夫形象来渲染品牌的理念，即做的饭、蒸的菜都是用的真功夫，达到了异曲同工的效果。

当然，这样的例子有很多，如有一个烤鱼品牌叫鱼酷，其品牌标识是一条鱼骑着自行车，很"酷"、很有运动感，让大家觉得非常有意思。杨记兴臭鳜鱼的品牌标识则是一个百年老掌柜的形象，这些都是根据品牌理念来设计品牌标识的案例。根据品牌理念设计品牌标识从一定程度上提升了品牌的内涵，彰显了品牌的格调，是一种需要发挥创意的方法。

第3讲　如何讲好品牌故事

通常，一个品牌背后都会有一个品牌故事。在取了名字，设计了品牌标识后，餐饮创业者需要有一个品牌故事保障品牌的传播。品牌故事是品牌文化的一个重要组成方面，一个好的品牌故事可以强有力地与顾客产生共鸣，从而达到让顾客帮忙传播的效果。此外，品牌故事还起到为品牌背书的作用。

那么，餐饮创业者该如何设计品牌故事呢？

第一种方法是根据品牌名称设计品牌故事。

每家餐厅都要有名称，通常来说餐厅名称就是品牌，而餐饮创业者在为品牌取名的时候，通常都会设计一个品牌故事。举个例子，北京有一个粥类品牌叫作火齐潮汕砂锅粥，开了很多分店，非常受欢迎。火齐这个名称颇有渊源：古代有一位皇帝，他总感觉身体不舒服，但吃什么药都不管用，后来他的老臣给他做了一锅粥，名为火齐，皇帝吃完一次后身体便舒服多了，又吃了三次身体便彻底好了。火齐潮汕砂锅粥在自己的店里通过文字和漫画呈现这个故事，极大地增强了顾客对品牌的认知。这就是根据品牌名称设计品牌故事的案例。餐饮创业者在为品牌取名时就应该有意识地设计品牌故事，为后续传播奠定基础。

第二种方法是根据爆款菜品设计品牌故事。

举个例子，杨记兴臭鳜鱼就为其爆款菜品臭鳜鱼设计了一个特别好的故事。道光年间，有个大官家每天都收鱼，几个渔夫负责挑担把鱼送到大官家。渔夫怕半路上鱼变味，于是就用盐将鱼腌上。结果发现腌出来的鱼虽然散发一股臭味，但却特别好吃，便演变成了现在的臭鳜鱼。这是根据爆款菜品设计品牌故事的案例。这种方法需要品牌具有可以演化的爆款菜品，只适用于特定品牌。

第三种方法是根据品牌理念设计品牌故事。

西贝莜面村这一品牌来自大西北，强调健康、原汁原味的理念。西贝莜面村的创始人贾国龙为践行这个理念做了很多努力，也取得了很多成绩，与这些努力和成绩有关的标志性事件形成了西贝的品牌故事。例如，黄老汉馍馍、张爷爷空心挂面等这些产品的制作采用的都是西北地区的传统手艺，被贾总购买过来，成为西贝的核心产品和招牌。这些核心产品甚至走进了联合国，成了该品牌的代表产品。于是推出更健康、更原汁原味、更有传承性的产品成了西贝的品牌文化。这便是根据品牌理念设计品牌故事的案例。根据品牌理念设计品牌故事是一项需要功力的工作，需要品牌创始人具有一定的文化素养，或者向专业的咨询机构寻求帮助。

第四种方法是根据创始人的经历设计品牌故事。

如果创始人的经历颇为波折或者传奇，也可以将其设计为品牌故事。北京有一个品牌叫作李连贵熏肉大饼，这个名字从何而来？李连贵是谁？该品牌的品牌故事是不是跟李连贵有关？原来，李连贵很多年前在东北给张大帅做过熏肉大饼，李连贵熏肉大饼的名称和品牌故事也由此而来。

本讲我们介绍了设计品牌故事的四种方法，餐饮创业者可以参考。品牌故事是除了品牌名称和品牌标识外，另一个帮助品牌实现可持续发展的重要因素。为品牌设计一个好的品牌故事是餐饮创业者不可忽视的一项基础工作。

第4讲　如何确定平面设计方案

一般来说，一家餐厅通过两个方面彰显品牌形象，一是平面设计，二是空间设计。餐厅平面设计和空间设计是餐厅设计中的重要组成部分。平面设计跟餐厅内各个功能空间的面积、能接待顾客的人数和餐厅的等级息息相关。餐厅的平面设计做得好不好决定着整个餐厅的美观和实用性，因此怎样才能做好平面设计就成了餐饮创业者应该思考的问题。

关于餐厅平面设计，餐饮创业者需要特别注意以下几个方面。

第一，品牌标识的设计一定要简洁、易懂，易传播、易复制。

第二，要同时完成平面设计方案的所有组成部分包括工服、招牌、菜单、打包盒等，保证设计方案的统一性和各组成部分风格的一致性。

工服的设计包括帽子、衣服、围裙、裤子等，其直接反映品牌形象，应具有一致性。餐饮创业者在设计工服时要考虑品牌定位，确定适合品牌定位的款式和材质，例如，素食餐厅可以使用粗麻布，高端会所可以使用绸缎，普通餐厅可以使用棉质或者纤维制品。

在设计工服时，餐饮创业者要将品牌标识和商标加在合适的位置上，比如西贝莜面村员工的帽子上就有品牌标识（如图 1-1 所示），星巴克深绿色的围裙中间也有品牌标识。这样做可以打造品牌的连续性，也让顾客对品牌形成更统一的认知。

图 1-1　西贝莜面村的工服设计

　　除了工服设计，平面设计方案还包括招牌设计，招牌设计也非常重要。除了门头上的招牌，店内招牌的呈现也十分考验功力。店内招牌是用灯箱还是用背光灯呈现，是用灯直接将招牌"打"在地上，还是在品牌标识后面装上一组灯泡，用背发光的形式凸显，这些都是在做平面设计方案时餐饮创业者需要考虑的内容。

　　菜单设计也是平面设计方案的组成部分。菜单是体现品牌调性的重要载体，顾客对品牌的第一感知来自招牌，第二感知来自空间，第三感知来自菜单。菜单一定要能吸引顾客，增加顾客的食欲，如果设计不好，会引起顾客的反感，降低顾客的消费，甚至会导致顾客起身离开。在设计菜单时，餐饮创业者要同设计者一同考虑菜品文字的位置安排、菜品照片的拍摄和排版、文字和图片的排列组合等。这些都考验餐饮创业者和平面设计人员的功力。

　　随着外卖业务的发展，打包袋、打包盒也逐渐成为彰显餐厅品牌形象的组成部分。餐饮创业者千万不能忽视打包袋和打包盒的作用。好的打包袋、打包盒一方面可以提升顾客的购买体验，另一方面也可以促进传播。对于一些适合定制打包袋、打包盒的产品来说，餐饮创业者要进行定制。例如，小恒水饺的打包盒，就是一个饺子一个小格，20个饺子就是20个小格，满满当当，还不会使饺子黏在一起，这无疑会提升顾客的购买体验。一般来说，派送人员和顾客将打包袋、打包盒带出餐厅，要经过几条街道才能进到室内，此时的穿街过巷对餐厅来说不失为一个传播的好渠道。有调性的、品牌标识明显的打包袋、打包盒会更容易吸引路人的关注，无形中对品牌进行了传播。

　　除此之外，要不要做一些特殊设计，是餐饮创业者在设计餐具时要考虑的。当然，墙上的宣传画、宣传文字等都是平面设计方案的组成部分。

餐饮创业者在聘用平面设计师时，一定要考察其是不是可以胜任这项工作，做出全套的、精彩的平面设计方案，并且可以很好地彰显品牌定位。表1-1是我们整理的平面设计方案的基本组成部分，餐饮创业者在聘用平面设计师时可以参考。

表1-1 平面设计方案的组成部分

序列	项目	内容
1	品牌标识	图形标识及其多种应用形式
		文字标识，含中英文及其多种应用形式
		口号设计
2	餐具	筷子、盘子、杯子、碗等
		餐巾纸、餐巾纸盒、湿巾、套装餐具外包装等
3	包装	打包盒、打包袋、打包碗、饮料杯
4	工服	前厅工服、厨房工服、前厅工牌、厨房工牌
5	店内环境	品牌文化装饰文字设计、品牌文化装饰图设计
6	指示牌	洗手间指示牌、方向及道路指示牌、功能说明牌、桌号
7	开业营销物料	海报、单页、桌贴、吊旗、展架、台卡等物料设计
8	灯箱	店内灯箱、招牌灯箱等灯箱设计
9	菜单项目	菜单设计

第5讲 如何利用好环境、好空间吸引眼球

在为品牌定好了名称，确定了品牌标识、品牌故事和平面设计方案后，餐饮创业者还应考虑如何利用好环境、好空间吸引顾客的眼球。很多餐饮创业者不重视环境和空间设计，随便委托一家广告公司做空间设计，结果并不能最大限度地凸显品牌理念和品牌价值。

餐厅空间设计主要是指内部空间设计。餐厅的空间主要由餐饮区、厨房区、卫生设施、衣帽间、门厅或者休息前厅构成，这些功能区和设施构成了完整的餐饮功能空间。餐厅空间的各个部分之间按照某种特定的关系有机地组合在一起。

术业有专攻，如果餐饮创业者想打造一个成功的品牌，就需要将环境和空间的设计委托给专业的设计公司来做，同时餐饮创业者也要亲自参与设计，毕竟只有餐饮创业者自己完全了解品牌的内涵和要传递的理念。现在的顾客跟以前不一样了，以前的顾客只讲究吃得好，而现在的顾客更需要的是一个能让人感到舒适和放松的环境和空间，希望在享受美食的同时获得精神的愉悦。所以好的环境和空间可以为品牌加分，能更好地促进品牌的传播。

那么，好的环境和空间具体有哪些作用呢？

第一，好的空间设计可以提升门店的使用效率。

一般来说，最大化地利用门店面积是空间设计师的一项基本技能。专业的空间设计师会告诉餐饮创业者厨房和前厅的最佳面积比，备餐柜放在什么地方最节省空间，餐厅适合摆二人桌、四人桌还是六人桌，装饰景观放在什么位置能在兼顾美观的同时最大化地利用餐厅面积，以及推餐车的动线是什么样的，等等。餐饮创业者也要了解一些空间设计常识，聘用最适合自己的空间设计师。

呷哺呷哺是一个快餐式的小火锅品牌，其升级之后的空间氛围比以前好了很多，它的布局设计值得同类品牌学习和借鉴。

第二，好的空间设计可以美化视觉。

很多餐饮创业者在创业之初都信心满满，恨不得自己来做空间设计，结果当然不甚理想。好的空间设计可以美化视觉，起到意想不到的作用。

灯光的运用、亮度的调节、材质的选择都会影响视觉效果，进而影响餐厅的用餐氛围。对于休闲餐厅，空间设计贵在拥有舒适感，座椅要舒服一些、灯光要柔和一些；而对于快餐厅，则更注重简洁和高效，所以其设计要简洁、明快，根据餐厅供应的产品品类设计空间概念。

总之，餐厅空间设计要考虑规律性、可识别性与舒适性，还要留出必要的、特色的交流空间。餐厅是最能体现空间个性的场所之一。每家餐厅都有其特色与主题，而这个主题又与其经营的菜系息息相关。格调较高的餐厅还会将丰富的哲理与生活态度蕴含在室内设计当中。植物的颜色、花型、种类等的选择与整个空间氛围要协调一致，以创造出高雅宁静的用餐环境。

餐饮创业者在进行空间设计前要与空间设计师沟通自己想要的设计风格，制定一个合理的预算。这样空间设计师才能根据预算做出餐饮创业者想要的空间设计，节省成本的同时提高效率。除此之外，餐饮创业者要做到提前沟通、心中有数，切不可随时改变想法，打乱空间设计师的设计节奏和设计理念，否则会事倍功半，影响设计进度和效果。

第 2 章

好生意从打造产品和菜单开始

第 6 讲　如何打造餐厅的招牌菜

所有的餐厅都应该有一个自己的招牌菜，即餐厅的拿手菜品，如全聚德的烤鸭、江边城外的烤鱼等。那么，餐饮创业者怎样打造餐厅的招牌菜？

第一种方法是将引流产品确定为招牌菜。

招牌菜不一定是最能赚钱的，也可以是能为餐厅引流的菜品。举个例子，以做东北菜闻名的金掌勺能火起来靠的是 26 元、28 元的肘子，东北大肘子就是他们的招牌菜。那么二十几元一个的大肘子能赚钱吗？它的毛利肯定不会太高，但却是一个吸引流量的活招牌，顾客就是奔着这道菜进来的，当然进来了就不可能只点一份肘子吧？所以这家餐厅便把引流产品确定为招牌菜。

再比如外婆家有一款非常便宜的产品即麻婆豆腐，其定价为三元。外婆家的人均消费为五六十元，为什么这道麻婆豆腐只卖三元钱？因为它是用来引流的招牌菜。再举个例子，九毛九的招牌菜酱骨头也只卖十几元，它也是引流产品。所以，很多餐厅可以将引流产品确定为自己的招牌菜。

第二种方法是将核心菜品确定为招牌菜。

核心菜品不仅桌桌必点，而且还要为餐厅赚钱，所以它是可以赚钱的招牌菜，也就是我们通常所说的爆款菜品。它可以极大地提高门店的流量，同时也会为品牌带来源源不断的收入。

举个例子，杨记兴的招牌菜品臭鳜鱼经过了四代的产品调整，第一代只卖 138 元，而到后期卖到了 178 元。最初很多顾客愿意去品尝这道菜品，但这道菜品并不是桌桌必点的。之后我们与企业一起策划，将品牌和品类结合，将品牌名改为杨记兴臭鳜鱼并对产品进行了系统的梳理后，这道菜品就成了招牌菜。随着顾客对这道菜品的认知不断提升，这道菜品便成了桌桌必点的菜品。杨记兴臭鳜鱼对臭鳜鱼这道菜品的每一次调整，都是对产品的一次提升，每一次提升都使其菜品味道、出品造型和餐具更具统一性，让顾客将这道招牌菜和这个品牌画上了等号，逐渐将其调整为品牌的招牌菜。

旺盛阁鱼头泡饼最早的招牌菜也不是鱼头泡饼，它从一个海鲜酒楼起家，逐渐地将核心菜品鱼头泡饼提炼出来并形成了餐厅的招牌菜。所以餐饮创业者有核心菜品，并且感觉这一核心菜品具有成为爆款菜品的潜力，那么将其作为招牌菜推向市场便势在必行。

第7讲　如何确定产品结构

在确定了招牌菜之后，餐饮创业者还要确定产品结构。例如，对于一家中餐厅来说，需要确定要不要凉菜、热菜都做；在凉菜、热菜中是不是要分成素菜、荤菜；除了凉菜、热菜之外，是不是还要做汤；汤是不是还要分素汤或荤汤，或者是不是要分大份汤和小份汤。餐饮创业者首先要确定自己的产品结构，也就是门店的品类结构，在确定了产品结构之后，再琢磨适合做哪些产品就会变得比较容易。

在这个过程中，有几点需要注意。

第一，菜品不宜太多。很多餐厅试图采取全面覆盖策略，甚至要在菜单上列上一百多道菜品，这不仅使顾客选择起来麻烦，厨房准备也麻烦。如果顾客点到不常卖的菜品，厨房刚好又没有准备，会影响顾客的体验。在如今这个餐饮需求弹性越来越大的时代，顾客体验不好会造成很严重的后果。所以餐饮创业者不要试图提供太多的产品，尽可能地减少产品种类。

一个三四百平方米的中餐厅，提供四五十道菜品就够了，如果只有一二百平方米的话，整体加起来四十道菜品左右就可以了。快餐店的菜品不在多，但更新速度一定要快，持续更新才能保持菜单始终有新品。因为快餐店顾客消费频次很高，如果餐厅的东西很少，他一个月就把菜品全吃了一遍，下次可能就要考虑换一家餐厅了。

第二，确定品类，数量不要太多。餐饮创业者的第一要务是确定品类。品类不宜太多，一般六到七个类别足够了。西餐也是如此，例如，海鲜类、主食简餐类、甜品类、酒水类，等等。

第三，能与招牌菜品组合搭配，原料有复用空间。餐饮创业者要考虑哪些菜品能与自己的招牌菜品进行组合，这样才能发挥最大的使用效率。例如，麦当劳在推出汉堡套餐时就要思考，汉堡是配薯条、鸡翅合适，还是配蛋挞、饮料合适。餐饮创业者应为招牌菜品搭配辅助菜品。

中餐厅或者火锅店在进行产品的搭配和组合时要考虑的是，两到三个人怎么搭合适，四到五个人怎么搭合适；也要考虑好招牌菜品怎么搭，辅助菜品怎么搭。餐饮创业者要替顾客想好怎么搭配最合适，这样销售推荐菜品就会变得很容易，至少餐饮创业者可以迅速地给顾客提供一些建议。例如，当招牌菜品是一个偏辣的菜品时，爽口开胃的凉菜就是不错的搭配。

除了组合搭配，在餐饮创业者决定哪些菜品适合列在菜单上时，还要考虑这些菜品的原材料之间是不是形成了联动。最好不要有一道菜品的原料只能做这道菜品的情况。很多原料本来就很贵，准备起来又很麻烦，如果只能做一道菜品，那性价比就会很低。举个例子，对于鸡这一原材料而言，餐饮创业者既可以用其来做手撕鸡、白切鸡，也可以做辣子鸡丁、宫保鸡丁，甚至还可以做手撕鸡面。再如，餐饮创业者既可以将丸子这一原料切开做成烧丸子，也可以做成汤。

所以餐饮创业者在制作菜单时，要谨记菜品数量不要太多，品类要分得相对清楚，菜的原料最好有复用的空间，同时菜品的加工不要太复杂。不要一道菜品费了半天的功夫，两三个人才能做出来，又卖不上较高的价格，如果顾客点得多，出品速度就会受到影响。所以对于一家餐厅来说，要对招牌菜品精雕细琢，同时也要设计一些出品速度相对快一些的菜品，这样才能快速收回成本，获得收益。

第8讲 菜品的定价方法有哪些

对于餐饮企业来说，目前常用的菜品定价方法有以下几种。

第一种是成本定价法。 一般来说，成本定价法是以单位菜品可变成本，加上一定比例的固定成本和单位菜品利润，来确定菜品的价格。成本定价法有两种，一是成本加成法。以菜品总成本加上利润，再除以预计销售量，来确定菜品价格。这种定价方法可以帮助餐饮企业确定获得一定利润的最低可能接受的价格。二是平均成本定价法，即根据菜品单位平均成本的变化，确定不同生产水平的菜品价格的方法。一般来说，很多中餐厅会先确定菜品的毛利率，如热菜的毛利率为50%~60%，汤的毛利率为60%~70%，饮品的毛利率为80%~90%，然后再根据菜品成本确定菜品价格。

如制作一道酸菜鱼的成本是15元，餐饮创业者预计的毛利率是60%，那么这道酸菜鱼的定价就是24元（15×60%+15）。

成本定价法是一种相对容易的定价方法，其缺点是当采购价格波动比较大时，会极大地影响毛利率，因为菜品价格并不能随时随着毛利率、成本的变化而变化。2018年的小龙虾就是一个典型的例子。为什么2018年很多小龙虾商户都无法经营下去？因为那年小龙虾进货价突然大幅度上涨，从原来的十几元一斤涨到了四五十元一斤，对餐饮企业来说，在定价无法大幅提升的情况下，多卖出一份就亏一份的钱。所以使用成本定价法，对成本端的很多问题是无法进行规避和控制的。

第二种是市场比较法。 这也是很多餐饮创业者使用的一种方法。餐饮创业者在根据成本初步确定了菜品价格后，还要看市场上同行是如何定价的。如一盘土豆丝，如果周围的餐厅都定价12元、15元，而你要定20元，除非在很多方面如餐厅环境、装修设计、菜品味道都比其他餐厅好，否则便很难有竞争力。所以市场比较法意味着，餐饮创业者在定价之前要先考察市场上是如何对菜品进行定价的。

第三种是体验定价法。顾客在买单时会衡量自己这次消费的到底是什么。如果你的餐厅环境很差，他会觉得自己消费的仅是产品；如果你的餐厅环境很好，他会认为自己消费的不仅是产品还有环境；如果你的餐厅服务也很好，那当然是好上加好，会获得"1+1>2"的效果。所以，如果你的餐厅环境、服务都很出色，那你可以在为菜品定价时再增加一个额外的比例。就如前文所述，好的环境和空间设计，可以提升客单价。举个最简单的例子，同样一瓶啤酒在酒吧、会所的售价肯定比便利店的售价高。

第四种是化整为零、化大为小定价法。在为某一款成本很高的产品定价时，餐饮创业者可以考虑将产品化整为零、化大为小。这样不仅可以促进该产品的销售，也可以让顾客挑选更多其他产品。例如，一大份酸菜鱼的定价是 158 元、178 元，将其拆分成小份，一份售价二三十元后（就像渝是乎酸菜鱼），顾客就会觉得性价比很高，可以点其他更多的菜品丰富用餐体验。

第 9 讲　如何制作菜单

菜单制作包含几个部分：第一部分确定产品结构、定价，第二部分拍摄菜品照片，第三部分确定菜单版式，第四部分确定菜单形式。

对于如何确定产品结构、定价我们在前文已经做过简单介绍，下面我们分别介绍如何拍摄菜品照片、确定菜单版式及菜单形式。

一、菜品照片的拍摄

在餐饮创业者确定了产品结构、定价后，需要做一件很重要的事情即为菜品拍摄照片。餐饮创业者一定要找专业的摄影师来为菜品拍摄照片，这样才能将菜品拍得诱人。菜单本身就是一张广告页，就像一本服装杂志、一本鞋类手册，它全方位、多角度地展示了菜品的造型和样式。试想一下，如果菜单上没有菜品照片，或者菜品照片很暗，顾客还有点菜和消费的欲望吗？因此，菜品照片一定要拍得清楚，拍得漂亮，当然并不是菜单上的所有菜品都要有照片，仅招牌菜品和每个品类的特色菜品需要附有照片。

- 在拍摄菜品时一定要注重配套餐具的选择。在布景时，摄影师要为待拍摄的菜品选择搭配的餐具，如白色菜品搭配黑色餐具，彩色菜品搭配白色或浅色餐具，这样能增加对比度，提升照片的视觉效果。当然，最好最后端上餐桌的餐具和菜品与照片上的造型相同，提升顾客的点餐和用餐体验。
- 除了选择配套餐具以外，每一张照片都需要布景。常见的有在产品旁边撒上一些八角、辣椒、大蒜头等进行点缀。此外，还可以考虑增加一些动态的感觉，如升起烟雾、浇汁等，这样可以形成很好的视觉效果。

二、菜单版式的确定

在菜品照片拍摄结束后，餐饮创业者要确定菜单版式。我们通常把招牌菜放在菜单最显眼的位置，方便顾客一眼看见。一般来说，顾客进入一家餐厅后，肯定最想品尝它的招牌菜。点完招牌菜，顾客可能会点什么呢？凉菜和饮品是继招牌菜之后顾客想点的品类。有一些餐厅把饮品放在前几页，服务员会先对顾客说："您可以先点杯喝的，饮品上得快，而且您可以边喝边等菜。"说不定等顾客喝完了，菜才吃一半，那么顾客就可能再点一些其他饮品，形成二次购买。所以，餐饮创业者在确定菜单版式时一定要了解顾客的消费心理，将所销售的菜品以最合理的、最舒服的形式呈现给顾客。

三、菜单形式的确定

菜单的形式有很多种，比较常见的有以下几种。

第一种是电子屏幕式菜单。电子屏幕式菜单可以像海底捞那样在 iPad 上操作，也可以像麦当劳、肯德基一样挂在吧台上头。电子屏幕式菜单的好处就是餐饮创业者在更新菜品的时候，只需在后台操作，而不用麻烦地重新制作菜单。当然，灯箱式的菜单呈现的视觉效果和高清程度也比较不错。

第二种是微信式菜单。微信式菜单更适合快餐类餐厅，一般不适合休闲类餐厅和正餐类餐厅，因为手机只能呈现一小幅照片，没有特别强的视觉效果，但是其点餐速度却非常快。

第三种是纸质版菜单。纸质版菜单包括单页式菜单和翻页式菜单。如喜家德虾仁水饺提供的就是单页式菜单，顾客可以直接打钩选择菜品，也可以叫服务员帮忙点菜。单页式菜单更简洁，产品一目了然，顾客一眼就能看到餐厅提供的菜品有哪些，应该怎么进行搭配才是最合适的。

翻页式菜单指菜单有两三页甚至几十页，其更适合人均消费六七十元、七八十元甚至更高的餐厅使用。

餐饮创业者应该根据餐厅定位、菜品种类制作适合自己的菜单，确定好产品结构、定价，拍摄好菜品照片，选择好菜单版式和菜单形式，为顾客提供最满意的服务和最舒适的用餐体验。

第 3 章

如何选址更保险

第 10 讲　四个选址的常见误区

对一家餐厅来说，选址非常重要，有些人甚至认为选址的好坏决定了餐厅七成的成败。关于选址有四个常见的误区。

第一个误区，酒香不怕巷子深。这是一个很大的误区，也是一个很常见的误区。很多餐饮人觉得"我产品好，不怕位置偏一点、远一点，顾客找不到也无所谓，喜欢我的自然喜欢，不喜欢我的也不是我的客群"。实际上这在三四线城市可能还说得通，因为即便餐厅位置偏一点，很多人仍旧愿意去找，开着车穿城消费不是问题。可如果餐厅开在一二线城市，人们的时间成本很高，如果餐厅的位置太偏、太难找，顾客在路上花的时间比在餐厅吃饭的时间还长，顾客便很难会选择去该餐厅消费。除此之外，顾客也很少会从一个大城市的大东边跑到大西边，横穿二三十千米去消费，所以餐厅的选址很重要。

对于一家餐厅来说，即便有好的品牌、好的产品，但如果选址不好，可能也很难把生意做起来。当然，可能有些餐厅主题鲜明、富有特色，在整个城市中只有那么一到两家，它的名气一旦打开，即使位置很偏还是有很多人愿意去消费。例如，一些高端会所或像胡桃里这样的酒吧，其带有很强的流量属性，也有很强的互联网特征，所以选址的影响看起来没有那么大，但这并不适用于其他餐厅。

第二个误区，房租越便宜越好。这也是一个非常大的误区。一个门店位置偏僻，但是出租方承诺提供三个月或半年的免租期，并且表示该地段未来前景很好。对于餐饮创业者来说，这看起来像是占了很大的便宜，但万一这个地段三个月、半年之后起不来怎么办？开一家餐厅，除了装修费等固定成本，每天还要投入人力成本、原材料采购成本，如果选址不好，不能保证客流量，覆盖不了投入成本，那么便得不偿失，最终的结果便是入不敷出。所以便宜的地方未必是好地方，餐饮创业者要衡量投入和产出，选择能获取最大收益的位置。

第三个误区，人流量大的地方生意一定好。实际上这也是一个错误的想法，人流量大不代表生意一定好，为什么？因为对于一家餐厅来说，在选址时除了考虑人流量还要考虑品牌定位，如果餐厅的品牌定位是人均消费两三百元的高端餐厅，那么开在人流量极大的火车站也有极大的可能会失败，原因就在于品牌定位与人群不匹配。所以餐饮创业者在选址前必须要确定自己的目标客群，这样才能有的放矢，做好选址。目标客群有多大，在一定程度上决定了餐厅的生意有多好。希尔顿不会把新店开在村庄里，哪怕那个村庄有 100 万人，因为人群不匹配，定位不匹配。所以人流量大不见得生意一定好。

第四个误区，**商场能帮忙打造品牌，只要是商场就可以进**。很多想进商场、想打品牌的餐饮创业者持有这种想法，这也是一个比较大的误区。现在街铺管得越来越严，导致很多餐饮创业者都愿意进写字楼、住宅、办公配套的商场或者一些独立的商场，像万象城、爱琴海等。那么，是不是所有的商场都是好的选择呢？当然不是，餐饮创业者在选择商场时一定要关注商场的管理情况。这一点非常重要，如果商场的管理不到位，那将对餐厅的经营产生非常不好的影响。

在北京某一条商业街上，大概有一百来个商铺，全部卖给了一些小业主，由他们各自向外出租。这些商铺缺乏统一管理、统一宣传，招商也不统一。凡是过来租商铺的，出租者也不管什么统一规划、竞争状态，来了就出租。于是一条街上出现了七八家饮品店，七八家麻辣烫店，三四家刀削面馆，恶性竞争在所难免。于是，那条街上有一半的商铺都处于转让和出租状态，很多商铺租都租不出去，这是一个典型的管理不到位的问题。

一般来说，商场也有自己的定位，商场的定位不同，适合进入的餐饮类型也不同。例如，广州有一个叫作 K11 的商场，是一个艺术型商场，一些快餐类的餐厅就不太适合进入。

总之，餐饮创业者在选址时，要避免以上误区，结合自己的品牌定位和目标客群，选择适合自己的开店位置。

第 11 讲　开店之前，先选商圈

选择商圈对餐饮创业者来说意味着选择将餐厅开在什么样的"圈子"，所以在选择商圈之前，餐饮创业者要明确品牌定位。餐饮创业者要针对产品特征、产品价格、目标客群、企业文化，找到一个合适的圈子，确保这个圈子里的客户都是精准客户。商圈有两种分类方法，第一种是根据商圈的属性划分，第二种是根据商圈的范围划分。下面为大家简单介绍几种常见的商圈。

第一种是住宅型商圈。这种商圈里基本没有写字楼、商场，主要都是住宅，像北京的回龙观、天通苑。住宅型商圈有很多的住家人口，白天基本上没有什么人在外面消费，而到了晚上很多人下班回到家里，可能会在周围有一些消费。所以这样的商圈适合休闲餐饮、中高端餐饮、正餐餐饮等入驻，而对于快餐可能就不是十分适合。除此之外，这些商圈中也有很多老人和儿童，所以也适合开设健康养生类餐厅。

第二种是办公型商圈。办公型商圈包含很多写字楼，所以其特征就是工作日的白天有很多白领等工作人员，晚上和周末人流量相对较小。这样的商圈更适合做快餐和少量正餐的餐厅入驻，满足工作餐及商务宴请的需求。

第三种是购物型商圈。购物型商圈也被称为综合体商圈，如购物中心，其包含了零售业、餐饮业、娱乐业等几种业态。这种商圈一般在工作日晚上、周末及节假日人流量比较大。所以开在购物型商圈的餐厅平时能做到保本就不错，周末和节假日期间的收入和利润可能会翻倍。这种商圈一般更偏爱新兴餐饮品牌和新兴餐饮品类，也会不断地淘汰没有竞争力的餐饮品牌，其与入驻餐饮品牌的签约时间不会特别长。

第四种是教学型商圈。教学型商圈里包含很多学校，如北京的五道口商圈包含清华大学、北京大学、北京科技大学等知名高校。教学型商圈的特点是什么呢？这些商圈中的人群更愿意接受一些新鲜的、时髦的同时消费水平又不会特别高的餐饮品牌。开在这种商圈的餐厅除了寒暑假之外的时段客流量都不错，但要考虑怎么应对寒暑假的低客流量时段。

　　第五种是枢纽型商圈。枢纽型商圈典型的坐落位置是交通枢纽，包括汽车站、火车站、地铁站等。例如，广州有一个地铁站叫作天河城，位于天河中心，地下开设了错综复杂的商业街，包含餐饮、服饰、商超等业态，商业氛围很好。大部分坐落于枢纽型商圈的餐厅，如开在机场、火车站的餐厅通常价格很高，因为目标顾客基本很少会成为回头客。开在枢纽型商圈中的餐厅应提升上菜效率，同时保持卫生整洁、环境安静，这样才更容易吸引赶路者。

　　第六种是景点型商圈。景点型商圈十分常见，像北京的南锣鼓巷、成都的宽窄巷子、福州的三坊七巷、上海的城隍庙、南京的夫子庙等，都是景点型商圈。景点型商圈中的餐厅的目标顾客主要是游客，本地人在日常休闲的时候也会去，但去的次数不会特别多。这些地方的娱乐性比较强，商铺租金也非常贵，人流量有淡旺季之分。开在景点型商圈的餐厅应具有特色，并应与景点的主题和底蕴保持一致。

　　通常一家餐厅的辐射范围是有限的，一个100平方米的小店，其顾客的辐射范围不会超过1千米。当然，随着餐厅规模的扩大，其辐射范围会增大。所以，如果餐厅不大，顾客的辐射范围没有那么大，那么餐饮创业者就需要做好规划，选择好要入驻的商圈。

第12讲　好生意取决于好位置和好店铺

　　当餐饮创业者规避了选址误区，选好要入驻的商圈后，就要考虑商圈中的哪条街道、哪个店铺更适合自己。

　　我曾服务过很多餐饮创业者，选址问题是大多数餐饮创业者咨询的重点问题。很多餐饮创业者开了七八家店，每家店的面积都不一样，每家店的选址都没有规律。为什么没有规律？因为没找好自己的定位和商圈。在确定好定位和商圈后，餐饮创业者还要明确什么样的位置适合自己。例如，在某个商圈有十条主要街道，餐饮创业者需要在这十条主要街道中找出适合自己的地段，是将店铺开在十字路口地段、丁字路口地段，还是一字路口中段？这些都是需要细细琢磨的。

对于好的餐饮店铺来说，要么选在十字路口地段，要么选在丁字路口地段，要么选在一字路口中段。路中段和路口段的流量及展示面是不一样的，不同的餐厅，其定位不同，就要考虑什么地段更适合自己。有一些餐厅更适合开在路中段，它不需要很大的曝光度；有一些餐厅则需要开在敞亮一点的位置，如十字路口和丁字路口；还有一些餐厅需要车位，那么是否有停车位就会成为很重要的一个选址参考。

我们来举例说明。北京有一条街叫作簋街，簋街中有两个很有名的品牌，一个是胡大饭馆，一个是簋街仔仔。两个餐饮品牌都在这条街上开了多家分店。我们对比了这两个品牌的所有店面，发现开在路口两端的店比开在路中间的店排队的人多，生意也更好，很明显这是因为开在路口的店曝光度更好。所以，餐饮创业者在选择好一个商圈后，就需要在商圈中选择合适的路段与合适的位置。假如一个商圈有十条街，餐饮创业者可以在每条街上选出三个点位，共选出 30 个点位，每个点位对应一个店铺，然后再对这 30 个点位进行分析和比较，选出适合自己的店铺。当然，在选择店铺的时候，还有一些重要问题需要注意。

有些餐饮品类适合平层店面，有些餐饮品类适合上下两层店面，还有一些餐饮品类适合第二层的店面。餐饮创业者在选择店铺时要考虑房屋的格局，也要考虑适合自己的面积。有时，也许餐饮创业者确定了商圈和点位，但发现店铺的面积太大，如自己需要80~120平方米的店铺，但这个点位的店铺面积是200~300平方米，此时便需要做进一步测算。餐饮创业者要根据这个点位的人流量测算这个面积的回报率，如果人流量不足以支撑投入，那肯定要放弃这个点位。

找到一个好商圈，确定一个好位置，进而选择一个好店铺，对餐饮创业者来说是创业成功的重要保障。

第13讲 五分钟教你做一张《选址评估表》

《选址评估表》是什么，有什么作用？对于餐饮创业者来说，在确定了商圈、位置和店铺后，需要一张评估表对这个店铺进行评估。店铺适不适合并不是由普通餐饮创业者的"三拍"来决定。所谓"三拍"，即拍脑门决定找店铺；找到了一个店铺之后拍大腿，觉得这个店铺真不错；最后拍桌板把这个店铺定下来。"三拍"定下来的店铺很有可能不适合自己的品牌定位。餐饮创业者需要一个科学的评估依据，这个依据就是《选址评估表》。《选址评估表》包含几个维度，如下所示。

第一个维度，商圈类型评估。商圈类型评估主要评估这个商圈是否适合自己。餐饮创业者在确定了品牌定位后，需要确定自己的品牌适合什么类型的商圈，然后再与待选商圈进行匹配。如果确定待选商圈（如办公型商圈）适合自己，就在这个商圈后面根据符合程度在相应的分值下打钩——不符合是零分，一般符合是1分，比较符合是2分，非常符合是3分，通过这个分值来对商圈的匹配度进行评估。

第二个维度，人流量评估。一般来说，办公型商圈中的上班族人数不能少于 5000 人，这时候餐饮创业者要对待选办公型商圈中的几栋写字楼做一个详细的调研和分析，然后进行打分。远远超出 5000 人的话给一个分值，达到 5000 人的话给一个分值，达不到 5000 人的话给一个分值，通过分值对商圈进行区分。

第三个维度，店铺位置评估。能见度、接近度、曝光度、广告招牌等，这些都可以作为餐饮创业者评估店铺位置的标准。餐饮创业者可以为每一个位置设置相应的评分标准，如餐厅的理想位置是十字路口，那么如果该店铺在十字路口，就为其打 5 分，十字路口向里 20 米则打 4 分、30 米则打 2 分、超过 30 米则打 1 分。

第四个维度，店铺评估。这个维度的评估指标相对比较多，包括店铺面积、店铺格局、店铺设施等。餐饮创业者可以针对每个指标的不同条件打分，如理想面积是 80 平方米，那么如果待选店铺是 80 平方米就打高分，90 平方米或 70 平方米就打一个相对低一些的分，100 平方米或 60 平方米就打一个更低的分。其他指标的打分方法与此类似。

在对以上三个维度进行打分之后，餐饮创业者便能很快做出一张《选址评估表》，从而能对待选店铺做出一个更准确的评价。如果你的《选址评估表》满分是 100 分，而你事先确定的满意分数是 80 分，那么待选店铺的分数总和必须超过 80 分才能成为可选店铺，如果低于这个分数就应该将其排除。这就是《选址评估表》的作用。不过切记，虽然《选址评估表》可以帮助餐饮创业者对商圈选址做出评估，但是不能将其作为唯一的判断依据。因为没有一个店铺是完美的，也没有一个店铺是完全没有可取之处的，餐饮创业者还要考虑其他因素，如市政施工情况、道路交通情况、竞争对手情况等。

表 3-1 是一个《选址评估表》示例，供餐饮创业者参考。

表 3-1 选址评估表

时间： 备选店址： 跟进人：

项目		选址条件	评估
选址条件	店址硬性要求	用：商业用途或餐饮用途	
		产：（产权）是否清晰，业主、物业、二房东、三房东的情况	
		面：（面积）原始平面图、建筑面积、套内面积、框架、砖混	
		单：（单价）日租金、月租金、年租金	
		付：（支付方式）年付、半年付、押几付几、转让费	
		递：（递增）每几年递增____%	
		合：（合同租期）最长租期几年	
		免：（免租期）60 天、50 天、45 天	
		广：（广告位置）门头、侧门、门口等几处	
		停：（停车位）门口及周边停车位是否充足，数量、费用	
	店址位置要求	1. 社区综合区次商圈（距离聚客点 300 米以内）	
		2. 商圈业态性质：休闲娱乐＋替代竞争店（200 平方米以上 15 家店）	
		3. 楼层（一楼为主；一楼大、二楼小，要七三开；一楼临街，直上二楼且橱窗临街），面积：使用面积为 300~450 平方米；使用率在 70%~80%	
		4. 店招可视性 30~50 米；门头展示面 8 米以上	
		5. 有停车场或有 10 个以上停车位	
		6. 店前无隔离带；如有隔离带，店址旁 50 米内有人行横道、地下通道或天桥	
		7. 店前道路为双向车道	
		8. 地标，且能看见店招或广告牌	
		9. 店址距垃圾清运点 300~500 米	
	店址技术要求	1. 结构：框架结构合理，楼板 2.8 米高	
		2. 排烟：独立烟道	
		3. 必须有消防通道	
		4. 水：水压合规；排污合规	
		5. 电：用电符合要求	
		6. 提供管道天然气	

（续表）

项目		选址条件	评估
选址条件	店址技术要求	7. 排污：排污符合要求	
		8. 有电话网络连接（移动、电信、ADSL 等）	
	店址商务要求	1. 证照齐全	
		2. 产权证明、消防验收证明齐备	
		3. 平面、水电、消防图纸齐备	
		4. 营业时间 24 小时	
		5. 广告位必须临街	
		6. 房屋租赁期限：至少 6 年	
		7. 免租期：2 个月以上	
		8. 年递增：第三年开始递增不超过 5%	
		9. 必须和业主签订租约	

第 14 讲　签合同的五个细节

在确定了选址后，餐饮创业者就要与店铺出租者签订店铺租赁合同，有五个细节需要注意。

第一个细节，注意合同的签订周期。该店铺的合同签订周期可能会影响餐厅的持续经营。租赁合同是一年签一次、三年签一次还是五年签一次？当然，餐饮创业者也要根据自己的经营预期提前做一个评估。

第二个细节，注意免租期。很多店铺的出租者都会承诺租赁者一个免租期，因为涉及装修等问题。在签订租赁合同之前，餐饮创业者要与店铺出租者明确免租期，以及中间可能会涉及的法律问题。如果因为出租者的原因导致装修延迟，需要明确出租者的责任。

第三个细节，注意付款事宜。餐饮创业者在租赁店铺的过程中涉及三类款项的支付，包括押金、租金以及日常运营费用。针对押金数额、押金时间、押金如何退还，租金什么时候交、周期多长，日常运营费用如何分担这些事项，餐饮创业者要与店铺出租者达成一致并在合同中约定清楚。

第四个细节，注意营业执照办理事宜。在签订租赁合同前，很多店铺出租者可能会承诺帮助餐饮创业者办理营业执照，但如果没有在合同中约定，则其很有可能事后反悔。营业执照办理失败对餐饮创业者来说是巨大的风险，耗时耗力又耗财。所以餐饮创业者一定要将店铺出租者对营业执照办理事宜给出的承诺写进合同里。

第五个细节，注意产权问题。在租赁店铺的时候，餐饮创业者需要确认店铺出租者具有店铺的出租权。针对二房东、三房东转租的情况，餐饮创业者需要店铺出租者证明其有转租权，要在店铺产权清晰、证明资料齐全的情况下签订店铺租赁合同。

只有规避一切法律风险，才能确保餐厅持续稳定的经营。以上五个细节是餐饮创业者在签订店铺租赁合同的时候一定要进行把关的。

第4章

开业筹备的关键点

第15讲　掌控开业进度

开业筹备是餐饮创业者在开设餐厅时都会遇到的一个阶段，这个阶段非常重要，很多餐饮创业者容易忽视，导致在后续经营过程中遇到不少麻烦。

在开业筹备阶段，掌控开业进度至关重要。通常在确定了店铺之后，餐饮创业者要用一到两个月的时间进行装修，这通常是打造品牌绕不开的一个筹备期。对于一个餐饮品牌来说，在进入装修阶段之前，应该已经确定了品牌定位、产品结构，设计好了菜单，做好了平面设计和空间设计。在与店铺出租者签订好租赁合同之后，餐饮创业者就可以开始按照预期的策划方案进行装修。

现实中，有很多餐饮创业者并没有把握好这个进度，在进入店铺装修阶段才开始确定产品结构、设计菜单，甚至才开始做平面设计和空间设计。

这显然会降低效率，甚至会耽误施工进度。我曾见过很多餐饮创业者从谈好店铺开始的历时半年还没有顺利开业，就是因为没有提前完成准备工作，没有掌控好开业进度。很多餐饮创业者在有了开餐厅的想法后，就急着找店铺，这就是不了解开业进度的表现。对于餐饮创业者来说，在确定了开餐厅的想法后，应该先确定品牌定位、产品结构，然后设计菜单，做平面设计和空间设计，而后才涉及找店铺、装修等事宜。

在进入装修流程后，餐饮创业者也需要有一定的规划。那么，在装修期间，餐饮创业者需要注意或者完成什么工作呢？首先，餐饮创业者要根据预期规划和设计施工进度。一般来说，按照店铺大小和面积调整空间设计至少需要20~30天，而施工时间可能需要30~45天，当然施工时间与店铺面积和空间设计的复杂程度相关。所以，在这一阶段，餐饮创业者需要与施工队沟通确定《施工进度表》，确认在多长时间之内完成哪个部分的施工。例如，什么时候完成屋顶装修，什么时候完成地面装修，什么时候完成墙面装修，什么时候完成水电相关方面的改造，什么时候完成厨房的装修，什么时候完成前厅的装修等。在确定了《施工进度表》后，餐饮创业者就要按照这张《施工进度表》监督和推动施工队按期完成施工作业。

在确定了《施工进度表》后，餐饮创业者要进行工服设计和餐具选择工作。在平面设计师做好了品牌标识和视觉识别系统后，餐饮创业者要与平面设计师一道设计符合品牌定位的工服、符合空间设计效果的餐具等。一般来说，很多餐饮创业者都会选择在工服和餐具上加上自己的品牌标识，所以在确定了工服和餐具样式后，餐饮创业者需要寻找合作厂商定制自己的工服和餐具。一般来说，工服的定做需要15~20天完成，餐具的定做需要10~15天完成。餐饮创业者需要根据装修进度，规划定做工服和餐具的时间。

当装修完成三分之一或接近一半的进度时，餐饮创业者就要考虑招聘事宜了。一般来说，餐饮创业者要先招聘管理团队，包括店长和厨师长，然后再与他们一起招聘员工。一般要为前厅和厨房工作人员的招聘预留 10 天左右的时间，之后还要进行 15 天左右的集中培训。集中培训主要包括培训员工对品牌的了解、对产品的理解，以及服务细节和待客礼仪。

除了以上工作外，餐饮创业者还需要在开业筹备期间定做设备和家具。一般来说，餐饮创业者要在开业前 20~30 天定好设备和家具。厨房通常会在施工进度进行到三分之二时完工，在厨房完工以后，厨房设备便可以进场，餐具也可以同时到位。然后相关人员便可以调试设备、清洗餐具，解决员工用餐问题了。

剩下的三分之一的时间便是前厅施工时间，此时餐饮创业者可以安排管理团队做商圈调研和分析，在店铺周围派发传单，开展营销推广活动等。在装修期间进行营销推广，可以提前增加餐厅的曝光，为开业活动奠定基础。在餐厅开业前十天，营销工作和人员培训要持续进行。

在开业前 3~5 天，前厅基本装修完毕，此时家具和物料便可以进场。餐厅所有人员要对所有设备、家具和餐具开展清洗、摆放工作，同时要测试设备的稳定性，调试产品和流程，测试水电、收银、监控系统等。

在开业前一天，餐饮创业者可以进行一次试营业或者召开一次动员大会。在开业后，餐饮创业者可以进行为期十天或者一个月的试营业，可以不做大量的活动，重点在于理顺内部流程，而后便可以尝试做一次真正的开业活动了。

以上便是一家餐厅的基本开业进度。表 4-1 列示了某品牌的开业筹备进度，供餐饮创业者参考。

表4-1 某品牌的开业筹备进度表

注：
1. 完成施工图确认；
2. 完成效果图确认；
3. 店长*1 经理*1 主管*1 前厅员工*15
   厨师长*1 厨房主管*2 厨房员工*20；
4. 印刷完毕；
5. 菜谱的推出更新；
6. 印刷完毕；
7. 进场；
8. 拆除工作完成，确定家具风格和数量；
9. 此日期之前，确定家具风格和数量；
10. 此日期之前，确定工眼的风格和数量；
11. 制作并安装完毕；
12. 拜访各个部门；
13. 办理证照，调试设备；
14. 在此日期前确定所有灯箱的风格和明细；
15. 预计此日期设备进场；
16. 确定内容和风格；
17. 宣传单发放；
18. 第二批宣传单发放。

37

第16讲　办理餐厅证照的注意事项

在确定了品牌名称、品牌标识后，餐饮创业者一定要进行商标的注册。以前很多餐饮创业者会忽略这项重要的事宜。随着商标侵权事件的频繁曝光，现在越来越多的餐饮人开始重视注册商标这件事。在注册商标时餐饮创业者需要注意商标的排他性、独占性、唯一性等特点，规避侵权风险和品牌纠纷。

在注册完商标后，餐饮创业者还需要办理很多证照，包括消防许可证、环保审批许可证、排污许可证、餐饮服务许可证、营业执照、组织机构代码证、税务登记证等。这些证照的办理与否决定了餐饮创业者有没有资格做生意、有没有资格做餐饮，所以它们的办理至关重要。

一般来说，餐饮创业者要在开业之前将必要的证照都办理齐全。对于消防许可证来说，如果是租赁店铺，餐饮创业者要确认店铺出租方具有消防许可证，考察店铺或者所在商场的消防措施是否过关，规避相关的法律风险和经营风险。除此之外，在装修前，餐饮创业者需要获得消防设施的布局图和平面图，装修也要依据消防设施的布局图和平面图来进行；同时还要了解当地消防部门对店铺消防的审查要求，按照相关标准设计餐厅的消防通道等布局。

对于环保方面的要求，不同的城市有不同的规定。但是有关部门一般都会在店铺装修之前对店铺排污、排烟、垃圾存放等情况做相应的检查和审核，这一点餐饮创业者也要心中有数。之后，餐饮创业者要开始办理餐饮服务许可证。餐饮服务许可证是中国餐饮行业的经营许可证。2009年2月底正式出台的《中华人民共和国食品安全法》，确立了中国的食品安全分段监管体制，卫生、农业、质检、工商和食品药品监管部门各司其职，分别负责对食品生产环节、食品流通环节和餐饮服务环节的监管。根据这部法律，自2009年6月1日起，由食品药品监管部门取代卫生监督部门，对餐饮服务环节进行监管，并用餐饮服务许可证取代食品卫生许可证。

餐饮服务许可证的申请程序：（1）申请人向市行政审批服务中心"食药监窗口"提交申请；（2）申请材料存在可以当场更正的错误的，办理人员应当允许申请人当场更正；申请材料不齐全或者不符合法定形式的，应当当场一次告知申请人需要补正的全部内容，并发给申请人《补正材料通知书》；申请材料齐全、符合法定形式，或申请人按要求提交全部补正材料的，予以受理，出具《餐饮服务许可受理决定书》；（3）相关部门按照《餐饮服务许可审查规范》组织现场审查验收；（4）现场审查符合标准的，做出准予行政许可的决定；不符合标准的，做出不予行政许可的决定并书面说明理由，同时告知申请人享有依法申请行政复议或提起行政诉讼的权利；（5）申请人提交的申请材料和现场核查符合法定条件及标准的，做出准予行政许可的决定，在法定时限内颁发餐饮服务许可证。

在办理完以上许可证后，餐饮创业者便可前往当地工商部门办理营业执照。只有办理了营业执照，餐厅才可以开始对外营业，所以营业执照的办理是餐厅开业前十分重要的一个环节。

餐饮创业者在开业前，应按照法律规定办理所有必要的证照，做到有证经营、合法经营。

第 17 讲　如何严格跟进设计和装修

设计和装修是餐厅筹备期间要开展的重要工作，餐饮创业者一定要严格跟进。而做好这两项工作，通常需要很多部门和人员的密切配合。

要完成设计和装修两个环节，设计人员和装修人员的配合必不可少。除此之外，采购部门、工程部门的人员也需要密切配合。采购人员要采购哪些物料和家具、采购什么规格的物料和家具，这些都需要设计人员和装修人员的指引。工程部门的人员负责监工，也要与装修人员协调装修进度事宜。

那么，采购人员、工程人员、设计人员和装修人员到底该如何配合，跟进设计和装修环节呢？

一、从设计方面来说

在设计师做完平面设计图和效果图后，需要工程人员跟进施工队有没有按照平面设计图的布局进行装修、细节之处是否完成到位。

我曾多次见过设计跟进不到位的情况。某家餐厅在装修前也做好了平面设计图，但是在装修过程中还是遇到了很多问题。例如，按照平面设计图，备餐柜是要塞到两个柱子中间的，但是施工人员却无论如何也塞不进去。后来发现，施工队并没有按照平面设计图来制作两个柱子，中间的距离做小了，所以无法将备餐柜塞进去。最后没办法，餐饮创业者只好与备餐柜厂家联系更换备餐柜的规格。还有一家餐厅在组装家具时，发现少了两张桌子。这些问题都是由于相关人员没有严格跟进设计导致的。

在设计方面，除了平面设计图，还有什么需要跟进呢？那就是效果图。对于餐厅需要选用什么样的灯光、灯光往哪里照、灯光的亮度是多少，门用什么颜色、墙用什么颜色、地板用什么样的砖等，设计师都需要给出明确的标注和说明。有些装修公司在装修时，并没有严格按照效果图去做，甚至试图给餐饮创业者出主意、提意见，建议不要选用某种砖。此时，餐饮创业者一定要坚定立场，严格根据效果图进行施工。从设计角度来说，其最终呈现效果是所有细节融合而成的，改变某个细节很可能会牵一发而动全身，最终破坏整个设计理念。

在没有设计师跟进装修效果的时候，餐饮创业者一定要坚持设计方案，让装修人员严格按照事先确定好的平面设计图和效果图，以及材料、施工方式来进行施工。这样才能获得理想的装修效果。

二、从装修方面来说

对于餐饮创业者来说，在装修方面需要跟进的几点如下所示。

第一点是装修的工期。一般来说，餐饮创业者已经在装修前确定好了整个开业的进度。如果装修没有按照工期完成，那会直接影响后续的试营业和开业时间。所以，餐饮创业者或者相关人员要严格跟进装修进度，督促装修人员在工期内完成装修工作。

第二点是装修材料的采购和使用。有些餐饮创业者选择将装修工作完全外包给装修公司。此时装修公司是包工包料的，所以采购工作也由装修公司完成。这时，餐饮创业者需要跟进的是对方的采购价格是否合理，有没有虚报采购价格；还要关注装修人员是否按照最经济、最合理的装修方式进行装修，有没有浪费物料如水泥、石灰、涂料等情况。当然，餐饮创业者可以聘请专业的监工对装修过程进行监督。

第三点是工艺。相关人员应熟悉设计师的设计方案，了解设计师要求的装修工艺，明确装修细节，如哪些地方可以钉，哪些地方可以挂，哪些地方用胶水粘。很多装修人员可能会在装修过程中偷奸耍滑，没有按照设计师要求的工艺去做，这就会导致最终的装修效果和维护偏离预期，给后续的经营造成不利影响。

综上，在装修期间，相关人员要跟进装修工期、跟进材料的采购和使用，还要跟进装修工艺等。作为一个餐饮创业者，应了解和熟悉这些在设计与装修过程中需要跟进的工作，可以不事必躬亲，但一定要有此意识。只有这样，才能保证事半功倍，才能为后续的开业和经营奠定良好的基础。

第18讲　开业期间要接触的管理部门

餐饮创业者在开设餐厅的过程中会接触很多管理部门，这里简单列举几个，供餐饮创业者参考。

第一个管理部门是消防部门。消防部门是餐饮创业者在筹备餐厅期间一定会接触的管理部门。除了办理营业执照前要通过消防部门的检验外，在设计空间布局图时，针对消防喷淋系统、烟感探测器、消防通道、消火栓等的位置和设计，餐饮创业者要主动到消防部门报批。在消防部门审批通过后方可动工，动工完成之后还要报请消防部门验收。消防工作不仅关系到餐厅自身的安全，也关乎整个城市的安全，餐饮创业者要提升安全意识，严格按照当地消防部门的要求，配合完成相关工作。

第二个管理部门是城市管理部门。餐厅在开业之初，有一些监管工作隶属城市管理部门的职责范围。例如，餐厅对装修期间产生的施工垃圾、装修材料、剩余材料等的处理。一般来说，城市管理部门会要求装修人员将装修过程中产生的渣土全部装袋，不可以散在地上且不可有扬灰出现。扬尘和扬灰不仅会损害周边居民与企业的利益，而且会污染环境，所以餐饮创业者一定要监督装修人员配合城市管理部门的工作，完成垃圾的处理工作。

除此之外，餐厅的施工时间、施工周期也同样是城市管理部门的关注点。有些地段的餐厅施工只能在白天进行，晚上则被禁止，因为离居民区较近，晚上施工会扰民；有些地段的餐厅施工则允许在晚上进行，但要达到灯光和电路方面的要求。另外，城市管理部门还会对车辆运输有要求，如只能在某一时间段运输渣土等。所以餐饮创业者在开始装修前，要了解城市管理部门针对装修的监管要求，按照要求开展装修事宜。

第三个管理部门是食品药品监督管理部门。食品药品监督管理部门也是餐饮创业者会频繁接触的管理部门。食品药品监督管理部门会监管餐饮创业者有没有按照流程申报餐饮服务许可证，也会在施工期间对餐厅厨房的布局进行审核，还会检查菜单，了解餐厅的经营范围是不是符合要求等。

餐饮创业者在去食品药品监督管理部门办理餐饮服务许可证之前，还要跟环保管理部门和排污管理部门接触，拿到相关许可证明。所以在餐厅开业筹备阶段，餐饮创业者通常会接触的管理部门包括消防部门、城市管理部门、食品药品监督管理部门、环保管理部门、排污管理部门、工商管理部门、税务管理部门等。还有一些餐饮创业者会接触街道办事处，涉及办理人员暂住证等情形。

所以，在有了创业的想法、做好了整体的规划后，餐饮创业者要在开始装修之前了解各个管理部门的相关规定，按照流程完成相关的申请和报批工作。

第 19 讲　如何为门店招人

大部分餐饮企业都会面临招人的问题。如果是连锁餐饮企业可能会简单一点，因为管理者可以从各个门店进行人员调配，但是对于一些新成立的餐饮企业，招人就是一个很大的挑战。如果你是一个餐饮创业者，怎么解决招人的问题？这里简单介绍几个招人的技巧。

餐饮创业者在招人之前需要明确几个关键点：第一，通过哪些渠道招人；第二，要招什么样的人；第三，怎么留住招来的人。

通常来说，招人的渠道有以下几个。首先，网络招聘。相关人员可以在一些常见的招聘网站上发布招聘通知，也可以主动在招聘网站上搜索符合招聘条件的人才。其次，线下招聘会招聘。相关人员可以到一些集中的招聘会上寻找符合招聘条件的人才。再次，通过猎头机构寻找符合招聘条件的人才。对于一些高端管理人才，或者经验型人才，餐饮创业者可以通过与猎头机构合作，寻找符合招聘条件的人才。随着互联网技术在餐饮行业的快速发展，不管是经营模式还是营销模式都发生了很大的变化，寻找新型管理人才成为很多餐饮企业面临的关键问题。了解和拓宽招人的渠道是餐饮创业者面临的挑战。最后，餐饮创业者可以通过员工推荐，快速招到合适的人才。为了增加对员工推荐人选的激励，餐饮创业者可以设立"开业筹备奖励金"，为新进员工以及推荐人员成功的员工发放奖励金。奖励金的数额可以视资金情况而定，如给新进员工和推荐人员成功的员工每人发放 200 元或 300 元，这会在很大程度上加快招人的进度。

未来的竞争一定是人才的竞争。随着人口红利期的消失，现在各行各业都面临着招人难的窘境，而这一现象在餐饮行业尤其严重。可能会有餐饮创业者疑惑："我也在网站上发布了招聘信息，为什么没有用呢？"答案无非是待遇不够优厚、没有将工作情况写清楚。

随着我国工资制度的逐渐完善，只提供基本工资已经很难满足大多数应聘者的工资预期了。餐饮业也不例外。餐饮创业者要在了解整个餐饮行业、同业态餐厅的工资待遇后，设计一个具有吸引力的薪酬体系，如提供"基本工资＋绩效＋补贴＋五险一金"的薪酬体系就比"基本工资＋五险一金"的薪酬体系更具吸引力。

除此之外，餐饮创业者需要在招聘信息中将工作情况写清楚。对于一个普通员工来讲，他更在意的是每天要工作的时长，每周能休息几天，有没有年假，有没有额外的福利，升职加薪空间如何，晋升通道怎样等。所以，招聘信息写得越完善、越丰满，也就越具有吸引力。

在通过面试、招到符合自己招聘条件和企业文化的人员后，餐饮创业者就要思考怎么留人了。兑现招聘信息中的承诺是基本保障，除此之外，餐饮创业者还要营造良好的工作氛围，让所有员工感受到家一般的温暖，将餐厅当作家一样守护，只有这样才能让餐厅走得长远。

第20讲 员工培训应该注意哪些方面

员工培训十分重要。我们给很多餐饮企业做过培训，发现大多数餐饮创业者都不是特别重视筹备期的培训，认为这是在浪费钱，我非常不认同这个观点。筹备期的培训非常重要，可以帮助餐饮创业者统一新员工的思想。一般来说，新来的员工都有自己过往的经验，如果不将其思想统一起来，那在后期管理过程中就会遇到很多困难。餐饮创业者需要让新进员工了解企业文化，了解管理人员及其行事风格，这样才能促使大家朝着目标共同努力。

在做员工培训之前，餐饮创业者需要确定一个合适的场地，这个场地一定要有投影设备、白板等相关的基础硬件，同时应该准备一个介绍企业、产品及团队构成的视频或者 PPT。在做好这些准备后，餐饮创业者需要设计培训内容。培训内容包含以下几个方面。

企业文化培训。在对新进员工进行培训时，餐饮创业者要告诉他们企业的发展历程，企业坚持的核心理念，企业的发展目标等。只有让员工了解企业的愿景、使命和价值观，才能形成和谐的文化环境、强大的凝聚力和统一的行为方式。这是关于企业文化的培训。

人事制度培训。在对新进员工进行培训时，餐饮创业者要向新进员工详细介绍公司的考勤制度，包括如何请假，如何休假，如何处理工伤事件，如何办理入职手续、离职手续等。这是关于人事制度的培训。

员工素质和素养培训。每个餐饮企业都希望为员工提供增强素质和素养的培训，餐饮创业者可以安排一些素质拓展，开展军训、团队建设等活动，提升员工的基本素质和素养，增强员工之间的配合度和熟悉度，帮助他们迅速地融合在一起。

员工技能培训。员工技能培训主要包括培训员工点菜、传菜、收菜等的基本技能，熟悉所有产品及其特色，了解哪些产品的利润高、哪些产品的利润低，掌握推销产品的技巧，同时了解如何为顾客提供更贴心的服务、如何处理客户投诉等。可以采用的方法有笔试测试、现场试吃、现场考查等。

在开业前，餐饮创业者可以利用 5~7 天的时间完成以上培训。这不仅有利于增强员工技能，而且有利于增强团队的凝聚力，所以，员工培训至关重要。表 4-2 是一份员工培训计划示例，供餐饮创业者参考。

表4-2　员工培训计划表

日期	时间	培训内容	培训执行人	监督人	完成情况
第一天	13：00—14：00	入住宿舍	××老师		
	14：00—17：30	开训仪式、破冰	××老师		
	17：30—18：30	晚餐			
	18：30—21：30	整理内务、统一标准	××老师		
	23：30	就寝	宿舍长		
第二天	07：00—07：30	起床、整理内务	宿舍长		
	07：30—08：30	晨练——跑步	教官		
	08：30—09：00	早餐			
	09：00—10：00	军训	××老师		
	10：00—12：00	企业文化、人事、行政、财务制度培训	××老师		
	12：00—13：30	午餐/午休			
	13：30—15：30	极限军姿、拓展培训（齐眉棍）	××老师		
	15：30—18：00	食品安全、安全保全	××老师		
	18：00—19：00	晚餐			
	19：30—22：00	军训、消防安全培训	××老师		
	23：30	就寝	宿舍长		
第三天	07：00—07：30	起床、整理内务	宿舍长		
	07：30—08：30	晨练——跑步	教官		
	08：30—09：00	早餐			
	09：00—10：00	拓展培训（蛟龙出海）	××老师		
	10：00—12：00	服务流程、礼仪、摆台培训	××老师		
	12：00—13：30	午餐/午休			
	13：30—15：00	拓展培训（杯水传情）	××老师		
	15：00—18：00	服务流程模拟演练、服务礼仪训练	××老师		
	18：00—19：00	晚餐			
	19：30—22：00	产品知识（菜品）	××老师		
	23：30	就寝	宿舍长		
第四天	07：00—07：30	起床、整理内务	宿舍长		
	07：30—08：30	晨练——跑步	教官		
	08：30—09：00	早餐			
	09：00—10：00	拓展培训（能量传输）	××老师		
	10：00—12：00	开业营销活动内容培训	××老师		
	12：00—13：30	午餐/午休			
	13：30—15：00	拓展培训（摩斯密码）	××老师		
	15：00—18：00	服务流程模拟演练、服务礼仪训练	××老师		
	18：00—19：00	晚餐			
	19：30—22：00	产品培训	××老师		
	23：30	就寝	宿舍长		
第五天	07：00—07：30	起床、整理内务	宿舍长		
	07：30—08：30	晨练——跑步	教官		
	08：30—09：00	早餐			
	09：00—10：00	拓展培训（团队报数）	××老师		
	10：00—12：00	托盘/撤换/斟倒/摆台模拟演练	××老师		
	12：00—13：30	午餐/午休			
	13：30—15：00	拓展培训（动力绳圈）	××老师		
	15：30—18：00	餐饮从业人员基本要求及价值观	××老师		
	18：00—19：00	晚餐			
	19：30—22：00	沟通能力（加活动互动）	××老师		
	23：30	就寝	宿舍长		
第六天	07：00—07：30	起床、整理内务	宿舍长		
	07：30—08：30	晨练——跑步	教官		
	08：30—09：00	早餐			
	09：00—10：00	拓展培训（急速60秒）	××老师		
	10：00—12：00	清洁流程培训、演练	××老师		
	12：00—13：30	午餐/午休			
	13：30—14：00	游戏热身	××老师		
	14：00—18：00	服务流程考核、摆台理论考核	××老师		
	18：00—19：00	晚餐			
	19：30—22：00	体能考核	教官		
	23：30	就寝	宿舍长		
第七天	07：00—07：30	起床、整理内务	宿舍长		
	07：30—08：30	晨练——跑步	教官		
	08：30—09：00	早餐			
	09：00—10：30	拓展培训（七巧板）	××老师		
	10：30—12：00	结业仪式（培训总结、颁奖）	餐厅老板		
	12：00—13：30	午餐、整理个人物品			

第 21 讲　开业前的三个采购要点

采购是餐厅经营中很重要的业务部分。在餐厅开业前，餐饮创业者就面临采购需求。本讲中涉及的采购主要是门店营运管理方面涉及的采购，共包含三部分内容，即设备采购、物料采购和系统采购。

一是设备采购。这里所说的设备主要是用电设备，包括前厅中的电视、冰箱、消毒柜、空调设备等；厨房的双门冰箱、四门冰箱、展示冷柜、微波炉、制冰机、刨肉机、切肉机，以及灶台等。

在采购这些用电设备时，采购人员需要关注设备的功率。采购人员要明确门店的用电负荷标准，不能采购功率过大的设备，否则可能会导致跳闸或者停电等现象，不利于门店的经营。我曾服务过一个北京的餐饮品牌，其门店经常出现停电、跳闸等情况，后来不得不更换大功率设备，造成了浪费，也影响了经营。

除了功率，采购人员在采购过程中还要关注设备的尺寸。在购买设备前，采购人员一定要根据空间设计和经营要求，确定要采购的设备种类，以及前厅和厨房留给待采购设备的位置，估计采购设备的尺寸。例如，根据空间设计和经营要求，前厅要摆三台冰箱、一台展示冰柜，那么采购人员就要测量留给这四台设备的位置，然后在采购过程中准确测量相应的设备尺寸。厨房设备的采购也是如此。餐饮创业者要与采购人员一道完成采购流程，合理布局前厅和厨房的空间，提升空间利用率，保证餐厅的日常运营。

除此之外，采购人员在采购过程中，还要对厂家进行评估。采购人员不一定要选择名牌产品，而要选择质量有保障，同时适合自己的、性价比

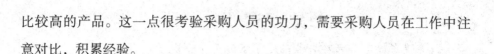

比较高的产品。这一点很考验采购人员的功力，需要采购人员在工作中注意对比，积累经验。

二是物料采购。物料指餐厅常用的低值易耗品、一次性用品、劳保和洗涤清洁用品。低值易耗品指那些价值比较低又容易损坏的物品，如餐具和厨具等。一次性用品包括塑料袋、手套、一次性口罩、一次性帽子、打包盒、打包袋、牙签、餐巾纸等。针对这些物料的采购，采购人员需要提前确定采购数量、采购时间，并要确保维持一定的备用量。有一些物料需要印上品牌标识，所以需要提前订货。而对于劳保和洗涤清洁用品，包括围裙、手套、袖套、洗洁精、拖把等，采购人员需要在采购前确定采购数量和存货地点。有些餐厅可能没有库房，所以只能用架子充当临时库房，如果过量采购可能导致厨房空间紧凑，不利于人员进出。所以采购人员要根据空间和经营需要，确定采购的节奏，原则是保证日常运营所需，同时不造成浪费。

三是系统采购。系统采购包括收银系统和监控系统的采购。在开业前，餐饮创业者需要了解各种收银系统的特点，确定使用哪种收银系统，即在考虑预算的基础上，确定是采用手写单点餐还是采用智能设备点餐。良好的收银系统可以防止厨房丢单现象，收款便捷，对账方便，提高效率和节省成本。天财商龙收银系统、哗啦啦收银系统等都是比较受餐饮创业者欢迎的收银系统。

监控系统的采购也同样重要。餐厅在日常经营中，顾客、工作人员等来来往往，容易给餐厅的安全造成隐患。因此，要在厨房操作间、加工间、库房等重要出入口安装智能门禁视频监控系统，在餐厅大门、大堂、走廊、收银台、电梯、停车场设置一套高清视频监控系统，严格控制出入人员，加强安全管理。在采购监控系统时，采购人员要提前了解各种监控系统的特点和优劣，选择适合自己的监控设备。

以上是餐饮创业者在开业前要了解的三个采购要点。表 4-3 是一份开业物料采购清单示例，供餐饮创业者参考。

表 4-3　开业物料采购清单

名称	单位	要货数量	名称	单位	要货数量
手纸	提	2	厨师帽	顶	
擦手纸	包	2	地刷	双	
950打包盒	件	1	白骨碟	个	400
650打包盒	件	1	白汤碗	个	300
毛巾（清洁）	条	50（蓝、白、棕）	小瓷汤勺	个	300
小打包袋	把	10	瓷茶杯	个	300
大打包袋	把	10	牙签盅	个	30
大垃圾袋	把	2	筷子，筷套	双	400, 1000
小垃圾袋	把	10	毛巾碟	个	80
牙签	包	10	圆托盘	个	10
酒精	桶	2	方托盘	个	6
蜡烛	箱	1	烟灰缸	个	50
扑克牌	副	10	红酒杯	个	60
胶皮手套	双	5	白酒分酒器	套	100
线手套	双	3	筷架	个	80
餐巾纸	件	2	多功能直筒杯（包间）	个	100
檀香	盒	0	大肚杯（大厅啤酒杯）	个	200
胶带	个	2	大汤勺（前厅）	个	40
一次性筷子	包	1	米饭碗	个	150
芳香球	袋	5	醒酒器	个	5
打火机	盒	2	茶壶	个	40
创可贴	盒	2	暖瓶	个	9
吸铁石	板	10	暖瓶垫	个	9
记号笔	盒	5	西餐叉	个	20个
火柴	盒	30	成套筷子毛巾	套	
垃圾桶	个	13	白毛巾	包	
本			彩带（粘苍蝇条）	盒	
尺子			花底纸	把	
保鲜膜（大的）	个		钢丝球		
保鲜膜（小的）	包		煤球		

第 5 章

餐厅的六种营销

第 22 讲　开业营销怎么做

对于餐厅来说，开业营销至关重要。开业是餐厅第一次以正式的面孔亮相，在餐厅门店所覆盖的范围内，是不是可以快速地被大家知道、快速地打响知名度、快速地提高营业额，对餐厅后续的运营十分关键。很多餐饮创业者不重视开业营销，没有开业营销策划方案，不搞开业营销活动，这会导致顾客对其形成认知的周期比较长，很难快速积累回头客。

我曾见过很多不重视开业营销的餐饮创业者，有的甚至听顾客说："我住在旁边这栋楼一年多了，第一次知道你们店。"而实际上这家店已经开了至少一年。对餐厅来说，如果连自己餐厅周围 100 米的区域都没有打通，又如何向更远的地方延伸呢？

那么，开业营销该怎么做呢？

营销活动必不可少。如前文所述，餐饮创业者在装修期间就应该开始设计营销活动，包括线上活动和线下活动。很多餐饮创业者会在线上做很多活动，包括找专业推广人员写软文，利用一些隐性营销手段吸引流量。例如，某餐饮创业者新开了一家热干面店，他会通过自媒体开展排名活动，让顾客选出目前本市最好吃的热干面的前三名；当然他的店是不是最好吃并不重要，重要的是在名单里加进了自己的店，并且放了地址，这便会有效地吸引大家的关注。除了软文营销，如今餐饮创业者还可以利用抖音等新式营销平台发放一些线上优惠券，吸引年轻一代的关注。

对于线下营销，餐饮创业者可以采取的营销手段就是发放海报、宣传单和优惠券。目标是做到对周围的写字楼、住宅、商场全覆盖，告诉周边的目标客群：有一家新店即将开业，欢迎大家光临。

一般来说，经过线上线下的营销宣传，餐厅的知名度会迅速打开。我曾经为一家蛋糕店提供过指导服务，帮助这家蛋糕店在开业之前，在周围的两个小区和两个写字楼各办了一次试吃活动。活动效果非常好，参与的顾客络绎不绝，工作人员在活动过程中发放了大量的代金券和优惠券，所以蛋糕店开业当天生意十分火爆。

除了开业之前的营销活动，在开业时，餐饮创业者也需要付出一些"代价"来做引流。很多餐饮创业者在开业时都不愿意打折，怕会造成损失，这其实是得不偿失的。如今，很多互联网企业在开拓市场时，为了引流都会给予用户很大的消费补贴。这些补贴可以让用户尝到甜头，从而可以快速积累用户，这种营销手段对餐饮业来说也是适用的。所以，餐饮创业者不要怕补贴顾客，只要东西做得好，生意肯定能火爆。

如果餐饮创业者想提升补贴效果，可以为这种补贴增加实现条件。例如，顾客给餐厅或者菜品拍摄一条抖音推送或发个朋友圈，如果积够 10 个赞可以打九折，积够 20 个赞打八折，积够 100 个赞打五折，积够 200 个赞直接免单等。类似这种优惠实现条件，可以更大程度地发挥补贴效果，增加餐厅的曝光度。

除此之外，在正式开业之前，餐饮创业者还要进行一段时间的试营业。试营业的目的是为餐厅的正式营业提前预热，吸引流量。例如，餐厅试营业 10 天，在这 10 天之内没有现金优惠，但向每位进店的顾客发放优惠券，告诉顾客正式开业时会有更大的优惠政策。当然，试营业的前提是餐饮创业者要提供保质保量、颇有特色的菜品。

表 5-1 是一份开业营销活动执行表示例，供餐饮创业者参考。

表 5-1　开业营销活动执行表

开业营销活动执行表
活动内容
• **目标群体：** 门店内及周边消费群体，大学生群体。
• **消费目的：** 满足日常饮食需求。
• **活动主题：** 开学辛苦，拼命要补，吃 100 送 100。
• **活动预热期：** 8.25-8.31。
• **活动日期：** 9.1-9.30，周期为 30 天。
• **活动期间消费的顾客可获得：**
消费每满 100 元，即可获得 100 元代金券。
• **代金券发放时的操作要求：**
手动填写发券日期，并盖发票专用章为证，店长签字。
• **代金券使用规则：**
1. 100 元代金券分为：两张 50 元的代金券。
2. 代金券使用期限：从发券日起一个月内有效。
3. 每次每桌仅限使用一张，不可叠加使用。
4. 此券不与店内其他活动同享，会员价菜品不同享。
5. 消费金额高于代金券金额（含代金券金额），即可使用。
6. 此券不找零，不兑现，不开发票。
7. 最终解释权归本店所有。

（续表）

> • **本期活动目的：**
> 通过向就餐顾客发放代金券，增加顾客重复消费频次，从而增加来客数，扩大曝光量，提高营业额！

活动时段	步骤	话术	注意事项
活动预热期间 8.25-8.31	全部物料摆放到位	无	注意物料是否破损，如有破损，立刻更换
	服务员每日在楼下附近道路、大学附近发放活动宣传单，向经过的路人介绍活动	您好，我们是××，我们店将举办迎新生优惠活动，在9月1日到30日，消费每满100元即送您100元代金券，欢迎到店品尝	1. 不允许发放的人群：快递员、送餐员、保安、收废品人员、便利店工作人员、60岁以上人群 2. 也可以介绍店内的特色菜 3. 发放地点：门店周边500米范围人流密集处，大学附近
活动开展期间 9.1-9.30	1. 点餐时向顾客介绍本期活动 2. 也可建议顾客在微信朋友圈推广 3. 告知代金券的使用规则	您好，本店举办一期迎新活动，祝愿学子们学业有成。您只要消费每满100元就送您100元代金券，非常优惠，欢迎您参加	1. 注意：告知代金券的使用规则 2. 与顾客沟通统计表的内容，为顾客提供数据
	店内每日统计发放券的数量与回收券的数量及消费金额	无	店长安排，服务员和收银员配合统计 统计见下表

开学季促销活动统计表 9.1-9.30（表格示范）					
活动日期	发券数量（张）	进店渠道：宣传单/网络/他人推荐	人群属性：居民/白领/学生	每单消费金额	反馈意见：环境/菜品/服务/活动内容
9.1					
9.2					
9.3					
9.4					
9.5					
9.6					
9.7					
9.8					

第23讲　节日营销怎么做

一、节日营销的必要性

很多餐饮创业者认为，节日营销不仅耗时耗力耗财，而且效果不一定显著，所以不想做节日营销。这是一个错误的想法。试想一下，假如你是消费者，有两家餐厅紧挨着，一家餐厅常年都不做促销活动，另外一家餐厅每月都有一次促销活动，你觉得哪家餐厅活跃度更高？你更愿意去哪家餐厅消费？答案显而易见。不管活动本身有没有效果，如果你做了，哪怕没有效果（当然可能性不是很大），给顾客的直观感受是这家餐厅十分活跃，不断创新，同时也收益稳定，所以才会不断地做促销活动。这也是促销活动取得的良好效果。

举个例子，肯德基经常会推出很多广告，你确定每个广告都一定会帮助其提升销量吗？不一定。但如果肯德基一年不在电视上打广告，你是不是会怀疑肯德基黔驴技穷了？所以有的时候，为了做营销而做营销，为了做广告而做广告，反倒是品牌生命力旺盛的一种体现。

二、节日营销怎么做

节日营销是很多餐厅都要做的促销活动。不同餐厅适合做促销的节日不同，对于中餐厅来说，端午节、中秋节、劳动节、国庆节是重点节假日；对于一些地方特色餐厅来说，除了以上节假日，当地的特色节日也是重点节假日；而对于西餐厅来说，圣诞节、情人节、平安夜等是重点节假日。不同的节假日适合采用的营销方案也不同。

值得做促销活动的节假日有很多，但不一定每个节日都做大的促销活动。例如，端午节、圣诞节、情人节这种关注人数更多的节日，适合做大型促销活动，其他的相对小众的节日则做一些小型促销活动更合适。对于餐饮创业者来说，上下半年分别做两个大型节日促销活动便足够了。

餐饮创业者可以通过线上线下结合来做节日营销活动。例如，在情人节这天，组织情侣晒恋爱时间、周年纪念的线上活动，向票选甜蜜指数较高的几对情侣发放免费情侣套餐券。当然，线上活动需要配合自媒体推广，以增加活动的曝光度。

再举一个我亲自操作过的案例。"味之绝"是一家活跃在云贵川地区的连锁餐饮品牌，截至 2019 年 6 月，共开了约 200 家店，其中直营店 10 家、加盟店 190 家左右。我们曾为该品牌策划过一场父亲节全单 5 折的节日促销活动。活动形式不是直接打折，而是在顾客消费之后赠送 5 折券，在下次消费时使用，相当于第一单全价，第二单5折。活动海报如图5-1所示。

图 5-1 味之绝的节日促销活动海报

在活动前，我们制定了详细的活动方案。我们联合味之绝制作了一个父亲节短片，讲述了一位父亲白天辛苦上班，晚上回家洗衣、做饭、照顾孩子的生活，展示了这位父亲一面工作狂、一面慈父的双面人生。我们将短片上传到腾讯视频、爱奇艺平台进行活动预热，引起了很多人的共鸣和许多"大 V"的转发，取得了非常好的效果。

这次父亲节活动是以大型节日营销活动的规格来策划的，共花费了十几万元，累计发放 100 元代金券 1400 多张（味之绝的桌均消费额为 200 元左右，送 100 元代金券相当于 5 折优惠），实现当天到店消费桌数 1800 多桌，比上年同期增加了近 1000 桌。活动当天的客流情况如图 5-2 所示。

图 5-2　味之绝活动的客流情况

这个案例也说明了节日营销活动方案一定要提前策划。一般来说，餐饮创业者应在当年年底就做好明年一年的活动计划。最好同时做好节日营销方案，或者确定好每个节日营销活动方案的完成时间。临时策划节日营销活动方案，肯定会因过于匆忙而有所疏漏，导致达不到预想的活动效果。

不打无准备之仗。不管是做开业准备还是做节日营销活动，餐饮创业者都应该提前规划，按部就班地执行。只有这样才能游刃有余、事半功倍。

第24讲 会员营销怎么做

会员营销是一种基于会员个体的营销方法，商家通过将普通顾客变为会员，分析会员的消费信息，挖掘顾客的后续消费力，汲取终身消费价值，并通过顾客口碑传播等方式，将一个顾客的价值最大化。在移动互联时代，互联网技术为会员营销突破原有瓶颈提供了诸多的灵感，各行各业都在尝试会员制的新玩法，餐饮业也不例外。

对于餐饮行业来说，会员营销面临两个问题：一个是如何吸收会员，另一个是如何调动会员。

如何吸收和调动会员是一个让很多餐饮创业者头疼的问题。很多餐厅做了各种尝试，但都收效甚微，而很多广告或者媒体出身的餐饮创业者却深谙此道。所以，餐饮创业者可以聘请一些专业的营销人员来负责餐厅的营销推广工作。当然，除了基因不同，对于会员营销，餐饮创业者还是有很多技巧可以学习和借鉴的。

对于广大餐厅，会员制的精髓在于通过客户忠诚计划将服务、利益、沟通、情感等因素整合起来，为会员客户提供独一无二的、具有较高认知价值的利益组合，从而与客户建立起基于感情和信任的长久关系。餐饮创业者要站在顾客的角度，高频次地交流互动，熟悉顾客需求，只有这样才能真正做好会员营销。我建议从以下几个方面吸收和调动会员。

1. 让顾客用少量的钱购买会员卡，当餐即可使用，可积分、返券、享受会员价。例如，某连锁火锅10元"开卡"，但可获得礼包——锅底一份，米酒一份，以及下次可以使用的30元代金券。这种方法既给了顾客一个成为会员的理由，又吸引顾客再次到店消费。

2. 让顾客通过手机微博、微信等渠道成为会员，享受的权益与实体卡会员相同。随着移动互联网技术的飞速发展，大部分餐厅纷纷"拥抱互联网"，这种低成本的入会方式也被大部分顾客所接受。

3. 对于实行"会员制"的餐厅，加入会员需有餐厅的正确引导。这很简单，服务人员只需告诉顾客加入会员会获得什么价值，即使只是一道小菜、一杯饮料。与此同时，在成功吸收会员后，餐饮创业者要利用相应的平台维系与会员的关系。餐厅向会员提供积分是必需的手段，但更多的应是提供增值服务。例如，及时向会员传递新菜品信息、新店信息；召开"会员茶话会"了解会员的意见和需求；有条件的餐厅亦可举办高价值会员的娱乐、旅游等活动。只有这样，"会员制"才能在顾客心中根深蒂固，也才能使餐厅获得更多有价值的会员。

4. 在竞争激烈的市场环境下，价格战的硝烟弥漫在整个行业。会员制只凭借单纯的价格优惠，是无法真正打动客户的心的。未来竞争的焦点是文化与情感，基于"文化与情感"的会员营销将成为未来营销的主旋律。如白领女性喜爱的品牌"一茶一坐"，除价格、赠券、优惠等硬性会员权益，更重要的是赋予了会员服务、沟通等软性权益。每当"一茶一坐"推出新品时，其会在各个城市召开会员见面会，CEO林盛智会在各个城市进行巡回推广，拉近餐厅与会员的距离。

面对激烈的市场竞争，除了运用恰当的营销策略外，餐饮创业者更应该从菜品质量管理、服务质量管理等"基本功"上下功夫。另外，有些餐厅在吸收会员之初可能会许下让顾客心动的承诺，但之后却没有兑现，引来顾客的投诉。对于餐厅来说，"顾客就是上帝"这一服务准则更为重要，需要其提升服务水平，减少误会的发生。

第25讲　异业营销怎么做

什么是异业营销？一般来说，异业营销是指两个或两个以上的不同行业的企业通过分享市场营销中的资源，降低成本、提高效率、增强市场竞争力的一种营销策略。很多餐饮创业者都知道，餐饮行业竞争十分激烈，处于餐饮行业中的企业很难互相合作、互相引流，所以与其他行业联合进行异业营销是不错的选择。

异业营销的目的是共赢，因此商家在谈合作时，要从多角度、多场景去考虑，寻找简单有效的推广方法。越简单的方法，越能让合作商家坚持帮你推广，越能实现想要的效果。例如，餐厅可以跟美发店、洗浴店、玩具店、超市等联合做一些异业营销活动。餐厅可以与这些门店联合发放对方的优惠券，让顾客在门店消费时可以获悉和参与对方的优惠活动。这是第一种方案。第二种方案是双方的顾客可以持有消费小票、单据，到对方店面享受消费折扣。发了优惠券顾客不一定会到店使用，而且顾客领到优惠券的时间越久，优惠能刺激的消费欲望越弱，因此，餐厅应在所设计的异业营销优惠券上标明限用日期，最好不要超过一个月，这样才能取得更好的效果。

我曾为广州的一家餐饮品牌提供咨询服务，为其策划了一场与隔壁超市联合进行的异业营销活动。该餐厅在超市里放置了一张开业海报，同时也将超市里的限时特惠宣传单放在餐厅发放。除此之外，顾客在超市消费满100元，就可以凭超市的购物小票到该餐厅领取一份小点心。顾客可以在店里直接吃掉这份小点心，也可以将其打包带走。一般来说，如果顾客选择在店里直接吃掉，很可能会消费其他产品；如果打包带走，也可以通过在打包袋上印优惠券和代金券，促进顾客的二次消费。

在策划异业营销活动时，餐饮创业者要注意与具有相同目标受众群体的行业合作，这样双方才能搭乘彼此行业成熟的销售渠道快车，迅速推广自己的产品。如果餐厅开在商场中，餐饮创业者可以将楼上楼下所有能打通的异业门店全部打通，形成联动，哪怕一家店一天只能给你带来一桌客人，那么十家店就可以带来十桌客人，效果也是十分惊人的。即便是没有开在商场中的餐饮品牌，依然可以联合商场策划一些异业营销活动，如联合商场的周年庆活动，为品牌引流。

不同领域里的产品相互宣传、协同销售、捆绑促销，可以达到比各自为政更好的效果。所以异业营销是一个精准吸引目标顾客的方法，可以帮助餐厅吸引流量，提升收益。餐饮创业者不妨多了解一些成功的异业营销案例，在日常经营中思考和策划适合自己的异业营销活动。

第 26 讲　新品营销怎么做

很多餐厅都会不定期地推出一些新品，这也是开展营销的好时机。因为随着餐厅进入稳定的经营阶段，很多营销活动都逐渐成为常规的动作，很难成为引爆点，所以新品营销更显必要。

对于餐饮创业者来说，在餐厅的经营逐渐稳定后，要进行新品营销。一般来说，餐厅应该每隔三个月推出一次新品，每次最好推出三到五道新菜品。这些新菜品既可以是热菜、凉菜，也可以是小吃、饮料、甜品，从各个方面更新或补充菜单。

同时，餐饮创业者要让目标顾客在三个月之内都知道这个信息。餐饮创业者可以采用的方法是：一、在每张餐桌上放一张台卡，台卡上面放一些新品的照片，但是这个照片本身是模糊的，中间有个大大的问号，然后告诉顾客三个月之后将推出一款劲爆新品，在那个时间到店品尝新品的顾客都可以享受优惠；二、餐饮创业者还可以在推出新品的前三个月，每个月不定期地做抽奖活动，赠送中奖顾客新品的免费品尝券，或者邀请他们前来参加新品的品尝会、品鉴会等；三、餐饮创业者可以利用直播等新工具，与优酷、天猫等平台合作，边直播边售卖，直接刷新销售数据；四、有的新品准备周期长，餐饮创业者可以紧贴自身定位，捆绑美食网站如大众点评，进行深度合作，一方面渗透年轻人的朋友圈，另一方面增加团购销售；五、餐饮创业者还可以紧跟热点推出新品，如结合新上映的火爆电影推出相应菜品，绝对快、准、稳。

在推出新品之前，餐厅还可以做一些内测或公测活动。餐饮创业者可以每天筛选三五桌顾客赠送新品，要求顾客给出中肯的评价，让其从味道、价格、摆盘造型、出品速度等各个方面做一些评价。这样不仅可以保持菜单的更新质量，还可以提升餐厅在顾客心中的形象。

新品营销活动既可以面向会员，也可以面向非会员。当新品上市时，餐厅可以举办一些大型的活动，如新品发布会。如果餐饮创业者觉得某次推出的新品非常有意义，或者同时推出两三个重要的新品，那发布会的规模可以做得相对大一些。

在推出新品的过程中，餐饮创业者一定要注意跟进新品的销售情况、顾客的反馈情况，不断对新品进行调整优化。那么，通常由谁负责对常规菜单上的产品做调整和优化呢？对餐饮企业来说，一般由产品负责人或者厨政负责人负责确定新品，对上市的新品进行销售分析和跟进，同时对常规菜单的调整提出意见和建议。

新品的更新和营销非常重要，餐饮业是一个喜新厌旧的行业，推陈出新是餐饮人必须时刻谨记的事情。

第 27 讲　事件营销怎么做

什么是事件营销？事件营销是指企业通过策划、组织和利用具有新闻价值、社会影响以及名人效应的人物或事件，引起媒体、社会团体和消费者的兴趣与关注。在媒介碎片化的当下，事件营销可以说具有"四两拨千斤"之效，强调的是不按常理出牌，以吸引眼球为主。无论什么餐饮品牌都希望能"一战成名"，但真正能做到的屈指可数。在竞争激烈的餐饮市场，能让消费者记住的仍旧是那些遥遥领先的餐饮大品牌。但只要有恰当的推力，即便处于中下游的餐饮品牌也可以"一战成名"。

那么，餐饮创业者该如何做事件营销呢？

一、**挖掘营销热点**。餐饮创业者一般可以从品牌标识、爆火的产品、门店形象、吉祥物、特殊的餐具、服务员形象、产品原材料、制作机器、用餐场景等方面挖掘营销热点。二、**关注热点事件**。餐饮创业者应持续关注热点事件，挖掘其本质和内涵，寻求一些突破口。三、**寻找关联性**。假若将两个风马牛不相及的事件硬塞到一起，往往起不到想要的效果，少有人买账，所以餐饮创业者应该寻找事件与餐厅的关联性，进行适合的事件营销。四、**创意策划**。在确定了关联性后，餐饮创业者需要策划一个创意，这个创意需要有新意，不能老调重弹。五、**撰写文案**。文案不一定要文采飞扬，但一定要有创意，要洞察顾客的心理。只有这样，才能引起顾客的共鸣。六、**营销推广**。餐饮创业者可以通过微信、微博传播，当然可以付出一点代价，让更多的受众帮忙转发。**七、组织现场活动**。在这一过程中，餐饮创业者要注意提前安排好现场事务，让现场活动井然有序地进行。**八、总结与分析**。餐饮创业者应结合相关数据对整个事件营销进行全面的总结与分析，汲取经验和教训，为下次事件营销做好准备。

举个例子，我曾经为某餐饮品牌做过一个事件营销方案。那家餐厅周围有很多住宅小区，于是餐厅便联合小区物业举办了一个"纳凉户外电影节"。对物业来说，这是其为小区住户提供的一次福利，可以让社区居民互动起来，所以物业也很乐意宣传和推广。活动形式其实很简单，相关人员在小区广场上支上幕布和投影机，于每晚 6:00—8:00 播放一部电影。活动持续了一个星期。

在举办"纳凉户外电影节"期间，该餐厅在活动现场放置了海报、易拉宝，并发放了一些优惠券。这次活动成本不大，但是效果十分显著，帮助该餐厅成功地走进了社区居民的心里，增加了曝光度，提升了影响力。

陈坤曾演过一部电影，叫《火锅英雄》，讲的是重庆的洞子火锅。于是就有一些创业者通过采用《火锅英雄》里类似的店内装饰、相似的产品来借势开店。还有一个火锅品牌设计了一场关于"火锅英雄"的选拔比赛，让顾客票选心中的火锅英雄；在活动期间，顾客只要消费满一定的金额，就会免费获得一张《火锅英雄》电影票。这些都是事件营销的案例。

虽然做事件营销要花费一定的人力、物力和财力，但是通过事件营销，餐饮创业者可以获得以小博大的效果，值得一试。

第6章

创业者的五个管理重点

第28讲 如何处理与合伙人的关系

对于小型餐饮机构、餐饮企业，合伙人通常是企业中非常重要的一个角色。很多餐饮创业者从业经验丰富，想开一家餐饮店，但由于开一家餐饮店需要投入四五十万元，未必拿得出那么多钱，所以会寻找合伙人；当然也有很多餐饮创业者自己没有从业经验，但是也想做餐饮，那就要找懂餐饮的人帮自己把生意做起来。所以对于餐饮创业者来说，与合伙人的关系有两种：一种是自己出钱了，但是不管事儿；另一种是自己没出钱，但是要管事儿。

这两种关系在大部分餐饮企业中都存在，不管是小餐饮品牌还是大餐饮品牌。在寻找合伙人的时候，餐饮创业者要非常慎重和小心，因为其要确定合伙人是不是真的有能力帮自己完成预期的目标。

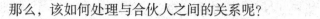

那么，该如何处理与合伙人之间的关系呢？

对于第一种合伙关系，即餐饮创业者是一个投资人，合伙人懂管理、懂经营，此时餐饮创业者要给合伙人足够的管理权，尽量不去干扰对方的经营判断和管理方式；但也要时刻关注门店的经营情况，学会看财务报表，确保自己的投资回报稳定。

对于第二种合伙关系，即餐饮创业者拥有餐饮行业从业经验，但由于资金不够，所以吸收另外一个投资人成为合伙人，对此，餐饮创业者需要跟合伙人（即投资人）做好约定——餐厅的管理权归谁所有。如果归你所有，那么就需要在合约中明确做出约定。一般来说，合伙人可以来门店吃饭，可以来门店考察经营情况，也可以提供一些意见和建议，但是最终拍板权和决定权在餐饮创业者手上。这是一种基本的约定，有利于餐厅的可持续经营和稳定发展。

对于采用合伙制的餐饮企业，签订正式的《股东合伙协议》至关重要。合伙开餐厅，合伙人之间必须根据具体情况签订合理有效的《股东合伙协议》，以书面的形式确定各方的权利与义务，约定各股东的出资金额与时间，明确分红规则及分红比例，谈好股东的退出机制。如果没有相关约定，那在后期难免会出现纠纷。

在餐饮创业初期，餐饮创业者务必要制定一套合适的游戏规则，明确各自的职责与权利，选对正确的合伙人，只有这样才会事半功倍。

第29讲 如何提升门店的收益

很多餐饮创业者在创业之初，可能擅长的是产品或者营销，但对提升门店的整体收益，并不见得有专业的知识和经验。一般来说，门店的收益体现在两个方面，一个是营业收入，另一个就是净利润。其中，净利润是反映真实收益的更为有效的指标，因为净利润的简化公式为：净利润 = 营业收入 – 营业成本 – 营业费用 – 税费。

我曾经服务过一个徽菜品牌，其只有一家店，因为店铺签得早，租金很低，一个月能实现四五十万元的营收。可是最后算下来，却只有一两万元的利润。为什么利润这么低？后来我发现并不是收入的问题，而是其在成本结构控制方面出了问题。那么，餐饮创业者该如何提升门店的收益？可以从以下几个方面进行考虑。

首先，餐饮创业者要考虑收入情况。门店的营业收入是否合理，是否达到预期的数额？提升门店收益的关键就是要提高营业收入。那么，如何提高门店的营业收入？一是要优化菜品、环境，提升口碑，二是要在合理的情况下尽量增加座位数，三是要提高座位周转率即翻台率，四是要做好营销。餐饮创业者要时刻谨记：搞好出品——顾客吃得多，看得多，是真是假、是好是坏一眼便知；搞好环境——顾客用餐的同时也会对用餐环境和氛围有要求；搞好卫生——卫生整洁是提供餐饮服务最基本的原则；搞好服务——顾客是上帝，总是要被人尊敬的；搞好营销——促进顾客持续消费的能力。

其次，餐饮创业者还要从成本端进行考虑。作为一家餐厅的所有者或管理者，餐饮创业者需要了解餐厅的成本结构，了解一些基本的财务知识。餐厅在日常经营过程中会涉及哪些成本？什么是盈亏平衡点？一般来说，餐厅的营业成本主要包括用人成本、工资税费和员工福利费、水电费、燃料费、保险费、物料消耗及低值易耗品摊销、折旧费、维修费、工装及洗涤费、办公费、广告及促销费、财务费用、税收、租金以及其他费用等。

而所谓盈亏平衡点即保本点就是使利润为零的点，餐饮创业者要想将餐厅持续经营下去，保证收入大于成本是最基本的一条原则。

对于成本控制来说，采购环节、验收环节、储存环节、生产加工环节、服务环节是重点。只有对这五个环节进行系统化的成本把控，才能获得有机统一的成本控制效应。餐饮创业者应建立完善的采买管理制度，严把验收关，保障原料的储存安全，建立从粗加工到细加工的管理制度，对服务人员采取有效的激励措施，进而有效地控制成本结构。除此之外，餐饮创业者还要学会通过报表分析门店的经营数据变化，加强数据和经营的管控。

综上，餐饮创业者要从收入端和成本端两个方面采取相应措施，提升门店收益。

第30讲 怎样提高门店员工的工作效率

怎样提高门店员工的工作效率，是处在各个发展阶段的餐厅都会面临的问题。不管是刚创立的小餐厅，还是已经进入连锁运营的餐厅，员工的工作效率低会直接影响餐厅的收益，危害颇大。所以餐饮创业者要重视员工工作效率的提高问题。

那么，怎么提高门店员工的工作效率呢？**首先，要为出品效率制定标准**。餐饮创业者要统一确定出品效率标准。例如，餐厅共有四个砧板师傅，要想让四个砧板师傅用同样的速度，切出同样宽度、大小的萝卜块，保证出品效率，就需要制定一个统一的标准。这个标准即在一分钟之内，切出多少块多宽、多大的萝卜块。

其次，要为岗位服务制定标准。例如，餐饮创业者要为前厅服务人员确定服务标准。很多餐厅经常会出现这样的问题，顾客叫服务员的时候没人应答；因为服务区域不明晰，所有服务员都会觉得"我没时间，可能其他服务员会应答"。这会直接影响顾客的用餐体验，此时餐厅就要制定服务标准。如一个服务员固定服务几张餐桌，这几桌的客人如果有需要应及时应答；或者只要有顾客叫服务员，所有周围几米的服务员都必须给予回应，然后至少有一两位要快速行动，到顾客身边提供服务，这是标准。当然，除了前厅服务人员，餐饮创业者也应为厨房的各个岗位制定相应的标准。

再次，要为制定的标准设计配套的流程。例如，某种标准需要在什么时间段、什么流程中完成；有些需要在早餐阶段完成，有些则需要在午餐阶段完成等。

最后，在制定好标准、确定好流程后，餐饮创业者需要训练员工按要求完成这些标准和流程。只有通过不断的训练，门店员工才能逐渐养成相应的习惯，才会提高效率。就像开车一样，当我们形成习惯的时候，便不再时刻思考哪只脚踩油门、哪只脚踩刹车的问题了，也就实现了高效驾驶。

所以，对于餐饮创业者来说，如果想把餐厅管理好，就需要为出品和岗位制定相应的标准、设计配套的流程，同时加强对员工的训练。当然，这项训练工作可以由餐饮创业者自己负责，也可以交给营运负责人或者训练负责人执行。在员工逐渐熟练、养成习惯后，工作效率自然会得到提高。

第31讲 如何管理好员工

上一讲我们讨论的是如何提高员工的工作效率，这是管理好员工的一个方面。除了工作效率，餐饮创业者还要从其他方面加强对员工的管理。

对于餐饮经营来说，菜品味道很重要，营销手段很重要，人员的管理更重要。因为，无论是做菜还是做销售，都需要人来完成。餐饮经营管理工作要做到两点：一是让员工个个有生产力，通过大家的努力和配合，完成餐厅的经营目标；二是激发员工的工作热情，让他们感受到工作的成就感和自豪感。

那么，在管理员工时应该注意哪些方面呢？

我们将员工分为两类，一类是普通员工；另一类是管理团队成员，指门店的店长、厨师长、经理、主管、领班等。对普通员工和管理团队成员的管理方式与方法是不同的。

如何管理好普通员工？这就需要管理者知道他们想要什么。对于现在很多从事餐饮工作的员工来讲，他们选择进入一家餐饮企业工作的重要参考因素是工资待遇。但是他们决定离开这家餐饮企业，却不一定因为工资待遇，而更可能因为其他三个因素：氛围、发展、公平。有没有一个欢乐愉快、互助团结的工作氛围，有没有可以持续学习、上升发展的成长阶梯，有没有一个公平处理门店事务的领导，这几个因素对增强员工的归属感影响巨大。

现在很多餐厅的员工已经不再是"80后"，而是"90后"甚至"00后"了。这些年轻人更看重的是在企业中自己有没有存在感和归属感。这些年轻人在一个相对舒适的生活环境中长大，在父母面前他们可能还是未长大的孩子，他们需要在更多的社会实践中体现自己的价值，所以餐饮创业者需要满足他们的诉求。餐饮创业者应该注重营造欢乐、互助的工作氛围，设计持续发展的成长阶梯，保证公平对待每一位员工，同时不断给予员工鼓励。

当然，除了做好以上方面，餐饮创业者在与员工交流的过程中还应做到坦诚、直接。如今这些"90后""00后"的性格同他们的上一代相比更直接、更开放，他们不愿意在人际关系上多费功夫，他们更希望进行坦诚的、直接的交流。所以餐饮创业者要坦诚、直接地与这些员工交流，直接地告诉他们——你的收入是什么样的，你需要做到什么，你的问题出在哪。当然，我所说的坦诚、直接，并不是让餐饮创业者针对问题去挑刺儿，而是要态度诚恳地沟通问题，帮助这些年轻员工去改变，去提升，去意识到自身存在的问题。

最后，餐饮创业者要让员工感受到企业文化和关怀。整体来说，大部分餐饮企业能够提供给员工的工资待遇不会相差太多，这时候要想留住员工，就需要餐饮创业者让员工感受到企业的文化和关怀；要让他们感受到，自己所在的餐饮企业是一家有企业文化的，并且足够关怀员工的企业。良好的企业文化是留住员工的坚实保障，让员工认可的企业文化是海底捞人员流动率低的直接原因。

而对于管理团队来说，随着岗位级别的提升，他们已经逐渐认识到自己在餐厅中的重要性，所以归属感较普通员工会更强一些。餐饮创业者如果想让他们更好地管理门店，就需要加强与他们的沟通，多了解他们在管理中遇到的问题，多为他们提供帮助，启发他们提高管理技能；用平和的心态跟他们打交道，为他们提供更好的资源和支持。

只有管理好员工，才能保证餐厅的正常运营，所以餐饮创业者要做好员工的管理工作，在日常工作中不断提升自己的管理技能。

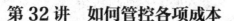

第 32 讲 如何管控各项成本

我们在前文已经提到过管控成本的重要性。对于餐饮创业者来说，管控成本是一项极具挑战性的工作。

首先，食材成本的管控。食材成本是餐厅在运营过程中消耗的最主要的成本，包括食品成本、酒水成本等。餐厅的业务活动从食材原料的采购、验收、储存、发放、切配、烹饪、服务到收款，其经营环节较多，且每一环节都会影响食材成本。因此，餐饮创业者必须加强餐饮产品、服务、销售全过程的成本管控。

对于采购成本的管控工作，餐饮创业者必须做到：（1）制定采购规格标准，即从形状、色泽、等级、包装要求等方面严格规定应采购的原料；（2）严格按照采购计划进行采购，即只能采购即将需要使用的食材原料；（3）采购人员必须熟悉食材原料知识并掌握市场动态，按时按需、保质保量地完成采购；（4）采购时应货比三家，以最合理的价格购进最优质的原料；（5）制定规范化的采购审批程序。

对于验收成本的管控工作，餐饮创业者应制定原料验收操作规程，验收一般分质、量和价格三个方面的验收。质：验收人员必须检查购进的食材原料是否符合规定的规格标准和要求。量：验收人员应对所有的食材原料查点数量或复核重量，核对交货数量是否与请购数量、发票数量一致。价格：验收人员应检查购进原料的价格是否和所报价格一致。

对于储存成本的控制，餐饮创业者必须做好仓库的储存和保管工作。原料的储存应由专人负责，未经许可，任何人不得进入仓库；食材原料应根据类别和性能放在适当的仓库，保持适当的温度，做到分类、分室储存；

对所有库存原料标明进货日期，做好存货周转工作，发放原料时做到先进先出，保证时效；保管人员还应经常检查冷藏、冷冻设备运转情况及各仓库的温度，搞好仓库的清洁卫生、防虫防疫工作；每月月末，保管人员应对仓库储存的原料进行盘点并填写盘点表。

对于原料的发放，餐饮创业者应规定：（1）未经批准，任何人员不得从仓库领料；（2）请领人员应严格按照领料单领取原料。

对于切配工作，餐饮创业者应要求切配人员根据原料的实际情况，遵循"整料整用，大料大用，小料小用，下脚料综合利用"的原则，控制食材成本。

对于烹饪工作，餐饮创业者应严格规定调味品的用量和菜品质量及其废品率。烹制一道菜品看起来所用的调味品很少，在成本中所占的比例较低，但从总量来看，所耗用的调味品成本是相当可观的，所以餐饮创业者应要求厨师严格执行调味品的成本规格，保持菜品质量的同时，降低成本。同时，厨师在烹饪过程中应做到"一锅一菜，专菜专做"，严格按照操作规程进行操作，掌握好烹饪时间及温度，力求少出不合格品及废品，有效地控制食材成本。

对于服务成本的管控，餐饮创业者应加强对服务人员的职业道德教育并经常进行业务培训，使他们端正服务态度，树立良好的服务意识，提高服务技能，并严格按照规定为顾客提供服务，力求不出错或者少出错，降低成本。

对于收款，餐饮创业者应在以下方面做好管控：（1）防止漏记或者少记菜品种类；（2）在账单上准确填写每个菜品的价格；（3）结账时核算正确；（4）防止漏账或逃账；（5）严防收款人员或其他工作人员的贪污、舞弊行为。

其次，人力成本的管控。这也是门店成本管控的一个重点。如果一个门店的管理团队人员过多，那该门店的成本肯定较高；如果门店的技术人员过多，该门店的成本肯定也不会低。所以，为每个门店配置合适数量的管理团队人员和技术人员，是人力成本管控工作的重要原则。

最后，能源损耗的管控。对于餐饮经营来说，能源损耗不可避免。例如，水费的耗用、燃气费的耗用等。必要的能源损耗自然不可避免，但是餐饮创业者要关注和管控一些不必要的能源损耗。例如，在所有人员离开时必须及时断水断电，减少不必要的能源损耗。

除了以上三方面的成本，餐厅在日常经营中还会涉及其他的成本损耗，例如，设备维修损耗，由于管理不当被行政机关处以的罚款等。餐饮创业者要在日常管理中，加强对各项成本的管控工作，实现精细化的管理。只有这样，才能获得最大化的收益。

第7章

帮你管好门店的四个制度

第33讲　人事制度

任何一家餐厅的运营都会涉及人事制度，包括门店编制、员工招聘、员工面试、工资发放、福利发放、绩效考核、员工关系处理、员工培训等。人事制度的重点是为人服务，餐饮创业者需要制定合理的人事制度。

一般来说，员工入职时，通常应持有《入职通知书》，填写《应聘登记表》；餐厅应该有实习制度，规定员工经过一段实习期，才可以转正，同时也要有提前转正等相关制度；在员工通过实习期后，餐厅应与员工签订正式的劳动合同。这些都要在人事制度中进行相应的规定，配套的表格有《入职通知书》《应聘登记表》《劳动合同》等。

在员工成为正式的门店员工后，餐厅还应明确考勤制度，让员工知道什么时候可以请假，什么时候可以休息；如果迟到、旷工、早退会怎么样，连续迟到、旷工、早退又会怎么样。与此同时，绩效薪酬与福利制度也必不可少，如餐厅什么时候发工资，工资构成如何等。除此之外，奖惩制度也是餐厅持续经营的重要保证。这些都是要落到纸面上的制度。

作为一个餐饮创业者，要想将门店管好，就要有明确的章程和制度。章程和制度是实现组织目标，获得营业收入的重要保障。表 7-1 是一份考勤及工资表示例，供餐饮创业者参考。

表 7-1 考勤及工资表

考勤及工资表　　　　2019 年　　月

序列	姓名[1]	入职日期[2]	基本工资[3]	工龄奖金[4]	补助[5]				加班补助[10]	全勤奖	奖金		出勤	当月应发工资[14]	当月扣款				考勤类扣款		实发工资合计[21]	备注说明
					通信补助[6]	交通补助[7]	用餐补助[8]	住宿补助[9]			门店奖单[11]	达成奖金[12]	实际出勤天数[13]		工服押金[15]	出借罚单[16]	旷工扣款[17]	迟到早退扣款[18]	病事假扣款[19]	其他请假扣款[20]		
1	陈××	2019.3	3000	0	0	0	500	0	150	100	0	80[22]	26	3830	0	0	0		50	0	3780	
2														0							0	
3														0							0	
4														0							0	
5														0							0	
6														0							0	
7														0							0	
合计														3830							3780	

1. 人力：当月在职及当月离职的人员名单。
2. 人力：目前员工所在的职位。
3. 人力：保证该员工基本生活需求的工资收入。
4. 人力：指按照该员工来到公司之后的，自转正之日起的，工作满 1 年、3 年、5 年而发放的不同档次的工资标准。
5. 人力：指工资以外的补助部分。
6. 人力：即公司为了员工的工作方便，发放的固话话费、手机话费、网络通信费等形式的补助。
7. 人力：即公司为了方便员工更高效地开展工作，而发放的交通费用补助。
8. 人力：即公司为了让员工更高效地开展工作，而根据情况发放的餐费补助。
9. 人力：即公司为了保证员工更好地开展工作，而为有特殊需要的员工发放的补助。
10. 人力：即公司给予员工的加班补助。
11. 人力：即明星员工因为表现出色，符合开具奖单的要求后，管理团队给予的奖励。

12. 人力：即其他方面的奖金，如业绩达标奖，超业绩奖等。
13. 人力：即该员工当月打卡上岗的有效考勤天数。
14. 人力：是指当月的基本工资 + 工龄奖金 + 补助 + 奖金的总和，是当月应当发放的工资。
15. 人力：即需要从工资中扣除的工服、餐具等押金。
16. 人力：即每个月的门店餐具损耗费用，除去公司承担的部分外，其余由门店承担的，均摊到个人扣款中的数额。
17. 人力：因为旷工而扣发的个人工资款项。
18. 人力：即因为迟到或者早退而扣款的个人工资款项。
19. 人力：即员工请病假或事假而发生的扣款。
20. 人力：即除了病事假以外的，因其他请假事项而扣发的个人工资额。
21. 人力：该项为该员工实际拿到的工资额。
22. 酒水提成 =220；菜品提成 =30；饮料提成 =80；会员卡提成 =430。

第 34 讲　运营管理制度

为了更好地提高各个部门的工作效率、工作质量，开源节流，使餐厅的运营达到最佳的状态，制定运营管理制度势在必行。餐厅的运营管理制度通常涉及以下一些管理方面的要求和规定。

首先，餐厅的运营管理制度包括关于员工上下班的时间规定。关于员工上下班的时间规定指各岗位的员工应该在什么时间上班、什么时间下班，如收银人员、服务人员、厨师应分别在几点到岗、几点离岗等。

其次，餐厅的运营管理制度包括员工福利发放相关规定。例如，员工工服和工牌的发放也需要有相应的管理制度。工服和工牌代表餐厅的形象，每人发放多少套工服，多久发放一次工服，这些都需要在制度中予以明确。除此之外，餐厅为员工提供集体宿舍，为员工提供免费员工餐（三餐），餐厅员工在餐厅的消费折扣等都属于餐厅运营管理制度要规范的内容。

再次，餐厅的运营管理制度包括营业数据及现金管理相关规定。餐厅经理人员应在每天关门后统计当天的经营情况，填写《餐厅营业日报表》，由店长签字确认，并及时向餐厅所有者汇报经营情况；餐厅每天收入的现金，应由收银员和值班经理负责清点，将金额填入营业报表中，然后存入保险柜或者在次日存入指定银行账户等。这些是有关营业数据及现金管理的制度。

最后，餐厅的运营管理制度还包括门店采购管理相关规定。从运营角度来说，采购管理也是餐厅运营管理的一部分。采购管理相关规定应明确采购的流程，如采购人员应填写《采购申请单》，由主管人员签字后进行采购，验收人员应根据采购规定进行验收，并登记收货台账等。餐饮创业者要将采购管理相关规定落实到制度中，要求相关人员严格执行采购制度。

除此之外，餐厅的运营管理制度还包括召开会议相关规定、开展活动相关规定、客诉处理相关规定、团队建设相关规定等。

餐饮创业者在这里可以先对餐厅的运营管理制度做一个大致的了解，我们在后续的内容中会就这些制度做详细的论述。

第 35 讲　安全管理制度

从事餐饮行业具有一定的危险性，餐厅员工甚至顾客都可能会磕伤、碰伤、摔伤、烫伤、烧伤等，所以安全是餐厅有序生产的前提，是实现餐厅效益的保证，是保护员工利益的根本。餐厅的安全管理制度通常涉及几个方面，包括消防安全、食品安全、人身安全、财产安全等。每家餐厅都应该制定相关的安全管理制度。

首先，餐厅应制定安全预防检查制度，定期地对消防、食材、门店中的不安全因素进行检查。餐厅应落实逐级安全责任制和岗位安全责任制；检查人员应每天检查一次，记录一次，按月汇总成安全检查记录表，并签字确认；同时，检查人员应将检查结果及时上报负责人员，负责人员如发现安全隐患应及时整改；对检查中发现的不规范行为，应根据奖惩制度给予处罚。

其次，餐厅应确定安全问题的应急预案。安全检查是预防问题，应急预案是解决问题。餐饮创业者应分别就消防安全、食品安全、人身安全、财产安全等设计应急预案，如果门店突发安全问题，应让管理人员和普通员工知道如何应对。例如，消防安全应急预案应包括烹饪燃烧、未熄灭的烟蒂、电线漏电、马达机械损坏、瓦斯漏气、油料外泄与罪犯纵火等引起的火情的解决措施；食品安全应急预案应包括卫生条件差、食品变质等引起的食物中毒的解决措施；厨房安全应急预案应包括跌伤、摔伤、撞伤、切伤、烫伤、扭伤、电击伤的解决措施等。

再次，餐厅应制定员工安全培训制度，定期对员工做安全培训，提高员工的安全意识。除了对业务技能的培训，餐饮创业者还应开展关于灭火器的使用，一些急救方法的培训。餐饮创业者可以通过播放视频或者邀请专家讲解案例的方法等开展安全培训。

最后，餐厅应完善相关设备，确保相关设施的完备性。如在相应的位置放置灭火器，购置安全急救箱，采购应急药品等。餐厅应常备烫伤膏、碘酒、纱布、花露水、健胃消食片等急救药物，以应对顾客和员工轻微受伤的情况。

很多餐饮创业者在创业之初，因为要解决的问题很多，往往容易忽视安全问题，这是十分危险的。餐饮创业者要时刻将安全问题放在第一位，只有这样才能最大限度地消除安全隐患，实现安全生产。

第36讲　培训制度

对餐饮企业来说，有效的员工培训可以提高员工的工作能力，提升员工的工作效率，增强员工的自信心，同时，员工培训也能让管理者的工作变得更加轻松。

一、进行员工培训的必要性

在餐厅开业前，餐饮创业者必须设立一个明确的管理目标，为了达到这一目标，必须提出和制定达到这一目标的标准，对员工进行培训。

在餐厅开业后，餐饮创业者必须要依据这些标准进行检查和督导，若发现违反这些标准的现象或阻碍这些目标实现的行为，就需要不断对员工进行培训。

餐饮创业者在培训的过程中，不仅提高了员工的服务技能，也给员工提供了交流和互动的机会，有助于增强凝聚力，增加餐厅的活力。

二、如何开展员工培训

一般来说，餐饮创业者可以从以下几个方面入手开展培训。

1. 制定培训计划

餐饮创业者要根据实际工作岗位需求，制定员工培训计划。餐饮创业者要在年初或者月初制定本年或者本月的员工培训计划，包括谁应该被培训，谁来做培训，在哪培训，什么时候培训，用什么工具、材料来培训，培训多长时间，培训的频率怎么安排，培训的记录怎样处理，培训的效果如何评估等。餐饮创业者要根据培训计划填写《培训计划表》，明确各项培训的工作安排以及负责人员。

2. 开展员工培训

在制作好了《培训计划表》后，餐饮创业者就要按照计划开展员工培训。一般来说，员工培训包括岗位培训和专业培训两部分。餐厅服务员的培训主要按照企业的相关培训资料进行培训；对管理人员，则主要以学习和掌握现代管理理论和技巧，提高指挥、协调、督导和策划能力为主要培训内容；而对厨师等专业技术人员，则应开展专业技术培训，不断提高其专业技能。除此之外，行业知识、红酒知识、餐饮知识等相关知识都可以是培训的内容。

餐饮创业者可以指派人事部门或委托各部门指定培训负责人开展员工培训。培训内容和安排应该有计划、有目的地进行。餐饮创业者可以采用在岗训练、授课、讨论会、时间学习等多种形式开展培训，甚至可以根据需要，组织脱产形式的培训。

对于岗位培训，更多地应该以在岗训练的形式进行，让员工熟悉操作，增进技能，培训负责人需要在培训期间手把手地教授技能，监督员工的完成度；对于专业培训，培训负责人可以利用碎片化时间来进行。如在早晨例会中抽出 10~20 分钟的时间，或者利用下午或下班之后的半个小时左右完成培训。

3. 评估培训的效果

在培训完成后，餐饮创业者或者培训负责人应该评估培训的效果。培训后的评估主要是看培训的效果怎么样，培训是怎么执行的，计划得好不好，员工态度怎样。培训的考核与培训同等重要。培训的内容和方式都需要评估。对员工培训效果的评估可以采取的形式包括现场操作、笔试或者口试。只有带着目的参加培训，员工才能更好地吸收培训知识，提升岗位技能。

在完成了以上几个步骤之后，餐饮创业者还需要明确培训中的奖惩制度，对在培训中和培训后表现较好的员工给予奖励，可以是物质奖励也可以是精神奖励；同时对在培训中表现不太好的员工予以处罚，为提升下次培训的参与度奠定基础。

　　餐饮创业者应该建立员工培训档案，及时将员工参与的培训内容，取得的培训成绩记录在案；根据员工培训档案所反映的情况，找到员工业务方面的薄弱项目，及时修改培训内容，进行再培训；同时根据员工培训档案确定员工晋升空间和成长路径。

　　综上所述，餐饮创业者应建立健全员工培训制度，加强人员培训，为企业的发展储备人才。

第 8 章

六个方面帮你掌握餐厅的财务情况

第 37 讲　五分钟教你掌握餐饮经营基本财务知识

事实上，很多餐饮创业者都有一定的餐饮从业经历，所以对进行餐饮创业都是信心满满的，但是一提到财务知识，很多餐饮创业者便会头痛不已、望而却步。

对于餐饮创业者而言，了解基本的财务知识十分必要：餐饮创业者只有能看得懂公司的财务现金流水和盈利情况，才能通过良好的财务状况构建企业发展蓝图，加速企业的盈利和发展；餐饮创业者只有自己学会看财务报表，清晰地了解企业的经营现状，才能及时发现问题并解决问题；餐饮创业者只有了解财务知识，才能有效地约束有损企业的行为，防范企业在发展过程中的内外部风险。

那么，对于餐饮创业者来说，哪些财务知识是自己一定要了解的呢？

会计要素是对会计对象按经济特征所归类的项目，是会计对象的具体化。依据《企业会计准则》规定：会计要素包括资产、负债、所有者权益、收入、费用和利润。其中，资产、负债和所有者权益，反映餐饮企业经济资源的现状和结构及财务状况，是资金运动的静态表现；收入、费用和利润，反映餐饮企业的生产经营成果，是资金运动的动态表现。

一、资产

资产是指由过去的交易或事项形成并为餐饮企业拥有或者控制的资源，该资源预期能给餐饮企业带来经济利益。资产具有以下特征。第一，资产能够直接或间接地给餐饮企业带来经济利益。若某项目不能为餐饮企业带来经济利益，如报废的厨房设备，就不能作为餐饮企业的资产。第二，资产必须能为餐饮企业拥有或控制。如采用经营租赁方式租入的固定资产，餐饮企业就不应将其列作本企业的资产。第三，资产是由过去的交易或事项形成的。资产必须是由过去的交易或事项形成的现实资产，而不是预期的资产，如餐饮企业不能将计划未来购买的食品材料列作资产。

资产按其流动性（即变现能力的强弱）可分为流动资产和非流动资产。流动资产是指餐饮企业可以在 1 年或超过 1 年的一个营业周期内变现或者耗用的资产，包括现金、银行存款、短期投资、应收及预付款项、待摊费用、存货等。非流动资产是指不符合流动资产定义的资产，包括长期投资、固定资产、无形资产和其他资产。

对于资产还可采用其他标准分类。如按其有无实物形态可分为有形资产和无形资产。有形资产是指具有物质实体的资产，如存货、固定资产等；无形资产则是指没有物质实体的资产，如专利权、商标权等。

二、负债

负债是指餐饮企业过去的交易或事项形成的现时义务，履行该义务预期会导致经济利益流出企业。负债具有以下特征。第一，负债是由过去的交易或事项形成的。负债是餐饮企业过去已经发生的交易或事项所产生的结果，是现实的义务。未来可能产生的债务，如将来可能支付的赔款，不应确认为餐饮企业的负债。第二，负债的清偿预期会导致经济利益流出企业。餐饮企业通过转移资产、提供劳务或两者兼有的方式偿还债务，会导致经济利益流出企业。对于不需偿还的债务，餐饮企业不应确认为负债。

负债按其流动性（即偿还期限的长短）可分为流动负债和长期负债。流动负债是指餐饮企业将在1年（含1年）或超过1年的一个营业周期内偿还的债务，包括短期借款、应付票据、应付账款、应付利润、应交税费、其他应付款、预提费用等；长期负债则是指偿还期在1年或超过1年的一个营业周期以上的负债，包括长期借款、长期应付款等。

三、所有者权益

所有者权益是指餐饮企业的所有者在企业资产中享有的经济利益，其金额为资产减去负债后的余额，即净资产。所有者权益具有以下特征。第一，所有者权益不像负债那样需要偿还，除非发生减资、清算，否则餐饮企业不需要偿还给所有者。第二，当餐饮企业进行清算时，所有者权益的清偿顺序排在负债之后。第三，所有者凭借所有者权益能够参与餐饮企业的利润分配，而负债则不能参与企业的利润分配。

餐饮企业的所有者权益包括实收资本、资本公积、盈余公积和未分配利润四个项目。

资产、负债和所有者权益是餐饮企业同一资金运动的两个不同方面。有一定数额的资产，必然有相应数额的负债和所有者权益；反之，有一定数额的负债和所有者权益，则必然有相应的资产。资产、负债和所有者权益三要素之间的关系用公式表示为：资产＝负债（债权人权益）＋所有者权益。

四、收入

收入是指餐饮企业在销售商品、提供劳务等日常活动中所形成的经济利益的总流入。它不包括为第三方或客户代收的款项。餐饮企业的各项收入按其金额大小和发生的经常性程度，可分为主营业务收入和其他业务收入。

餐饮创业者需要了解收入的来源和构成。餐厅每天会获得各种形式的营业收入，有一些收入是在线上获得的，有一些则是由线下获得的。例如，外卖业务的收入都是线上获得的，所获得的收入涉及平台的扣点和账期，最后才会到达餐厅的账上。

随着科学技术的快速发展，收银系统也越来越智能。目前餐饮行业的收银系统已经可以将门店的收银系统和总部的收银系统连接起来，餐饮创业者可以安装一个手机客户端，随时查看单店或者多店的收银情况。而且现在的收银系统还方便收银员或者店长做账、对账，自动生成报表，统计一天的收入，以及收入的构成。例如，某门店当天盈利 5000 元，1000 元来自线上支付，如支付宝、微信，1000 元来自美团，1000 元来自大众点评，剩下的来自线下刷卡和现金支付。这些数据会同步给餐饮创业者的手机客户端，这样餐饮创业者便可以直观地了解门店一天的收入情况，监督门店的收款。

五、费用

费用是指餐饮企业在销售商品、提供劳务等日常活动中所发生的经济利益的流出。餐饮企业的费用按其与收入的关系，可以分为营业成本和期间费用。营业成本是指餐饮企业提供劳务或销售商品的成本。期间费用则是指在发生当期直接计入损益的费用，包括管理费用、营业费用和财务费用。管理费用是指餐饮企业行政管理部门为组织和管理生产经营活动而发生的各种费用，如办公费等；营业费用是指餐饮企业在销售商品、提供劳务等日常活动中发生的各项费用以及专设销售机构的各项经费，如广告费等；财务费用则是指餐饮企业筹集生产经营所需资金而发生的费用，如银行借款的利息支出等。

六、利润

利润是指餐饮企业一定期间的经营成果。按形成的层次，餐饮企业的利润可分为营业利润、利润总额和净利润。营业利润是指餐饮企业在销售商品、提供劳务等日常活动中所实现的利润；利润总额是指营业利润加上投资净收益和营业外收支净额后的金额；净利润则是指利润总额减去所得税费用之后的余额。

收入、费用、利润三要素之间的关系用公式表示为：收入－费用＝利润（或亏损）。

除以上基本会计要素外，餐饮创业者还需要了解一些结算方面的知识。例如，在采购过程中，很多供应商会为企业提供一个月的赊销期，此时就会涉及该笔采购如何入账的问题。另外，在采购的过程中，采购人员会收到增值税发票，那么又会涉及增值税进项税额抵扣事宜，这也是餐饮创业者在有余力的情况下需要了解的财务知识。

此外，在经营餐厅的过程中，还会涉及报销、发放薪酬、报税等相关财务工作。这些都与企业的收益息息相关，餐饮创业者可以通过自学或者报名学习相关课程等方式了解这些基本的财务知识。不管是作为管理者还是作为投资者，只有了解基本的财务知识，餐饮创业者才能发现潜藏在餐厅经营背后的问题，才能更好地运营和监督餐厅。

第 38 讲　五分钟教会你做餐厅财务报表

目前，虽然很多餐厅都有财务报表，但是也有很多餐厅没有，每天只做一个简单的手工账，导致到了月底很多财务信息不公开、不透明，记得不精准，而且又没有办法跟管理组进行核对。如果每个月的财务报表是统一的，餐饮创业者就可以获得多店的对比和单店每个月份的对比（环比）数据。同时，如果做了两年以上，餐饮创业者还会获得同比数据。这些数据可以帮助餐饮创业者发现和解决一些管理上的问题。

那么，餐厅的财务报表由哪些要素构成呢？首先，财务报表第一竖列的项目应该包含收入、成本、利润这三个方面；第二竖列的项目则对收入做分解，其可能包含线上、线下的收入，如美团、支付宝、大众点评、微信等平台的收入，以及门店收入等，应将每个项目的金额清晰地列出来。

成本这一列包含成本和费用两大项目，如食材成本、人力成本，还有一些能源费用，如水费、电费。食材成本中可能包含酒水饮料类、肉类、蔬菜类，还有一些米面粮油类等支出；人力成本包括员工宿舍成本、员工保险、员工福利等；能源费用包括水费、电费、燃气费，还有一些物料费，如低值易耗品费用、一次性用品费用。这些都需要清楚地列在第二竖列。

第三竖列是统计金额。例如，一个月以来的各项收入是多少，总和是多少，食材成本、人力成本及其各项支出分别是多少，总支出是多少，这些都是第三竖列金额的组成部分。

第四竖列是非常重要的比例部分。在营业收入总额中，美团外卖收入占到总营业收入的比例是多少，大众点评的收入占的比例是多少，微信收入、支付宝收入占的比例是多少。餐饮创业者也需要知道，各项成本和费用占总额的比例，例如，餐厅这个月的总收入是 30 万元，成本那一行各项成本的总和可能是 15 万元，那成本和费用占收入的比例就是 50%，也就是说餐厅的毛利率可能就只有 50%。如果食材成本占到 40%，那餐厅的毛利率可能就是 60%。

再往下一行是人力成本，我们需要关注人力成本占总成本的比例。之后就是其他各项费用，这些费用加起来属于可控费用。另外，我们需要把房租列进去，房租是一项固定费用，不管营业额高低，其数值不发生变化，除非房租是按照营业额的比例进行提成的，此时便不再是固定费用。肯德基和麦当劳的有一些餐厅就是分阶段提成的，如年收入在 1000 万元以下是一个房租比例，1000 万元以上则是另外一个房租比例。房租比例是一个变动的提成比例。

把四列数据按照上面介绍的做好，餐厅的财务报表基本上就已经成型。用收入减去各项费用和成本，再减去房租，剩下的部分就是这个门店本月的营业利润。当然这中间我们没有算税，没有计算各项折扣，没有算折旧，也没有算管理费，那些部分在介绍详细的财务报表知识时再论述。

表 8-1 是一份门店财务损益表示例，供餐饮创业者参考。

表 8-1　门店财务损益表

大类	主分类科目及解释	明细内容	数据金额	占百分比
营业额部分	指标营业额	预估	140000.00	
	应收营业额	应收营业额	150000.00	100.00%
	折扣与折让	活动优惠	2000.00	—
		客诉退单、客诉折扣	200.00	—
		折扣与折让总计	2200.00	1.49%
	实收营业额总计		147800.00	
食材成本	菜品成本	上月与本月盘点差额1	3000.00	—
		本月进货总价	40000.00	—
	食材成本总计		43000.00	
毛利	菜品毛利		104800.00	
	厨房毛利率		71%	
人力成本	全体人员工资	工资额	15000.00	
	全体人员奖金	业绩组额奖金2	700.00	—
		新人介绍奖金3	200.00	—
		奖单奖金4		
	门店工资总计		15900.00	10.76%
	员工宿舍水费	宿舍：水费		—
	员工宿舍电费	宿舍：电费		—
	员工宿舍房租	宿舍：房租费或房补费	1500.00	—
	员工餐费	员工餐费或餐补费	1500.00	—
	宿舍其他费用	宿舍上网费	—	—
	服装费	服装费	200.00	—
	员工费用总计		3200.00	2.17%
	其他福利费	活动经费	200.00	—
	人力成本合计	人力成本合计	19300.00	13.06%
能源费用	餐厅水费	餐厅水费	2000.00	—
	餐厅电费	餐厅电费	3000.00	—
	能源费合计		5000.00	3.38%
办公及维修费用	餐厅维修费	维修人工费	100.00	—
		维修材料费	300.00	—
	办公费	办公用品5	50.00	—
		打印、复印等费用	50.00	—
	办公交通费	门店交通费	100.00	—
	办公及维修费合计		600.00	0.41%
物料消耗费用	低值易耗类	餐具、厨具、用具费	500.00	—
	洗涤、清洁类	洗涤灵、墩布拖把、毛巾、钢丝球等	500.00	—
	劳保用品	口罩、围裙、帽子、袖套、手套等	30.00	—
	一次性用品类	餐巾、牙签、打包盒、包装袋、一次性筷子等	700.00	—
	物料消耗费合计		1730.00	
宣传及合作费	业务宣传费	宣传用的海报、传单、菜谱台卡文件等	120.00	—
	外部合作费	清洁烟道、杀虫、通下水、刷卡或微信、支付宝手续费等其他	480.00	—
	宣传及合作费合计		600.00	—
	总可控费用总计		70230.00	—
可控利润	门店毛利		77570.00	52.48%
房租费用	当月房租		10000.00	
运营利润（运营保本点）			67570.00	
管理费	总部收取管理费		1200.00	—
折旧摊销	转让费摊销		8000.00	—
	装修费摊销		—	—
	固定资产折旧6		—	—
折旧摊销合计	不可控费用		19200.00	12.99%
投资净利润（投资保本点）			47170.00	31.91%

1. 上月的食材盘点剩余 – 本月的食材盘点剩余。
2. 门店管理团队的营业额达成的超额奖，详细见《超额奖规定》，也包括门店管理团队获得的单日超额奖。
3. 各门店在公司开展的各项评比、竞赛中获得的奖金。
4. 公司给门店管理团队开具的奖罚单中的奖励部分。
5. 笔、本、纸、墨、工具、购买的手机等。
6. 含电脑、桌椅板凳、设备、装饰品等。

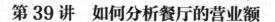

第39讲　如何分析餐厅的营业额

营业额是指纳税人提供应税劳务、转让无形资产或者销售不动产向对方收取的全部价款和价外费用。价外费用包括向对方收取的手续费、基金、集资费、代收款项、代垫款项及其他各种性质的价外收费。对于餐饮企业来说，营业额是指线上线下收入的总额，是持续经营的基础，也是财务分析的起点。餐饮企业通常会涉及两种营业额，一种是应收营业额，另一种是实收营业额，中间的差额即销售折扣。例如，某餐厅在美团上线外卖业务，一天的销售额是1000元，如果美团要拿走的扣点是15%即150元，那该餐厅的应收营业额就是1000元，实收营业额就是850元。

对于营业额，餐饮创业者必须要了解其影响因素。通常来说，人均消费、客流量、翻台率会影响一家餐厅的营业额。餐饮创业者应该了解餐厅的客流量。在了解客流量后，就可以根据每个月的实收营业额计算客单价。例如，某餐厅某月的实收营业额是30万元，该餐厅当月的客流量是3000人，也就意味着其人均消费是100元（300000/3000=100）。

餐饮创业者要了解营业额、客流量和人均消费的关系。客流量一定随着营业额的升高而升高，降低而降低吗？不见得。如果营业额升高，客流量反而降低了，就表明人均消费提高了，如从80元上升到了120元。

餐厅的营业额还与客单价以及客单数有关。客单价和客单数在一些快餐企业中应用得更多，例如，某快餐店一天开了500张单，每张单可能不止一个人消费，按照开单数而非来客数确定每单的价格（与来客数相比更好统计）。如果平均每单消费25元，那这25元就是客单价，此时，营业额＝客单价×客单数。

除了以上因素外，翻台率也是营业额的重要影响因素。例如，某餐厅只有 20 张桌，如果某天共来了 100 个人，那就翻了 4 轮以上；如果来了 40 个人，就翻了一轮；如果来了 20 个人，刚好坐满没翻台。所以翻台率也会直接影响营业额。

除了了解营业额的影响因素，餐饮创业者还要学会做关于营业额的对比分析。根据餐厅的月报表、周报表和日报表，餐饮创业者要分析营业额的同比变动、环比变动，进而了解餐厅的经营情况。例如，上周的营业额是 16000 元，本周的营业额却变为了 11000 元，这种下降是由哪些因素导致的？

从根本上了解和分析营业额及其变动，可以帮助餐饮创业者了解餐厅的经营情况，发现和解决经营中存在的问题。所以餐饮创业者要重视对营业额这一指标的分析。

第 40 讲　如何分析门店的四大关键成本

餐饮创业者在经营餐厅的过程中会涉及各种各样的经营成本和费用，这些我们在前文已简单提及过。餐厅在经营过程中随时都会产生成本数据，这些数据看似没有意义，实则意义重大。餐饮创业者要学会透过数字，看到数字背后的关系，学会分析关键成本，发现并解决餐饮经营中成本方面存在的问题。

第一个是对食材成本的分析。食材成本是餐饮经营过程中涉及的较大的成本支出，其有可能占到餐厅营业额的 30%，有些餐厅甚至达到 50%，所以对食材成本的分析和控制就变得尤为重要。在分析食材成本时，餐饮

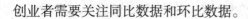

创业者需要关注同比数据和环比数据。

例如，某餐厅上个月的营业额是 30 万元，食材成本是 10 万元，占比约 33%，而本月的营业额同样是 30 万元，但食材成本是 12 万元，占比 40%。那么，食材成本环比增长了 20% [（12-10）/10]。

如果餐饮创业者想要了解，对于自己的餐厅来说，食材占比多少才是合理的，不能仅根据两个月的数据就下结论，需要对更多月份的数据甚至同业其他餐厅的数据进行对比分析。但餐饮创业者可以从两个月的数据对比中，发现食材成本相对上涨了，此时可以分析这种上涨的原因，如本月某种主要食材价格上涨了，或者做了折扣促销活动等。当然，食材成本的上涨还可能是因为餐厅对食材成本的控制不到位，导致浪费太多，这时就需要采取措施，解决问题。

第二个是对人力成本的分析。餐饮行业与生俱来的特征就是，它是一个极度依赖人的行业。无论是前厅还是后厨，都需要大量的基层员工作为支撑。所以人力成本也是一项在经营餐厅过程中占比较大的成本。餐饮创业者在经营餐厅的过程中要关注人力成本。不同的业态，人力成本占总成本的比例不同，有的占到 10%、15%，还有的占到 20%、25%。如今，人力成本越来越高，人力成本占总成本的 20% 以上这种情况很常见，如果能将这一比例控制在 18%~20% 甚至在 18% 以下，而且还能正常运营，那说明餐厅的人效非常高。

第三个是对能耗成本的分析。对于一家餐厅来说，如果营业额没有发生变化，而能源损耗反而下降，这可能是什么原因导致的？这可能是因为季节更替，不用再开空调，降低了用电成本；还可能是因为菜品发生了变化，主要食材的加工不再使用耗电设备，从而节省了能源耗费。相反，如果营业额降低，能耗反而增大，则可能是因为季节转变导致能耗设备用得更多，也可能是因为对能耗成本的控制减弱，由浪费造成的能源损耗。所以，餐饮创业者需要根据数据做对比分析，发现现象背后的原因，更好地改善经营状况。

第四个是对其他成本的分析。对其他成本的分析包括对办公费、电话费等成本的分析。一般来说，餐饮企业每个月的办公费和电话费不会变动太大，餐饮创业者要按期抽查办公费和电话费的支出情况，对其进行分析，对于异常的费用要找出原因，及时调整。

以上是餐饮创业者在经营餐厅的过程中需要关注和分析的四大成本。很多餐饮创业者往往只关注收入，认为收入最重要，只要收入有保障，餐厅自然会盈利，殊不知，即便收入增加了，如果成本增加得更多，餐厅的净收益仍将是下降的。所以，分析成本对餐厅的经营也是至关重要的。

第41讲　分析餐厅的三种效率值

随着时代的发展和竞争的加剧，餐饮行业对效率的追求越来越深入人心。很多餐饮创业者也想了解自己的经营效率，但是不知道应该从哪方面分析。本讲主要介绍餐饮行业常用的三种效率值即坪效、人效、时效。

第一个要评估的效率值是坪效。坪效，顾名思义就是每平方米的效益，即每平方米面积可以产出多少营业额。其公式为：餐厅坪效＝营业额÷门店营业面积。餐饮创业者不管经营的是中餐、日餐、法餐还是韩餐，都可以用坪效来衡量单位面积的效益。但要注意，只做外卖业务的餐厅无法用这个效率值来衡量效率。

餐饮创业者可以通过坪效评估门店的经营效率。例如，一个100平方米的门店，营业额是 100 万元，那坪效就是 1 万元 / 平方米；一个 100 平方米的门店，营业额是 30 万元，那坪效就是 3000 元 / 平方米。一般来说，如果餐饮创业者能将坪效做到 3000 元 / 平方米～4000 元 / 平方米，就算是有效率的了；如果能将坪效做到 5000 元 / 平方米～6000 元 / 平方米甚至 6000元 / 平方米以上，那就是餐饮行业中的佼佼者了。

除此之外，餐饮创业者要了解的是坪效是遵循边际收益递减规律的。当一家餐厅的面积是 100 平方米时，营业额是 20 万元，将面积扩充到 150平方米时，营业额可以达到 30 万元，但将面积扩充到 200 平方米时却可能只能获得 32 万元的营业额，此时对餐厅所有者来说就没有必要将面积扩充到 200 平方米。所以餐饮创业者需要根据对坪效的分析，判断多大的面积是最有效率的，用低成本获得高坪效。

第二个要评估的效率值是人效。人效就是人均产出，反映了餐厅的劳动效率和人力成本。例如，某餐厅雇用了 10 个员工，营业额是 3 万元，那人效就是 3000 元 / 人；如果营业额是 30 万元，那人效就是 3 万元 / 人。对于一家面积 100 平方米、营业额 30 万元的餐厅来说，其坪效为 3000 元 / 平方米，如果雇用了 10 个员工，人效就是 3 万元 / 人，那么这家餐厅在餐饮行业算是效率很高的餐厅了。

一般来说，人效达到 2 万元 / 人的餐厅效率就算不错了，如果能达到3 万元 / 人～4 万元 / 人，便是十分高效的了。不过此时餐饮创业者要考虑自己的员工是不是超负荷工作，员工的体能、服务质量是不是都能跟得上。餐饮创业者要对自己餐厅的人效进行评估，将其控制在一个合理的范围内，不能过于低效，但也不能太高，导致过犹不及，损害收益。

第三个要评估的效率值是时效。时效就是单位时间产出的效益。当一家餐厅雇用了很多小时工的时候，就不再适合用人效来评估人员效率，而需要用时效来评估人员效率了。例如，某家餐厅雇用的小时工每人每天工作 4 个小时，一个月工作 10 天共 40 个小时，餐饮创业者需要将小时工和全职工的工时加在一起计算时效。

目前来看，大多数餐饮企业雇用的小时工并不多，因为对于一家想要持续经营和发展的餐饮企业来说，员工工作的稳定性和持续性是保证其认同企业文化，与企业共同前进的基础。所以在这里，我们更强调用坪效和人效来评估餐厅的产值和效率。

第 42 讲　如何预估餐厅的营业额

餐饮创业者通常都需要给管理团队制定一个营业额目标，那么就需要在前期预测一个合理的营业额。餐饮创业者在预估营业额时有哪些依据和标准可以参考呢？

很多餐饮创业者在预估营业额的时候，都是靠拍脑门来决定的，并认为营业额是会一直增长的，但营业额真的会一直涨下去吗？这是不可能的，正如前文所言，营业额会受很多因素的影响，有时甚至会受道路施工、持续降雨等因素的影响。所以，餐饮创业者要合理地预估营业额目标。

那么，到底应该怎么预估营业额目标呢？

首先，餐饮创业者通常需要收集一些数据，来为自己的预估做支撑。餐饮创业者需要了解上一年同期数据，即上一年同期的营业额是多少。例如，某餐厅上一年五一期间的营业额是 10 万元，今年餐厅要在五一期间推出促销活动，并且预计餐厅的经营不会受到道路施工、持续降雨等因素的影响，那么餐饮创业者可以在 10 万元的基础上增加一个比例，将其作为管理团队今年五一期间的营业额目标。

其次，在预估营业额目标时，餐饮创业者需要对餐厅周围竞争对手的变化做一个评估。通常来说，竞争对手的变化会直接影响餐厅的营业额。例如，某餐厅周围忽然新开了三家经营同品类菜品的竞争者，那么显然其会分走该餐厅一部分客流，导致餐厅的营业额下降，此时餐饮创业者在预估未来一个月的营业额目标时，就要在上个月的基础上做减法；如果没有新的竞争者加入，餐饮创业者预估在没有竞争对手的情况下，营业额将增长3%~5%，而现在竞争对手变强了，此时营业额可能只能增长1%甚至更少。餐饮创业者需要根据周围竞争对手的变化对营业额目标进行调整。

再次，餐饮创业者需要根据营销活动计划来调整营业额目标。通常来说，营销活动会促进营业额的增长，否则便要考虑开展营销活动的价值和意义。在预估未来一年、一个月或一周的营业额目标时，餐饮创业者需要根据年初、月初或者周初的营销计划，对比同期营销活动的效果，评估其对营业额的影响，确定一个合理的营业额目标，如营业额增长5%~10%。

除此之外，餐饮创业者还要考虑商圈的变化对营业额的影响。例如，在餐厅刚开业时，周围的小区刚建成，入住率还不高，但随着时间的推移，入住率逐渐增加，那可以预见餐厅的营业额会逐渐增长。再如，餐厅附近新开了一家大型商场，下个月即将对外营业，那这种变化带来的后果就是难以预测的，虽然大型商场会吸引更多客流，但因为商场内自带餐饮业态，其综合影响是难以评估的。所以，餐饮创业者要根据商圈的变化，对营业额增长率的增或减做出评估。

最后，除了商圈的变化，交通的变化也是预估营业额目标的参考因素。例如，餐厅周围开始修建地铁；餐厅所在路段的两端都在修路或者限行；门口新架了一座天桥将顾客引流到了对面；餐厅门前的马路中间增加了一道护栏，使对面顾客过不来等。这些变化都可能会造成餐厅营业额的变化。

在对以上因素做了评估后，餐饮创业者就可以对营业额的增长率做出预测。餐饮创业者可以预计未来一年或未来一个月餐厅的营业额要增长多少，如 10% 或 20%，或者下降多少，如 3% 或 4%。在对营业额目标有了预估之后，餐厅管理人员就可以提前安排食材采购、人员招聘等工作，与此同时，餐饮创业者也可以将这个营业额目标作为一个考核标准，考核管理团队的绩效。

餐饮创业者需要注意的是，在根据相关因素确定营业额目标时，一定要与管理团队成员做一次沟通，得到他们的确认与认可，这样才能让大家同呼吸、共命运，劲儿往一处使，共同完成营业额目标；同时，这样做也可以为后期的考核奠定基础，避免意见不一致、口服心不服等不利情况。

进阶篇

餐饮连锁运营要点

在过去的 42 讲中，我们介绍了从如何创建品牌到如何分析餐厅的财务状况涉及的关键点。对于餐饮创业者来说，这些都是必须要了解和掌握的关键点，所以我们将其放在了基础篇进行介绍。

如果餐饮创业者想要将自己的餐厅做大做强，实现连锁运营，那么还需要基于市场的发展、基于品牌的发展，了解餐饮经营的更多关键点，这便是进阶篇所涉及的内容。

第9章

品牌设计的五大模式与五个模型

第43讲　品牌模式设计——品类及业态模式

做餐饮的人都知道，在开餐厅之前，餐饮创业者首先要确定自己要做的品类。在以前的餐饮市场以及目前竞争不太激烈的一些三四线城市的餐饮市场，餐饮创业者在创业之初多是先考虑要做的菜系，即川菜或者湘菜等；还有的餐饮创业者选择开一家品类大而全的餐厅，既做烤串，又做香锅，还做各种面食。而在竞争激烈的餐饮市场，餐饮人会发现，做综合的品类很难获得差异化优势，要想在竞争中脱颖而出，聚焦细分品类十分必要，如只做水饺、只做火锅等。

随着竞争的加剧，很多餐饮创业者甚至会在细分品类的基础上聚焦原料。例如，喜家德的定位从原来的做水饺变成了做虾仁水饺，火锅中聚焦于原料的细分品类如巴奴的毛肚火锅、新辣道的鱼火锅、魏老香的鸡火锅等。这些都是品类竞争所演化的新的选择，这些细分的选择也就是我们通常所说的品类赛道。

除了聚焦于原料之外，餐饮创业者还可以在细分品类的基础上聚焦味道。如同样是做鸭脖，绝味聚焦于麻辣鸭脖，周黑鸭聚焦于甜辣鸭脖；同样是做火锅，有一些品牌做麻辣火锅，有一些品牌做原味火锅，而潮汕牛肉火锅既在原料上做出了区别，又在味道上做出了区别，用蘸料来调制味道等。所以在创业前，餐饮创业者一定要考虑好自己要做的品类在某个细分市场中是否具有竞争优势。如果餐饮创业者在供应链以及味道的研发两方面都具有竞争优势，那么就可以开创一条与众不同的赛道，在竞争中取得胜利。

除此之外，餐饮创业者也要在此基础上考虑业态。例如，某餐饮创业者想要开一家以鸡肉为主打产品的餐厅，那么可以做烤鸡，这是一种业态，还可以做鸡火锅，这便成了火锅业态。在选择业态时，餐饮创业者要从供应链、加工成本、投资成本及复制难度等多个角度来考虑。

对品类和业态模式的选择是做连锁品牌的餐饮创业者绕不开的环节，餐饮创业者要做好功课，慎重抉择。

第44讲　品牌模式设计——运营模式

所谓餐饮运营模式，就是餐饮企业面对不同的客群，根据自身条件，采取相应经营方法的概括和总结；具体来讲就是指餐饮创业者在将餐厅开起来后，打算用怎样的方式经营它、管理它、运作它。例如，选择什么样的点餐模式，选择什么样的上餐模式，选择什么样的消费模式，选择什么

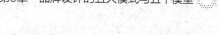

样的结账模式,选择什么样的点评模式等。这些都是在经营餐厅的过程中餐饮创业者需要思考的基本的运营模式问题。

第一种,点餐模式的选择。一些餐厅选择微信二维码点餐模式;一些餐厅提供折页菜单或者翻页菜单,让服务员完成点餐业务;还有一些西餐厅目前正在推广触屏式点餐模式;有些餐厅甚至开始提供预定式点餐服务,即顾客只需要告诉服务员消费人数、消费预算和口味要求,由服务员根据大数据帮助顾客搭配菜系完成点餐。当然,不同定位和档次的餐厅适合不同的点餐模式,餐饮创业者要在认清自己定位的基础上选择最适合自己的点餐模式。

第二种,上餐模式的选择。以前,大多数餐厅选择的上餐模式都是由传菜员上餐,这种模式的成本是较高的,因为需要投入大量的人力。随着技术的发展,目前很多餐厅开始使用机器人上餐。机器人上餐有利有弊,虽然玩法更新颖,但维修成本也不低,而且不利于满足顾客的一些额外需求,可能也不是长久之计。还有一些餐厅选择通道式点餐模式,顾客自己拿着托盘选餐后回到座位,既完成了点餐的过程又完成了上餐的过程。这种模式目前也较为常见,和府捞面、宜家餐厅以及一些美食城采用的都是这种模式。

第三种,消费模式的选择。消费模式通常是指顾客可以"怎么吃"。火锅店把调料和产品分开,让顾客自己搭配口味的模式就是一种消费模式。如果餐饮创业者想开一家面馆,那么是要像传统面馆一样,由厨师固定做出几种面如打卤面、牛肉面供顾客选择,还是也像火锅一样,将卤和面分开,让顾客自选卤和面的口味进行搭配,这就是消费模式的选择。餐饮创业者要在创业之初,确定产品的消费模式,形成差异化优势。

第四种,结账模式的选择。这一点大家都有所了解,通常来说,餐厅可以选择的结账模式包括现金结账、刷卡结账、签单结账、餐券结账以及二维码结账等。随着技术的发展，无人餐厅出现后，结账这一流程可能就变得越来越简单了。在顾客进入餐厅后，摄像头会扫描确认顾客的脸庞，顾客用完餐离开餐厅后，智能系统会自动从顾客的支付宝或者微信账户中扣款，完成结算过程。当然，这是未来的一种结账模式。

第五种，点评模式的选择。在餐饮行业，顾客的满意度如何越来越成为餐厅能否持续发展的决定因素，也越来越受到餐饮创业者的关注。餐厅是自建一个点评系统，还是与已有的点评类平台合作，抑或是通过微信订阅号完成点评过程，这些都是需要餐饮创业者思考和确定的点评模式。当然，这一步的设计主要是为了后续对满意度数据的分析和对顾客的维护，餐饮创业者要根据自己的服务目标选择适合自己的点评模式。

随着技术的发展，餐饮创业者面临的竞争越来越激烈，越来越多维，它可能来自同业竞争者，也可能来自其他行业，甚至可能单纯来自某项新技术。所以，如何在创业之初，在运营模式上玩出新花样，是餐饮创业者面临的挑战和机遇。

第45讲 品牌模式设计——生产供应模式

生产供应模式是餐饮创业者在做品牌连锁时必须要考虑的一个重要方面，它涉及两个环节，一个是供应环节，另一个是生产环节。

供应和生产，是餐饮经营的两个基本组成部分，一般来说，供应部分由采购端完成，生产部分由门店端完成。具体来说，一般由餐厅的厨房来完成生产部分，而它要生产什么，生产到什么程度，其实是由供应端决定

的，所以餐饮创业者要设计好生产供应模式，确保餐厅的持续经营和发展。

供应环节通常包含两个部分，一个是采购，另一个是加工。以前，很多餐厅在供应环节不涉及加工业务，直接由采购部门完成采购后，将食材供应到门店，由门店端完成加工部分以及制作部分。现在的很多连锁品牌，为了让餐厅的经营变得更"轻"，门店端只完成制作部分，而将加工部分放在了供应环节。

也就是说，在传统的餐饮配送模式下，采购端仅负责完成所有原料的采购，将原料供应给门店后，再由门店进行精加工以及生产制作。随着供应链的日益成熟，现在很多餐厅的厨房只负责产品制作部分，加工和采购都由前面的环节来完成，当然加工部分可能由专门的部门或人员来完成，也可能委托第三方来完成。当然，餐厅可以选择委托一个第三方来完成所有加工工作，也可以委托两个第三方合作完成加工工作，即由一个第三方来完成粗加工部分，然后由另外一个第三方完成精加工部分。

当然，随着规模的扩大，很多餐厅会选择设立一个部门来完成加工工作。我曾见过也曾服务过很多餐饮品牌，在开了两家门店之后，就开始建立小型的中央厨房，完成采购以及关键物料的加工工作。

例如，海底捞的蜀海负责完成海底捞所需要的粗产品的采购，同时负责完成后端想要的加工形式，如可以按照门店的要求将土豆切块、切条或者切丝，甚至打成土豆泥，在加工好之后，再按照门店的规格要求，进行塑封、装盒，然后配送给门店。这样门店的生产制作就变得很简单，只需要拆袋、拆盒，进行简单处理就可以完成生产过程，然后再进行销售。这样一来，门店的运营就会变得比较"轻"，更利于复制，进而提升生产效率。

生产供应模式也是餐饮创业者在创立品牌之初需要精心设计的重要环

节。餐饮创业者要在设计产品、设计菜单的时候，就考虑好门店要完成哪些工作，是否要设立中央厨房，是否将加工工作委托给第三方来完成，或者委托几个第三方来完成加工工作。磨刀不误砍柴工，设计好生产供应模式是确保餐厅持续稳定运营的重要保证，餐饮创业者要重视这项工作。

第 46 讲　品牌模式设计——设计模式

本讲所说的设计模式主要指的是空间设计模式。餐厅空间设计主要是指内部空间设计。餐厅的空间主要由餐饮区、厨房区、卫生设施、衣帽间、门厅或者休息前厅构成，这些功能区和设施构成了完整的餐厅功能空间。对于餐饮创业者来说，只有将餐厅空间的各个部分之间按照某种特定的关系有机地组合在一起，才能更好地形成一个整体。

那么，对于空间设计餐饮创业者有哪些模式可以选择呢？本讲主要给大家介绍几个颇具特色的空间设计模式。

第一个例子是局气。局气是一个知名的北京菜品牌，其生产的是一种新派北京菜。这家餐厅的设计模式非常新颖，它将老北京文化很好地融入空间设计，根据不同的年代引入不同的老物件，勾起了人们对于那个年代的记忆。坐在这样有故事的餐厅，红色的胡同招牌和电线杆上的鸟儿让人身临其境，会引发顾客的很多共鸣和新奇感。局气的这种空间设计模式具有独创性，它成功地为餐厅增添了时代感。这种新兴的设计模式引起了很多人的追捧、学习和模仿。

第二个例子是耍牛忙串串香。耍牛忙串串香是 2017 年 7 月由辣家私厨的张萌喆和几个朋友在北京创立的。耍牛忙串串香的空间设计十分具有创意。顾客进门一抬头就会喜出望外，因为墙上贴着"抬头有喜"的红色联子。进店后，顾客能够感受到店内满满的时代感，路边有电线杆、大喇叭，生锈的自行车，"80后"记忆的点点滴滴无处不在。整个空间以黄色为主基调，充满个性。从门口、墙面到桌椅板凳等，各种标语和涂鸦随处可见，吸引了大量的顾客。就是这家"不一般"的店，让黄记煌创始人黄耕来了、让局气的韩桐来了、让仔皇煲的薛国魏来了、让西少爷的袁泽陆也来了……这种别具一格的设计模式也颇受业内人士和顾客的欢迎。

第三个例子是北京宴。北京宴的空间设计模式使用的是我们通常所说的主题设计模式，选择的主题是电影。在北京宴餐厅，包间、地面、墙壁、物品、物料，甚至餐具的设计灵感都来自电影。对于这种主题设计模式来说，主题感越强，代入感就越强。另外一家颇有名气的餐饮品牌四世同堂的空间设计模式的灵感源于电视剧《四世同堂》。在这家餐厅中，顾客可以找到电视剧《四世同堂》中的很多道具。所以，餐厅空间设计的主题性越强，其设计模式就会越新颖。

第四个例子是胡桃里音乐酒馆。这里颇受年轻人的喜爱，可能并不是因为它的歌有多么出色，它的菜有多么美味，它的酒有多么特别，而在于它的空间设计模式充满了设计感，引起了很多年轻人的共鸣。胡桃里音乐酒馆将酒吧、餐厅、咖啡馆的空间设计融为一体，进行了创新。胡桃里音乐酒馆被誉为"中国最美的音乐酒馆"，这与它的空间设计密不可分。胡桃里音乐酒馆将文化和时尚的主题融入空间设计，让人迷醉在音乐和美食的同时又能沉浸在浓厚的文化气息中，引领了城市娱乐新风尚。这种围绕释放和时尚的理念所做的设计是新潮的、有特点的，与很多街头酒吧的设计风格形成了天壤之别，所以备受年轻人的追捧。

以上几家餐厅都是在空间设计方面取得成功的案例。随着餐饮行业的不断发展，空间设计越来越成为决定餐饮企业能否在竞争中取胜的因素。餐饮创业者要根据自己经营餐厅的类型以及品牌定位，选择优秀的空间设计公司合作完成既适合自己又颇具特色的空间设计模式。

第47讲　品牌模式设计——营销模式

营销模式是餐饮模式设计中非常重要的一环。很多餐厅可能经营的品类不是很出色，运营模式也与别人没有什么区别，空间设计也不是自己的强项，那么它还可以在哪些方面下功夫，做出不同的模式呢？很简单，就是营销模式。

有时，餐厅营销模式的好坏决定了它是否可以快速占领市场。随着餐饮市场竞争的加剧，我们发现很多餐厅装修优雅、高档，菜品味道也很好，价格也不高，但就是生意不好。如果一家餐厅从开业之初就生意不好，然后老板为了节省成本不得不使用没那么新鲜的产品，这就会导致顾客更不愿意上门，进入恶性循环，最后关门大吉。所以对于餐饮创业者来说，设计有效的营销模式非常重要，营销不只是为了让更多的顾客知道自己的店，更重要的是留住顾客，甚至让顾客成为自己的崇拜者。

一般来说，餐饮创业者可以选择的营销模式包括口碑营销、情感营销、口味营销、菜单营销、体验式营销和网络营销。对于营销模式的选择，餐饮创业者要聚焦一个点，然后放大这个点，将其发展成为一种模式，当然这个点要是新颖的、前卫的甚至特立独行的，要有很强的记忆点。只有做透一种有效的营销模式，抓住一个市场风口，才能占领顾客的心，获得最大化的收益。

　　我们举例进行说明。喜茶之所以特别火爆，除了其对产品不断进行的创新及打磨，对品牌形象与内涵的深刻理解外，还取决于它将新媒体营销+饥饿营销的营销模式运用得炉火纯青。喜茶在营销策划上大范围投放软文广告，完全瞄准年轻消费者，喊出了"不喝一次就out"的口号。喜茶通过新媒体的宣传造势，尽最大可能让喜茶的名字出现在大家的视线里。与此同时，喜茶采取饥饿营销推广策略吸引了相当多的客流，通过采取取餐控制、限量控制和购买条件控制等措施控制销售量，促成排队现象，营造供不应求的氛围，进一步刺激了年轻顾客的购买欲望。把排队做到极致，是喜茶的营销模式聚焦和放大的一个点。

　　除了喜茶，还有一个茶饮品牌也颇受年轻人喜爱。答案茶的品类和运营模式并不独特，但其营销模式却颇为新颖。打出"茶饮+占卜"的旗号，答案茶的玩法不复杂但颇有新意：顾客在下单时于茶饮腰封上写下问题，店员通过机器自动扫描识别关键词生成"答案"，用3D打印技术打印至茶盖上，顾客拿到茶饮后，揭开茶盖贴纸即可看到占卜结果。当然这种"占卜"并不具有迷信意味，在这里充当"情感导师"的其实是答案茶的内部算法，"占卜答案"依据不同问题在上百万条答案库中随机生成，这成为答案茶的核心特色。答案茶的营销模式设计可以很好地抓住顾客的好奇心，进而吸引更多的顾客进店消费。

　　当餐厅的营销策略形成模式之后，就具备了很强的传播力量。在这之后，餐饮创业者要注意增强与顾客的互动。很多品牌现在利用新媒体平台来实现与顾客的互动，例如，土耳其冰淇淋利用抖音平台与顾客进行互动，获得了很好的营销效果。很多餐厅也在使用一些互动式的营销策略，例如，在海底捞的等位区，顾客除了可以免费享受擦鞋、美甲等服务和上网、读报、玩棋牌等休闲活动，还可以享受免费的水果、瓜子、点心、茶水，专门为儿童设置的游乐区还有专人陪玩。有些餐厅也会在顾客用餐时进行抽奖和游戏互动。这些都是很好的互动方式，值得餐饮创业者借鉴。

除了以上这些营销模式，目前餐饮市场还有很多新式的营销模式。例如，南宁有一个餐饮品牌叫作串喜，它采取的营销策略就非常新颖，凡是进到餐厅消费的顾客都可以与服务员掷骰子，根据点数享受折扣，同时消费满多少钱，就可以获得一张彩票，若是中了奖可以到餐厅兑奖等。

餐饮创业者在确定了自己的品牌和要经营的品类后，可以多考察同行业或者其他行业可以借鉴的营销创意，为自己设计一种具有新意的营销模式。好的营销模式可以帮助餐饮创业者提升营销效果，提高投资回报比。

第48讲　品牌模型设计——投资模型

在前面的五讲当中，我们介绍了五种品牌模式的设计思路，包括品类及业态模式、运营模式、生产供应模式、设计模式和营销模式。在设计完品牌的模式后，餐饮创业者就需要考虑品牌的五个模型，这五个模型包括投资模型、盈利模型、产品模型、选址模型和管理模型。本讲介绍品牌模型涉及的第一个维度即投资模型。

投资模型是什么？投资模型是指餐饮创业者必须要考虑为自己的餐厅投入多少资金，这些投资分别投在哪些方面，以及什么时候能把这笔投资成本赚回来。开餐厅说到底还是一种投资行为，所以投资者一定要制作投资预算，跟踪投资进程，同时也要考虑投资款的分配、投资回报率和投资回收期。

通常来说，如果餐饮创业者想开一家小面积如 20 平方米的餐厅，那么基本不需要投入 200 万元或 2000 万元，因为根据经验来说，这么小的经营面积，不需要这么大的投资。当然，人均消费也能反映投资额，如人均消费 20 元的餐厅，其投入不可能达到 100 万元，人均消费 200 元的餐厅，其投资也不可能只有 20 万元。所以在投资开餐厅之前，餐饮创业者要做好品牌定位，明确餐厅的面积，以及人均消费水平，然后制定相应的投资预算。

投资模型中还涉及投资款的分配。通常来说，餐饮创业者在准备好投资资金后，要将这笔投资资金分为三个部分。

餐饮创业者的投资资金的第一部分要用来支付转让费。转让费一般是指在租赁期内，下家经营者为获得店面经营权，向原经营者支付的一定的转租费用。转让费一般包含原经营者的装修费、杂费和其他相关费用。不同的城市，转让费的平均水平也不同。在北京的户外街头，一个一两百平方米的店面，其转让费一般都在二三十万元，好的地段可能达到七八十万元，一线城市基本上都是类似的情况，深圳的转让费可能会更高。

很多餐饮创业者认为不应将转让费视为自己的一个投入，因为如果后期自己不做了，可以将其继续转让出去，再把这笔钱收回来。这种想法是不对的。首先，经营餐厅有风险，餐饮创业者很难规避天灾人祸导致店面无法再转让的风险。其次，从实际投入的角度来说，转让费是餐饮创业者在开设餐厅前要投入真金白银的部分，是投资准备金的一部分。所以不管其将来能否收回，这笔投入是实实在在的。

餐饮创业者的投资资金的第二部分即通常意义上的投资，就是开起一家餐厅需要投入的成本，包括设计费、硬件投资和软件投资等。对于想做品牌餐饮的创业者来说，设计费的支出必不可少。要想获得较好的空间设计，就需要支付较高的设计费用，一般来说，一平方米的设计费可能需要三四百元，甚至上千元。假设设计费标准为 1000 元／平方米，那么一个

400 平方米的店面至少需要 40 万元的设计费，这对餐饮创业者来说不会是一笔小的开支。

除了设计费，餐饮创业者的初始投资还包括对硬件的投资。餐厅肯定要购置电器类设备，如前厅的电视、空调、展示冰柜、保鲜冰箱、消毒柜等；厨房的冰箱、烤箱、蒸箱、电磁炉等；必要的家具，包括桌椅板凳、备餐柜，一些很重要的装饰品、布景、道具等。

除了硬件投资，还有软件投资，包括对监控系统、收银系统、供应链系统等的投资，以及在餐厅基础硬件设施装修方面的投资，包括水电的改造、燃气的改造和餐厅的装饰设计等。

餐饮创业者的投资资金的第三部分是开业准备金。开业准备金包括人才储备资金、原材料采购资金、物料储备资金，以及办理相关证照的手续费等。这笔投资也是一笔不小的数额。

餐饮创业者在投资开设餐厅前需要做好投资预算，准备好足够的投资资金。这样才不致在开业之初出现资金链断裂，影响开业进度的情况。

表 9-1 是一个新店投资建设预算表的示例，供餐饮创业者参考。

表 9-1 新店投资建设预算表

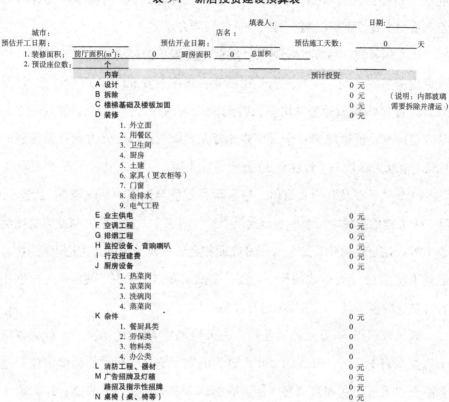

城市：				填表人：_____		日期：_____
预估开工日期：_____			预估开业日期：_____	店名：_____	预估施工天数：_____	0 天
1. 装修面积：	前厅面积(m²)：_____	0	厨房面积 0	总面积 _____		
2. 预设座位数：_____	个					

内容	预计投资	
A 设计	0 元	
B 拆除	0 元	（说明：内部玻璃
C 楼梯基础及楼板加固	0 元	需要拆除并清运）
D 装修	0 元	
1. 外立面		
2. 用餐区		
3. 卫生间		
4. 厨房		
5. 土建		
6. 家具（更衣柜等）		
7. 门窗		
8. 给排水		
9. 电气工程		
E 业主供电	0 元	
F 空调工程	0 元	
G 排烟工程	0 元	
H 监控设备、音响喇叭	0 元	
I 行政报建费	0 元	
J 厨房设备	0 元	
1. 热菜岗		
2. 凉菜岗		
3. 洗碗岗		
4. 蒸菜岗		
K 杂件	0 元	
1. 餐厨具类	0	
2. 劳保类	0	
3. 物料类	0	
4. 办公类	0	
L 消防工程、器材	0 元	
M 广告招牌及灯箱	0 元	
路招及指示性招牌	0 元	
N 桌椅（桌、椅等）	0 元	

投资总计 _____ 元

单平方米投资费用 _____

第49讲　品牌模型设计——盈利模型

在投资方向和投资款的分配确定之后，餐饮创业者就要开始考虑盈利模型，也就是投资回收期、投资回报率，评估这家餐厅是不是能帮自己赚回成本同时获得额外收益。如果预计连成本都不能收回，先前规划的品牌定位、要经营的餐饮品类就没有任何意义。那么，盈利模型涉及哪些方面？第一个是投资回收期，第二个是盈利能力。

什么叫投资回收期？投资回收期就是使累计的经济效益等于最初的投资费用所需的时间。例如，当餐饮创业者决定投资 60 万元开设一家餐厅，那么其首先要考虑的是，用多长时间把投入的钱赚回来。如果想在 12 个月内赚回来，就意味着一个月要赚 5 万元。如果这 5 万元占到月营业额的10%，也就意味着一个月要有 50 万元的营业额。

这个例子涉及几个关键值，第一个关键值是期望的回收期是 12 个月；第二个关键值是每个月收回 5 万元投资额；第三个关键值是占营业额的比例是 10%。这也就意味着如果每个月收回的金额占营业额的比例达不到 10%，那就不能在 12 个月内收回投资。而是否能实现这个比例，就需要餐饮创业者对自己的客流量、门店规模进行评估。

如果要获得 50 万元的营业额，在人均消费 40 元的情况下，意味着每个月至少有 1 万人，每天约 350 人进店消费。那么，餐厅的品牌定位、经营品类、运营模式和营销模式能否吸引这么多人进店？如果能，那么餐厅的门店规模是否可以足够支撑这 350 人的周转？这些是在盈利模型中餐饮创业者必须全盘考虑的。

什么是盈利能力？对于餐饮业来说，盈利能力是指餐厅获取利润的能力，也称为餐厅的资金或资本增值能力，通常表现为一定时期内餐厅收益数额的多少及其水平的高低。餐厅的利润率越高，盈利能力就越强。对于餐饮创业者来说，对餐厅盈利能力的分析，就是对餐厅利润率的深层次分析；通过对盈利能力的分析，可以发现经营管理环节出现的问题。盈利能力的衡量指标主要包括营业利润率、成本费用利润率、盈余现金保障倍数、总资产报酬率、净资产收益率和资本收益率六项。

对于餐饮创业者来说，在投资开设餐厅前，必须要预估投资额，同时预测投资回收期，判断什么样的品牌定位、经营品类、运营模式和营销模式能够保证在投资回收期内收回投资额。除此之外，餐饮创业者还要了解盈利能力及其衡量指标，通过对盈利能力的分析，发现并解决经营过程中存在的问题。

第50讲　品牌模型设计——产品模型

餐饮创业者在设计品牌模型时，产品模型是必须要考虑的一个组成部分，它包括产品的构成和产品的毛利率。餐饮产品是指餐饮企业向社会提供的，能满足人们需要的实物产品和无形服务的总称，包括产品的色彩、形状、构成、质量、服务等。而有效地控制餐饮产品的毛利率是餐饮创业者必须要熟悉与掌握的技能。

对于餐饮创业者来说，设计产品结构至关重要。明智的餐饮创业者会针对不同的就餐人数设计相对合理的产品搭配组合，在顾客进店后向顾客推荐这种产品搭配组合，提升顾客的用餐体验。例如，餐饮创业者可以提前设计好一位顾客的推荐菜品组合，两位顾客的推荐菜品组合，以及多位顾客如六到八位的推荐菜品组合。

一般来说，顾客的点餐模式是有规律可循的。例如，对于快餐厅来说，一位顾客光临时，首先要点的肯定是该餐厅的招牌菜品，再点推荐菜品或者新菜品，最后点饮料。餐厅可以为其设计兼具固体类产品与液体类产品的产品组合，同时还要注意荤素搭配。而对于两位进店顾客，则可以搭配两个招牌菜、几份素菜，以及凉菜或者其他辅助菜品，再配上饮品或者酒水等液态类产品。

　　餐饮创业者在设计产品结构的时候，也要考虑产品的毛利率。上一讲在讲述盈利模型时，涉及了餐厅盈利能力的分析。对于一家餐厅来说，产品的毛利率决定了其盈利能力。餐厅的毛利率是毛利与销售收入（或营业收入）的百分比，其中毛利是收入和与收入相对应的营业成本之间的差额，用公式表示：毛利率＝毛利/营业收入 ×100%=（主营业务收入－主营业务成本）/主营业务收入 ×100%。对于餐厅的某种产品来说，其主营业务成本主要是食材成本。例如，餐厅某个菜品的毛利率是 70%，就意味着食材成本占比 30%。当然，毛利不同于净利，毛利反映的是每一元主营业务收入扣除主营业务成本后，有多少钱可以用于各项期间费用和形成盈利；净利则反映每一元主营业务收入带来的净利润是多少。净利是毛利减去各项费用的差额，这里的各项费用包括各项期间费用以及税金，主要包含人力成本、水电成本、摊销成本、租赁成本、其他成本等。对于以上的例子来说，在将食材成本覆盖后，剩下的 70% 毛利只有在减掉人力成本、水电成本、摊销成本、租赁成本、其他成本等后还有盈余，才能使餐厅获利。

　　餐饮创业者在设计产品模型的时候，产品的毛利率设计得越低，经营风险和经营压力就会越大；产品的毛利率设计得越高，经营风险和经营压力相对来讲就越低，承受经营风险的能力就越强，盈利空间就会越大。所以餐饮创业者在设计产品模型的时候，一定要考虑产品的毛利率。一般来说，招牌菜的毛利率可以不用太高，但其搭配菜品的毛利率应相对高一些，而饮品类产品或主食类产品的毛利率应该更高。

　　就拿中餐来说，招牌菜如鱼类或肉类菜品的毛利率通常不高，处于50%~60%，一些素菜类、汤菜类、辅助类菜品、荤素搭配类菜品的毛利率可以达到 60% 甚至 70%，而饮品类和主食类的毛利率可以达到 80% 甚至

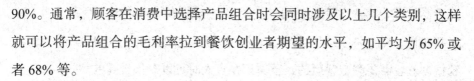

90%。通常，顾客在消费中选择产品组合时会同时涉及以上几个类别，这样就可以将产品组合的毛利率拉到餐饮创业者期望的水平，如平均为65%或者68%等。

当然了，不同的餐饮业态，其产品的结构和产品的毛利率是不一样的。餐饮创业者可以根据设定的毛利率目标来设计不同的产品毛利率组合，再根据毛利率组合来设计产品组合，形成自己的产品模型。在有了理想的产品模型后，餐饮创业者就能设计出更合理的、更具盈利潜力的菜单，进而获得更大的盈利。

第51讲 品牌模型设计——选址模型

投资模型、盈利模型和产品模型的设计有利于实现快速复制，但是复制有一个很重要的前提，就是具有有效的选址模型。在有了有效的选址模型后，餐饮创业者再去用模型评估看中的铺子，就可以很好地对其做出界定，不会出现失误。

我曾见过很多连锁餐厅的店面有大有小，大店可能大到两三百平方米，小店可能小到一二十平方米。我也一直好奇，这些连锁餐厅到底使用了什么样的选址模型，才选出了这些面积相差甚大的店面？我们见过300平方米的肯德基店面，可是从来没见过3000平方米的肯德基店面，因为它不符合肯德基的选址模型。一般来说，肯德基、麦当劳这样的西式快餐店更多地选择面积为300~350平方米的店面，这就是它们的选址标准。

对于餐饮创业者来说，在设计选址模型时通常要考虑以下几点。

第一，要测算餐厅的面积。餐饮创业者首先要根据餐厅的品牌定位和经营品类确定多大的店面适合自己。餐饮创业者可以确定一个适合自己的面积范围，如 200±50 平方米、100±20 平方米或 300±50 平方米。此时，餐饮创业者需要测定餐厅的经营面积在多大时可以获得最高的坪效。

例如，餐饮创业者希望餐厅的坪效可以达到 4000 元 / 平方米，那就要测算一下，多大的餐厅面积可以获得这个坪效。餐饮创业者要在估计人均消费的基础上，计算要获得理想的坪效，需要多少客流量，又需要多少个座位才能满足必要的客流量。测算出必要的座位数后，要摆放这些座位满足必要的客流量需要的餐厅面积便迎刃而解。

通过以上例子，我们可以总结出在测算餐厅面积时需要考虑的几点：第一，坪效是不是可以达到最大？第二，客流量是不是可以得到保证？第三，餐厅需要摆放多少座位才能满足客流量的要求？有一些餐厅的面积只有二三十平方米，可是每天会有 200 多人进店消费，结果由于面积太小导致流失很多顾客，此时餐饮创业者可以进行扩张；而有些餐厅每天可能仅由于面积小流失两三桌的客人，如果将店面的面积扩大一倍，反倒使坪效降得很低，得不偿失。所以餐饮创业者在测算餐厅的面积时，要考虑好坪效、客流量和接待能力。

第二，要考虑租金的范围。 餐厅的位置和租金具有很大的关系，有时租金决定了餐厅的位置，但面积不一定能决定餐厅的位置。例如，一个租金只有每平方米每天两元的餐厅的位置一定很偏，其人流量一定不会特别大。而一个租金每平方米每天十元或者二十元的餐厅的位置一定会相对好一些，人流量也会相对大一些。但是餐饮创业者要考虑的是，此时肯定会有更多人觊觎这个位置，其租金成本就有上升的可能。这是一枚硬币的两面，餐饮创业者要权衡租金成本及其产出和收益。

只要人流量足够大，在保证人均消费的基础上，就能获得足够的收入。

只要收入能够覆盖租金成本、人力成本、物料损耗、能源费用等就能保证餐厅的盈利；而反过来，如果餐饮创业者选择了一个位置不太好的地方，租金很便宜，可是没有流量，那么结果就可能是连租金成本也赚不回来。所以在设计选址模型的时候，餐饮创业者必须要确定租金范围，测算这个租金范围下的人流量是否能够支撑餐厅的持续经营。

以上两个方面是餐饮创业者在设计选址模型时需要考虑的重要因素，只有选好位置，才能确保餐厅的持续盈利和稳定发展。

第52讲 品牌模型设计——管理模型

管理模型是餐饮创业者在做品牌模型分析的时候，必须要考虑的一个部分，其中会涉及几个关键的方面，最重要的是人员搭配与时段组合。

一个餐厅可小可大，其管理模型可以变化，但是不管怎么变化，背后的人员搭配都很重要。有一些餐厅24小时营业，有一些餐厅则分时段营业，这本身就是管理模型上的变化。餐饮创业者要不要开24小时营业的餐厅？如果24小时营业，产品该怎么设计，人员该怎么搭配？这些就是在管理模型中要考虑的人员搭配和时段组合。

我们先讲人员搭配。当餐饮创业者决定开设一家餐厅时，就需要考虑人员的搭配问题，聘用多少人最适合？需要多少管理团队成员，需要多少员工？管理团队成员需要达到什么水平？员工需要具备哪些技能？餐厅需要设置哪些岗位？如何为已有的员工设计排班？这些都是在进行人员搭配时需要注意的问题。

例如，一家50平方米的餐厅，可能有五个工作人员就足够了。这五个工作人员包含了三个厨房工作人员，两个前厅工作人员（包含一个管理团队成员），形成"前二后三"的结构。在完成人员搭配的初步设计后，餐饮创业者要再根据之前讲过的产品模型，评估三个厨房工作人员能不能满足加工和生产的需求，两个前厅工作人员能不能满足前厅服务、收台、点菜的服务内容。

进一步来说，餐饮创业者需要提前对三个厨房工作人员进行岗位分配，如一个负责加工或者准备其他辅料，一个负责炒菜，还有一个负责洗碗等。也许这三个人在厨房什么事都会做一些，但还是需要为其做一些相对具体的分工，确定每个人的主要工作内容以及辅助性工作内容。与此类似，餐饮创业者也需要对两个前厅工作人员的分工提前进行确认。

餐饮创业者在考虑人员搭配和岗位设计时，也要考虑人力成本。人力成本至少包含三个部分，第一个部分是工资，第二个部分是福利，第三个部分是相应的费用，如住宿费、员工餐费等。餐饮创业者需要考虑每个岗位人员的工资薪金水平及其构成。

除此之外，餐饮创业者还要制定工作流程。例如，三个厨房工作人员是否要轮班？如何轮班？每个员工在上班时需要完成什么工作？餐饮创业者需要明确他们的班次和工作内容。

在设计完管理模型后，餐饮创业者可以在其他餐厅复制这一管理模型，提升管理效率。

第 10 章

九大维度定位品牌发展方向

第 53 讲　三大品牌思维——差异化思维 + 细分思维 + 创新思维

品牌定位决定了一个品牌的发展方向。在确定品牌定位时，餐饮创业者需要具有三大思维，第一种思维是差异化思维，第二种思维是细分思维，第三种思维是创新思维。

第一种是差异化思维。在餐饮市场的竞争日益激烈的时代，如果餐饮创业者的思维跟别人是一样的，显然是没有核心竞争力的，所以要想脱颖而出，就必须拥有差异化思维。

实施差异化思维的关键在于提供与竞争对手不同的差异化产品或服务。餐饮经营者提供的产品是组合产品，包括有形产品部分（顾客实际消耗的有形产品，如食品、饮料）、感官享受部分（通过视觉、听觉、触觉、嗅觉对设备设施、环境气氛、服务技术、服务质量形成的体验）、心理感受部分

（顾客在心理上对产品的感觉，从而引起的舒适程度和满意程度）。餐饮创业者在创立品牌的时候，一定要将自己的品牌与其他品牌区别开来，餐饮产品或服务可以在许多方面实现别具一格。

例如，如果别人做的鸡火锅是麻辣的，那么餐饮创业者是不是可以做香辣的、甜辣的或者酸辣的；别人做带汤的产品，餐饮创业者是不是可以做干的；别人做烤的，餐饮创业者是不是可以做煮的。

对于同样的品类，餐饮创业者也可以运用差异化思维实现差异化。举个例子，同样是做火锅，巴奴做了毛肚火锅，它不强调服务，而强调产品，这就是差异化思维的体现。

要想获得差异化思维，餐饮创业者需要换一个角度思考自己的品牌定位，从产品和服务上下功夫，做到"人无我有，人有我更超值"。

第二种是细分思维。以前，做餐饮都讲求大而全，餐饮人认为这样可以覆盖更全面的顾客群体，营收自然就比较可观。现在，餐饮行业的发展趋势完全逆转，从大而全转向小而精。

当市场达到一定的竞争高度时，餐饮创业者开始寻找细分赛道或者细分领域。例如，日本料理是一个不错的餐饮品类，现在很多人都想开日本料理餐厅。当市场上大多数餐厅都主打冷锅料理时，具有差异化思维的餐饮创业者可能会计划开设以热的料理为主打的餐厅，这是差异化思维。而具有细分思维的餐饮创业者，则不会选择做宽泛的日本料理品类，而只做其中的某一个品类。此时餐饮创业者就细分了日本料理的类别，将一个品类做成了一家餐厅。那是不是还可以往下细分呢？比如细分到单品，只做生鲜、只做帝王蟹或只做三文鱼等。

对餐饮市场和产品进行细分的目的就在于"制造消费个性"，我国餐饮文化的内涵十分丰富，存在数量庞大的细分品类，如果再细分到地域层面、客单价（档位）层面，将会有数量更多的市场空白。餐饮创业者在做品牌定位，确定经营品类的时候，一定要对餐饮市场进行细分，运用好细分思维。

第三种是创新思维。如今，餐饮创业者要想在纷争的市场中持续保持竞争优势，就需要具有创新思维，不断适应市场变化，提升自身的竞争实力，走特色化经营的路子。餐饮创业者能否成功，很大程度上取决于他有没有实行差异化战略，在占领细分市场的同时，进行创新。例如，市场上大多数的餐厅都主打刺身，餐饮创业者决定做日式火锅，这只是差异化思维；在日式火锅品类中进一步做了细分后，餐饮创业者决定只做海鲜日式火锅，这是细分思维；在此基础上，餐饮创业者还要运用创新思维，设计与众不同的运营策略，如鱼是现场宰杀、现场制作的，或者用的火锅与众不同，等等。同时运用这三种思维，能让餐饮创业者在竞争中脱颖而出。

目前，餐饮市场上有很多运用这三种思维制胜的案例。例如，和府捞面是具有差异化的，它的差异来自运营模式，同时其创始人对面类产品做了品类的细分，也实施了很多创新举措。对于其他想要在餐饮市场上大展拳脚的餐饮创业者来说，运用好这三种思维至关重要。

第54讲　四大维度进行品牌分析

要想打造独一无二的品牌，餐饮创业者需要对品牌进行分析。餐饮创业者要从四个维度进行品牌分析，即自我分析、对手分析（也叫竞争分析）、消费趋势分析，以及消费者分析。

品牌分析的第一个维度是自我分析。什么是自我分析？自我分析是指餐饮创业者在做品牌定位时，一定要分析自己的优势和劣势。一家餐饮企业并不是想做什么就能做什么，即便一家开了很多连锁店的涮羊肉餐厅，如果想改做新疆菜或云南菜，那可能并不具备相应的条件，其成功所付出的代价、走的弯路可能比新进入行业的人还要多。

所以餐饮创业者要时刻注意分析自己做某件事情的优势，如自己有没有产品技术优势，有没有供应链优势，有没有影响力优势，有没有经营管理优势等。这些优势可分为两种类型，即核心优势和非核心优势。产品优势、管理优势、营销优势都属于核心优势，而其他优势如资金优势、选址优势等则构成了非核心优势。除此之外，餐饮创业者还要注意分析自己的劣势，包括自己欠缺什么，在哪些方面做得还不够到位等。餐饮创业者在做品牌分析的时候，首先要做自我分析。

品牌分析的第二个维度是对手分析或者竞争分析。在做品牌分析的时候，餐饮创业者还要考虑在所在街道、所在地区、所在城市甚至所在国家有多少竞争对手，哪些是自己的竞争对手。在做对手分析的时候，有些品牌可能会眼高手低，在没有认清自己定位的情况下分析自己没有可比性的对手。例如，某家开在县城的饺子馆，在做对手分析的时候，将对手认定为喜家德虾仁水饺、小恒水饺等。其实，这种分析是没有意义的，因为在你还没有走出所在县城的时候，只将对手锁定为那些品类佼佼者，意义不是很大。该饺子馆的创始人首先要分析的是这条街上的对手，考虑竞争对手是怎么做的，做得好的竞争对手有哪些经验可以借鉴，做得不好的竞争对手有哪些教训可以汲取，自己在这条街上取胜的可能，自己有哪些竞争优势，如何打败竞争对手。这些都是餐饮创业者在做对手分析时要考虑的因素。

品牌分析的第三个维度是消费趋势分析。消费趋势指的是顾客消费心理和消费行为模式的变化趋势。餐饮创业者要跑赢市场，关键是要抓住消费趋势的变化！餐饮创业者需要了解整个市场的大环境是怎样的，自己做的事情是否符合大的消费趋势。例如，现在传统的涮羊肉店不再那么受顾客的欢迎，而某个餐饮创业者偏要开一家涮羊肉店，那么其成功的难度相对来说就比较大。而如果现在的大趋势是大家都爱吃麻辣烫或者串串儿，某个餐饮创业者偏要做一些口味比较清淡的品类，那可能在这个市场中就很难活下去。客观来说，"众人皆醉我独醒"的现象在餐饮业并不常见，餐饮创业者在做品牌分析时还是要遵循市场规律的。

品牌分析的第四个维度是消费者分析。消费者分析是对消费者及消费行为进行分析。餐饮创业者在做品牌分析、确定自己要经营的品类时，一定要考虑该品类消费者的特点，包括现有消费者的总量、年龄、职业、收入、受教育程度及现有消费者的分布；同时也要了解目标消费者对该品类的认知。餐饮创业者要确定自己的产品有足够多的受众，目标消费者认可该品类的产品，并且会维持对该品类的消费。餐饮创业者要考虑自己的产品在消费者的认知中，有哪些点是好的，哪些点是不好的，消费者最在意的核心点和价值点是什么。餐饮创业者要将其提炼出来，然后不断改进自己的产品。餐饮创业者只有足够了解自己的目标消费者，才能针对其特点，不断开发满足其需求的产品，保持稳定、可持续的经营。

对于想要做好品牌分析的餐饮创业者来说，以上四个维度是其要考虑的基本维度。在创业前，餐饮创业者要亲自或者委托专业团队来做品牌分析工作，从以上四个维度，做好品牌定位，完成基础工作。

第 55 讲　品牌九大定位——文化定位

很多餐饮创业者认为，文化一词离自己很遥远，自己只是个做餐饮的，跟文化不沾边。这是一种错误的观念。在做品牌定位的时候，确定企业文化和品牌文化至关重要。一般来说，餐饮创业者在创业过程中需要明确两种文化，一种是企业文化，一种是品牌文化。企业文化或称组织文化，是一个组织由其价值观、信念、仪式、符号、处世方式等组成的特有的文化形象；品牌文化指通过赋予品牌深刻而丰富的文化内涵，建立鲜明的品牌定位，并充分利用各种强有效的内外部传播途径形成消费者对品牌在精神上的高度认同，创造品牌信仰，最终形成强烈的品牌忠诚。拥有品牌忠诚就可以赢得顾客忠诚，赢得稳定的市场，大大增强企业的竞争能力，为品牌战略的成功实施提供强有力的保障。由此可见，企业文化是针对整个企业的，是与生俱来的；品牌文化则主要针对的是品牌，体现了企业的外在宣传、整合优势。企业文化可以让所有餐厅员工围绕企业的经营和管理目标拧成一股绳，共同努力；而品牌文化则可以让所有的消费者了解餐厅的核心竞争力，形成持续的购买和消费。

品牌文化看似是个抽象的东西，实际上背后有很多深刻的含义。举个例子，麦当劳和肯德基传递的品牌文化是什么？很多人认为麦当劳和肯德基传递的是美国文化，其实在我看来完全不是这样。麦当劳和肯德基传递的核心品牌文化是欢乐，所以其一切战略都围绕欢乐展开。

麦当劳和肯德基立足其欢乐的品牌文化，针对不同人群，设计不同的产品。事实上，每个人群会因为不同的事情而欢乐，儿童因为看到喜欢的玩偶而欢乐，年轻的情侣因为爱情而欢乐，老人因为子孙的幸福而欢乐。

那么，麦当劳和肯德基围绕欢乐这一主题做了哪些努力呢？首先，它们都在自己的产品名字中加入欢乐二字，从产品名称上传递品牌文化。其次，它们还在产品中加入其他创意来强化消费者对其品牌文化的认知。它们会不定期推出各种各样的玩具、手办、玩偶，包括毛绒玩具、组装玩具等来让消费者变得更欢乐。例如，麦当劳在其热销的"欢乐套餐"中加入了健康手环来帮助消费者消耗摄入的热量；肯德基推出"Q萌儿童桶"，孩子们吃完可以打开小桶组装自己的小车。再次，它们的装修风格也体现了其品牌文化。麦当劳和肯德基内都灯光明亮，墙壁颜色采用橘色调、黄色调等暖色调，给人愉快、温暖、幸福的感觉。最后，很多麦当劳和肯德基门店会设置儿童乐园区，为小朋友提供游玩设施，营造欢乐祥和的气氛。

所以餐饮创业者会发现，麦当劳和肯德基不管是在平面设计、空间设计、产品命名、功能区划分，还是在代言人的选择方面，都在不遗余力地彰显其欢乐的品牌文化。所以餐饮创业者在确定了品牌文化后，要系统地将其呈现出来，从各个方面让顾客感受并认知到自己的品牌文化。

塑造品牌文化，目的是凝结散漫的品牌灵魂。品牌在很多方面都是可以被抄袭的，不管是产品还是空间设计，唯一不能被抄袭的就是品牌文化。品牌文化体现在产品、品牌标识、空间设计、广告语等各个方面。一般来说，品牌文化是具有个性的、与品牌内涵息息相关的，是无法被抄袭的。所以，餐饮创业者要确定积极向上的、具有独特含义的品牌文化。

第56讲 品牌九大定位——产品定位

产品是餐饮行业的核心竞争力，只有好的产品才会吸引更多的客流量。

产品是品牌的基础，也是核心，只有使产品具有差异化，并且不断创新，注重质量，保证信誉，餐饮创业者才能从众多餐饮品牌中脱颖而出。对于餐饮创业者来说，不管开什么样的餐厅，都一定要做好产品定位。以下是餐饮创业者在进行产品定位时需要关注的几个方面。

产品定位要确定主打产品。不管餐厅类型是什么，餐饮创业者一定要确定自己的主打产品。主打产品分两种类型，第一种是流量型主打产品，可能它的利润率并不高，但却可以帮助餐厅引流；第二种是盈利型主打产品，它除了可以在一定程度上实现引流，最重要的是利润率较高。所以，餐饮创业者要在开店之初或者经营过程中，确定自己的主打产品。

例如，杨记兴臭鳜鱼的产品定位是主打臭鳜鱼。杨记兴曾经在以鱼为主打产品，还是以鸡为主打产品上纠结过，其曾推出过两大招牌菜品，一个是臭鳜鱼，一个是老母鸡汤。经过一段时间的经营后，其发现鱼类产品不管是从运营、体验感还是价值感方面，都比鸡类产品更有冲击力和记忆点，所以最终确定了臭鳜鱼的核心产品定位。

产品定位要确定品类结构和产品数量。餐厅的预算有限，所以餐饮创业者不应追求大而全的经营品类和产品数量，而需要根据成本收益原则确定合适的品类结构和产品数量。一般来说，一家餐厅应将主推品类控制在三个以内。当然，不是说一家餐厅只做三个品类的产品，而是主推三个品类的产品，其他品类也应该按一定的比例推出。当然，产品的分量标准也需要准确定位，如果走实惠型路线，量就要大；如果走精致型路线，量就要小。

产品定位要确定味型。餐饮创业者要根据市场调研结果和品牌定位确定产品的味型。同样是做火锅，成都和重庆的火锅一般口味偏重，很麻很辣，而北方地区的火锅如北京火锅的口味就会偏淡等。所以餐饮创业者要

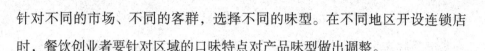

针对不同的市场、不同的客群，选择不同的味型。在不同地区开设连锁店时，餐饮创业者要针对区域的口味特点对产品味型做出调整。

产品定位还要确定产品的组合与搭配。对于餐饮创业者来说，要想产品卖得好，就需要组合搭配出售，这样才能更好地满足顾客的需求，同时提高客单价，获得更大的收益。而如何打造符合顾客口味的产品组合，也是一个很值得研究的问题。有特色、有卖点的产品组合与搭配，可以让顾客重复购买。例如，对于顾客来说，吃牛排时喝点红酒，可以油而不腻，使口味更加突出；火锅和酸梅汤也是常见的产品组合，酸梅汤酸酸甜甜让人胃口大开，同时也可以解掉火锅的油腻；咖啡配甜点也是一种不错的选择，咖啡的浓郁香气，搭配美味的甜点，使口感层次更加丰富。对于餐厅来说，用于产品组合的种类不需要太多，如果种类过多，就需要投入很多的成本，也会导致原料过期、浪费等现象。餐饮创业者可以根据顾客需求，打造产品组合，获得更大的收益。

餐饮创业者在确定产品定位时，除了要考虑产品的组合与搭配外，还要考虑菜单的构成和形式。通常来说菜单是由多个子菜单构成的，可能包括酒水单、主菜单、小吃菜单等；其呈现形式包括纸质菜单和电子菜单等。这些也是餐饮创业者要考虑的重要方面。

以上是餐饮创业者在做产品定位时需要考虑的几个重要方面。产品定位和品牌定位相辅相成，餐饮创业者需要对其进行统筹规划、合理设计。

第57讲 品牌九大定位——价格定位

给菜品定价是餐厅经营活动的重要环节。价格是否适当，往往会影响产品的销量，影响餐厅的盈利，甚至会影响餐厅的竞争地位。餐饮创业者在做完品牌文化定位和产品定位后，对价格进行定位势在必行。在进行价格定位时，有几个方面需要餐饮创业者关注。

价格定位要考虑人均价位的设计。餐饮创业者希望餐厅的人均价位是多少？这个非常有讲究，如果人均价位相对较高，那么餐厅的产品档次、环境档次和服务档次都要跟得上。如果人均价位较低，那后续想要提价相对来说是比较困难的。

人均价位是餐饮创业者在进行价格定位时需要考虑的重要的参考点，如果餐饮创业者想要将人均价位设置在 50~60 元，那么在设计产品组合时就要考虑高价位组合和低价位组合的数量和比重，并根据一段时间的经营情况调整产品组合。另外，不同的时间段，消费情况也是不一样的。通常来说，早餐价格相对午餐和晚餐是要低一些的。所以在考虑人均价位时，要根据不同的时间段进行分析。如果将人均价位定在 50 元，即顾客早餐的人均消费十几元，午餐的人均消费二三十元，晚餐的人均消费六七十元，那么餐饮创业者应该考虑如何设计菜单，如何搭配产品，如何为每个时段的菜品定价。

除了人均价位，价格定位还要考虑价格区间和产品数量的设计。价格区间和产品数量的设计是指餐饮创业者要确定在自己的菜单中，10~20 元区间有多少种产品，20~30 元区间有多少种产品，30~50 元区间有多少种产品。餐饮创业者要根据人均价位的设计，确定价格区间和产品数量。如果希望人均价位高一些，那么就多设计一些处于高价格区间的产品；而如果希望人均价位低一些，那么就多设计一些处于低价格区间的产品。

餐饮创业者要根据品牌文化定位和产品定位，确定自己的人均价位及价格区间和产品数量。餐饮创业者要设计与品牌文化定位和产品定位相匹

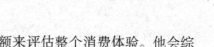

配的价格，因为顾客会根据自己的消费金额来评估整个消费体验。他会综合考虑，我花了 100 元，是只消费了产品呢，还是同时也消费了服务、环境和品牌呢？这会决定他下次是否还会来这家餐厅消费。

所以，价格定位直接关系到餐厅的盈利水平，餐饮创业者要予以重视。

第 58 讲　品牌九大定位——顾客定位

在确定了品牌文化定位、产品定位、价格定位后，餐饮创业者还要进行顾客定位。做生意讲究投其所好。找准目标顾客，然后制作符合其口味的菜品，才能获得最大的收益。所有的品牌都有针对性的顾客，我们把这些顾客叫作精准顾客，也叫作目标顾客。

一般来说，在确定了经营品类和产品结构后，餐饮创业者就可以对目标顾客进行画像了。餐厅经营的品类不同，其目标顾客不同。例如，经营烧烤、麻辣小龙虾等产品的餐厅，其目标顾客是年轻人；而经营粥类产品的餐厅，其目标顾客多为中老年人。

除了年龄，餐饮创业者还可以对购买力进行判断。一般来说，餐饮创业者在确定了餐厅的人均价位后，便可以对自己的目标顾客做购买力方面的判断了。如果餐厅经营的是人均消费 200 元的烤肉产品，那说明该餐厅目标顾客的购买力相对较高。

餐饮创业者还可以通过品牌文化确定目标顾客的文化程度。一般来说，日本烤肉、巴西烤肉等融入不同国家文化和主题元素的餐饮品类，其目标顾客相对来说具有较高的文化程度。他们要能够欣赏相关国家的风俗特征，并拥有一定的猎奇心态。

餐饮创业者在进行顾客定位时，最重要的是要尽可能地将信息收集齐全，然后对顾客进行画像。顾客信息一般分三种类型，即生理信息、社会信息、心理信息。生理信息表现为性别、年龄、体型、长相等；社会信息表现为婚姻状况、职业、收入、居住地、受教育程度、宗教信仰等；心理信息表现为喜欢的书籍、电影、音乐，现阶段的人生愿景，是否好面子等。

根据收集到的信息，对顾客进行画像后，餐饮创业者要站在顾客的角度思考"从哪里获取美食信息""什么样的宣传点最具吸引力""我们是一家什么样的餐厅""用什么样的服务方式更能获得回头客"，等等。随着目标顾客的画像日益清晰，餐饮创业者便可以更好地为这些顾客提供更精准、更优质的产品和服务，然后会吸引更多具有类似特征的顾客光临，最终会提升餐厅的效益。

明晰的顾客定位是餐厅经营成功的前提，也是餐厅持续发展的不二法宝。

第 59 讲　品牌九大定位——营销定位

定位好餐厅的目标顾客后，餐饮创业者就要研究怎么精准地把营销活动的内容推广到这些顾客，就需要进行营销定位。营销定位最重要的是解决两个问题，第一个问题是我是谁，第二个问题是想要顾客记住我是谁。

餐饮创业者进行营销定位的目的是精准地抓住目标顾客，占领目标顾客的心智，让目标顾客能够认识到品牌想要表达的内容，即独特的产品和文化；让顾客认同餐厅提供的产品和品牌独有的文化，进而关注餐厅，在餐厅消费，并且将其推荐给其他朋友。那么，如何做到呢？餐饮创业者不仅要塑造与众不同的品牌文化，提供质量优异的产品，还要掌握一些相应的营销策略和方法，完成营销定位。营销定位包含的内容有确定营销活动方案，制作宣传品，拓展宣传渠道，确立门店执行标准，策划门店促销活动等各个方面。

在营销定位中，有一项工作至关重要，即确定品牌口号和配套的广告文案。品牌口号是用来传递有关品牌的描述性或说服性信息的短语，常出现在广告中，有一些品牌也会将口号放在包装上。品牌口号对于一个品牌而言有着非常重要的作用，如品牌口号可以宣传品牌精神、反映品牌定位、丰富品牌联想、明确品牌名称等。

通常来说，品牌口号是否成功，取决于两个方面的因素。

第一个因素是品牌口号是否易于传播，是不是便于记忆。如果品牌口号易于传播，且便于记忆，那么就会快速提升品牌曝光度，提升品牌营销的效率。**第二个因素是品牌口号是否可以精准地表达品牌的核心竞争力或者差异化优势。**如果品牌口号可以精准地表达品牌的核心竞争力，那就可以帮助品牌形成护城河，让目标顾客尽快形成对品牌的认知。

例如，香飘飘奶茶那句"一年卖出十亿多杯，杯子连起来可绕地球三圈"特别好记忆。这句话并不能反映它的核心竞争力，但是却易于传播，便于记忆。它表达的意思是香飘飘奶茶的销量可观，很多顾客购买了自己的产品。还有瓜子二手车的"没有中间商赚差价"，既好传播，同时也强化了它的核心竞争力，即没有中间商赚差价，物美价廉。从营销定位的角度来说，这句话强调了"我是谁""你要记住我什么"。

也有一些品牌口号虽然不太易于传播，但是可以较好地传递自己的核心竞争力。例如，王品台塑牛排的品牌口号是"只款待心中最重要的人"，这句话可能不太好传播和记忆，但温情且颇具洞察，其让顾客感受到了热情、温暖和尊贵感，甚至还有一些惊喜，这就是它的核心竞争力。

好的品牌口号是后续一切营销工作的基础。好的品牌口号既要容易传播，又要强调核心竞争力。例如，"困了累了喝红牛"这句话就既易于传播，又强调了自己的核心竞争力。餐饮创业者要在创业之初为自己的品牌设计一个易于传播、便于记忆，同时能传递品牌核心竞争力的品牌口号。

第 60 讲　品牌九大定位——时间定位

对于餐饮创业者来说，除了之前提到的几个定位，还要进行时间定位。时间定位的关键在于对几个重要时间点的设计。

第一个时间点是用餐时长。顾客的用餐时长是指从进入一家餐厅到结账离开所耗费的时间。一般来说，不同的餐饮业态，顾客的平均用餐时长不同。当然，在确定了经营品类后，餐饮创业者可以针对自己的品类，对顾客的用餐时长进行调整和引导。例如，假设经营的是火锅，餐饮创业者希望顾客在多长时间内完成用餐，可以通过调整点餐和上餐节奏和方式，或者使用其他手段调整顾客的用餐时长等。

前两年，在北京有一家餐厅就推出了一种根据用餐时长确定用餐折扣的活动，如果顾客的用餐时长在 40 分钟之内就能享受九折优惠，在 30 分钟之内就能享受八折优惠。这其实是为了引导顾客压缩用餐时间，提高翻台率。所以，从某种角度来说，餐饮创业者可以对顾客的用餐时长进行设计。

第二个时间点是开业时间。一般来说，不同的餐饮品类有不同的经营淡旺季。火锅在冬天更受欢迎，烤串则是夏天人们聚会的首选。除此之外，对于整个餐饮行业来说，农历二三月到四五月是销售淡季。所以餐饮创业

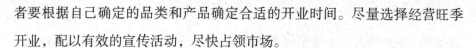

者要根据自己确定的品类和产品确定合适的开业时间。尽量选择经营旺季开业，配以有效的宣传活动，尽快占领市场。

第三个时间点是营业时段。餐饮创业者还要根据自己经营的品类和产品确定自己的营业时间。餐厅经营的品类和产品是适合做早餐，还是午餐、下午茶、晚餐或者夜宵，抑或是适合24小时对外销售，这是餐饮创业者需要考虑的一个基本定位。营业时段的设计背后会涉及成本结构、产品结构和人员搭配的调整，是一项看起来简单实则颇为复杂的工作。

举个例子，肯德基在最开始是不提供早餐的，也没有24小时对外营业，其主打午餐加晚餐，后来由于食材成本的增加和市场接受度的提高，开始拉长营业时段。通常这种增加营业时段的方式适合快餐品牌，因为快餐的标准化程度较高，增加营业时段不会增加太多的成本。而对中餐品牌和休闲类餐厅来说，如麻辣小龙虾，从品牌定位、品类定位、环境等角度来看，顾客不太会选择在这样的餐厅吃早餐。

时间定位看似简单实则学问颇多，餐饮创业者要根据自己经营的品类和产品，做好用餐时长、开业时间和营业时段的分析与定位。

第61讲　品牌九大定位——空间定位

在品牌的九个定位当中，空间定位是相对复杂的一个。餐饮创业者要围绕以下几个维度，对餐厅的空间做一个前期的设计和分析。

如果将餐厅比作一部电影作品，那我们说的定位就相当于剧本。当有了一个完整且清晰的剧本之后，就需要由平面设计师、空间设计师、产品设计师、服务设计师共同完成这部作品。我们还需要一个人根据品牌做整体规划，我们将这个做整体规划的人称作定位咨询师，他相当于这个作品的导演。本讲所说的空间定位就是为餐厅设计有特色、有个性的空间造型，为剧本的展开做前期的铺垫。

空间定位涉及几个方面。**空间定位涉及的第一个方面是空间的氛围**。空间的氛围会影响顾客的整体感受。顾客在进入餐厅后，会形成一种直观的感受，感觉这家餐厅很时尚，或者很欢乐。而具体是什么样的感受，取决于餐饮创业者和空间设计师营造的空间氛围。

餐饮创业者希望餐厅具有怎样的氛围？这个氛围与品牌定位、品牌文化密切相关。如果餐饮创业者确定的品牌定位是做一家时尚的餐厅，那么在空间设计上就要营造时尚的氛围；而如果餐饮创业者确立的品牌文化是"让人快乐"，那么餐厅的空间氛围就要明亮一些，互动性强一些。

空间定位涉及的第二个方面是空间的风格。餐饮创业者要做什么风格的品牌？是中式风格、西式风格、时尚风格，还是乡土风格？餐饮创业者在进行品牌定位时就要确定自己的品牌风格，在进行空间设计时围绕品牌风格设计相应的空间风格。空间的风格要与品牌的定位一脉相承，要与空间的氛围相辅相成，要与大众的审美保持一致，让顾客能够直观地感受到品牌所传达的理念。

空间定位涉及的第三个方面是材料的使用。餐饮创业者在确定了品牌定位和品牌文化后，就需要根据想要营造的氛围和空间的风格，确定可以使用的材料，如石头、木头、金属、玻璃、皮质材料或者布料等。不同的材料可以辅助营造不同的空间氛围和空间风格。例如，铁质材料或者布料可以更好地提升时尚感，而石头和木头可以帮助打造乡土气息等。

除了以上方面，在进行空间定位时还要考虑灯光的使用及颜色的选择等。餐饮创业者要和空间设计师一道在进行空间设计时确定以上事项，做

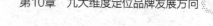

好统筹规划，然后按部就班地完成空间设计和装修工作。

第62讲 品牌九大定位——服务定位

本讲论述品牌九大定位的第八个，即服务定位。在前七个定位的基础上，餐饮创业者要明确自己最终要服务的对象即顾客。为顾客提供什么样的服务，决定了餐厅能否走得长远。

服务对于餐厅的重要性不言而喻，好的服务更能留住顾客，因此，餐饮创业者应该加强对服务员的培训，为顾客提供真诚、贴心、人性化的服务。餐饮服务类型颇多，餐饮创业者要根据自身的品牌定位来设计相应的服务。例如，与快餐类餐厅相比，休闲类餐厅要提供更多的服务；而对于正餐中的中高端餐厅，则要提供更具个性化的服务，等等。不同的经营品类，不同的品牌定位，需要提供的服务是不同的。

通常来说，餐饮业的服务涉及三种类型。

第一种服务类型即标准化服务。所谓标准化服务是指建立了服务标准的服务项目，提供的服务必须按照标准规定的内容和程序实行，包括服务时间、服务工作量、服务用语、服务形式、服务管理、服务监督、服务价格、服务投诉等相关内容。对于一家餐厅来说，标准化服务包括标准化的服务流程、标准化的服务内容、标准化的服务语言、标准化的服务动作以及标准化的服务态度。

第二种服务类型即个性化服务。个性化服务以满足顾客个性化需求为目的，要求一切从顾客的需求出发，为每一位顾客提供差异性服务。一般来说，标准化服务注重的是规划和程序，个性化服务强调服务的灵活性和有的放矢；标准化服务强调整体的形象和效率，个性化服务提倡主观能动性；标准化服务注重"掌声四起"，个性化服务追求"锦上添花"。餐厅可以从就餐环境、菜单、菜品、员工服务等多个方面为顾客提供个性化服务。通常来说，个性化服务是可以被抄袭和模仿的，它不是某个品牌的独有特征。海底捞为顾客提供的各种个性化服务如擦皮鞋，任何餐厅都可以提供。之前我们在给西藏的一个品牌做策划时，就建议当顾客点了某些指定的产品时，餐厅可以为其提供"跳一支藏舞，献一条哈达"这一个性化服务。这项服务既可以提升顾客的就餐体验，也可以成为一个营销卖点，效果十分显著。

第三种服务类型即人性化服务。人性化服务是以人为本，为顾客全心全意提供优质的服务，给顾客以人文关怀，从而有效地提高顾客的服务满意度，最终达到提高餐厅经营效益的目的的服务。中国是个讲究人情味的国家，餐饮创业者要在经营过程中加入一些人性化服务，来提升餐厅的竞争力。餐饮创业者可以从多个方面增加人性化服务，如环境、礼仪、空间设计、菜式设计、人文服务等。人性化服务强调因人而异，存在定制性。海底捞在提供人性化服务方面做得非常好。例如，在单个顾客对面放一只小熊玩偶陪伴，尽量满足顾客的各种特殊需要等。

餐饮创业者在制定服务标准时，要确定自己的餐厅要提供哪些服务，制定每种服务的具体服务要求，为已有服务人员及新进服务人员提供服务培训，保证餐厅能够提供满足顾客需求的服务，进而提升餐厅在顾客心目中的形象，保持餐厅持续、稳定的经营。

第63讲　品牌九大定位——选址定位

我们在之前的内容中讲过选址模型，但其更多的是从数据层面进行的考虑，而选址定位则主要是从选址标准和方向层面进行的考虑。本章的品牌九大定位考虑的均是方向性问题，不涉及方向背后的执行问题。在明确了前述八大定位后，餐饮创业者就需要进行选址定位了。

餐饮创业者在选址前要确定自己的产品定位，根据产品所对接的人群有目的地选择商圈。商圈的供需关系决定了餐厅能不能"先入为主"，占领这一市场，或者成为第一，或者成为唯一，这才是选址的真正意义。满城乱跑去选址毫无意义，纯粹是在浪费时间与生命。要想开一家餐厅，餐饮创业者首先要弄清楚三个问题：1. 我要卖什么→产品；2. 我要卖给谁→目标人群；3. 我要怎么卖→装修风格与营销场景。在明确了这三个问题的答案后，餐饮创业者再根据这些场景，做出选址定位——在意向区域划出选址范围，逐渐对比、筛选出适合的店面，完成创业开店的第一步。

所以在这一过程中，有一个很重要的方向，就是餐饮创业者要明确自己的意向区域，了解哪些商圈适合自己。我们在基础篇中介绍过商圈的选择和规划，而在选址定位中，餐饮创业者需要给自己的品牌做定位。对于自己要做的品牌，如火锅，是更适合开在住宅型商圈、购物型商圈，还是更适合开在办公型商圈？这是在做选址定位的时候餐饮创业者要考虑清楚的。

在确定了适合自己的商圈后，餐饮创业者还要根据目标顾客做进一步的细分。例如，餐饮创业者要开一家面向年轻人的餐厅，但处于不同阶段的年轻人其购买力也是不同的。白领群体的购买力显然是高于学生群体的。

所以此时餐饮创业者还要对意向商圈做进一步的细分，确定一个最适合自己品牌的目标商圈。

在确定了目标商圈后，餐饮创业者就需要考虑什么样的房屋格局更适合自己。有一些餐厅需要两层楼的空间，而有一些餐厅只需要一层楼的空间；不同的空间大小对水电气、消防设施，以及其他配置会有不同的要求，这些因素是餐饮创业者在选址定位的时候需要考虑的。除此之外，是否要设置明档，是否要设计包间，以及设计几个包间，这些也是餐饮创业者在设计房屋格局时要考虑的方面。

在决定餐厅成功的因素中，选址成功（地利）占了 50%，经营成功（人和）占了另外 50%。所以做好选址定位，对于餐饮创业者来说至关重要。如果餐饮创业者对自己的选址技能不太自信，那就要向成功的餐饮人或者专业的咨询师请教，千万不要强不知以为知。毕竟，让餐厅的经营获得成功，是餐饮创业者唯一的目标。

第11章

连锁餐饮运营的两大要点

第64讲 菜单规划——如何定产品、定价格

连锁餐饮运营有两大要点,即菜单规划和产品研发。关于菜单的设计,在基础篇中曾经有所涉及,本篇用四讲的内容来详细介绍菜单规划的四个方面。在介绍完这四个方面后,餐饮创业者就可以对如何规划和设计菜单形成自己的认识了。

本讲介绍菜单规划的第一个方面,即如何定产品和定价格。对于一家餐厅来说,并不是能做什么产品就做什么产品。实际上,定产品和定菜单的关键都是先定人均消费。定完人均消费后,餐饮创业者就能大概确定自己的产品和价格。餐饮创业者打算让顾客花多少钱用一次餐?如果想让顾客花 80 元用一次餐,那么就按照人均消费 80 元的标准去设计产品。

那么,餐饮创业者要如何按照人均消费 80 元的标准来设计产品呢?餐

饮创业者需要设计价格区间和产品组合。假设餐厅提供 40 种产品或者 50 种产品，要使人均消费达到 80 元，可能就需要将两个人用餐时的人均消费设计为 90 元，三个人用餐时的人均消费设计为 80 元，四个人用餐时的人均消费设计为 70 元；整个午餐的人均消费设计为 50 元，晚餐的人均消费设计为 100 元。餐饮创业者要根据这个标准来设计价格区间和产品组合。餐厅可以根据不同的就餐人数设计不同的套餐，将套餐价格控制在预设的人均消费水平上。例如，为两个顾客设计的套餐包含两个凉菜、两个热菜、一个汤、两种饮料，加起来的价格为 90 元。

餐厅提供的产品既有高价产品，也有低价产品，其不同组合便是餐饮创业者可以使用的调整人均消费的工具。而在这种调整背后，餐饮创业者还要根据想要达到的毛利率水平来做产品组合设计。餐饮创业者要注意设计菜单，引导顾客在数量、荤素搭配和口味搭配的基础上完成点餐过程，同时达成餐饮创业者预设的人均消费和毛利率水平。如设计菜单结构，让顾客在点完肉菜后，下意识地去点素菜、凉菜和汤类产品；在符合人们消费习惯的同时，根据人均消费和毛利率预期，设计针对不同人数的套餐，完成对顾客点餐过程的引导。

所以，餐饮创业者要先确定人均消费，然后根据人均消费设计价格区间和产品数量；以预设的人均消费为基础，针对不同的就餐时段、就餐人数和整体客流量，来设计价格区间和产品组合；从而根据确定的价格区间和产品组合框架来设计菜单，引导顾客的消费，达成人均消费和毛利率预期。这个顺序是不能颠倒的，很多没有经验的餐饮创业者在创业时，上来就开始设计菜单，且在设计菜单时首先想的是自己能做哪些产品，然后为产品定价。这是本末倒置的。

所以，菜单规划的核心在于通过预期的人均消费、毛利率来确定产品和产品组合，以及产品的成本结构。这一点需要餐饮创业者予以关注。

第65讲　菜单规划——产品文案

在餐饮创业者确定了产品及产品组合后，就需要将其呈现在菜单上。餐饮创业者想让顾客对菜单形成什么样的印象？想让顾客如何理解这些产品？如何通过菜单上的产品传递品牌定位和品牌文化？那么就需要设计产品文案。

不管是平民经济型餐厅，还是高档奢华型餐厅，一份富有品牌特色的菜单都将有助于提升菜品的价值，并带动品牌的有效传播，进而与顾客建立更稳健、亲密的关系。顾客能够从产品文案中了解品牌定位和品牌文化，与餐饮创业者和品牌产生共鸣。所以产品文案非常重要。餐饮创业者在设计产品文案时需要关注以下几个方面。

第一个是产品名称。 所有产品至少核心产品的名称要具有一定的个性和记忆点。例如，我们曾经为某家餐厅做过一整套的菜单策划，其中涉及为菜品命名这一环节。该餐厅的核心菜品名字很简单即酱牛肉，为了凸显其个性，增强其记忆点，我们将其改为"爷爷的手工酱牛肉"。"爷爷"二字拉近了顾客与菜品的距离，"手工"二字则凸显了菜品的独特工艺，新的名称给了顾客更大的想象空间，仅仅是改变了名称就让这道菜品的销量翻了好几番。

调整菜品名称可以让菜品变得与众不同，这样的例子还有很多。丧茶有一款茶叫作"碌碌无为红茶"，耍牛忙串串香有一道以花生、毛豆为原料的菜品叫作"红红绿绿在一起"。对顾客来说，这样的名称个性十足，同时具有很强的吸引力，餐饮创业者在为产品命名时可以参考，但要注意不要千篇一律都使用这样的命名方法，否则容易造成顾客的点餐困扰。

第二个是产品故事。餐饮创业者要为核心产品设计产品故事，并将其作为产品文案呈现在餐厅或者菜单上。例如，杨记兴臭鳜鱼就为其核心产品臭鳜鱼设计了产品故事，讲述了臭鳜鱼这道菜品的来源以及制作方法。产品故事不仅可以增加顾客对产品的了解，加深产品在顾客心中的印象，同时也可以成为核心卖点，有助于产品的传播和推广。餐饮创业者可以将其呈现在菜单、墙面甚至纸巾等各种载体上，加深顾客的印象，促进核心产品的传播。

除了产品名称、产品故事外，餐饮创业者在设计产品文案时还可以关注其他因素，如产品的工艺描述。例如，某餐厅主打水饺，"精选黄金优麦区的小麦粉，纯手工制作，九道压延，厚度仅有几毫米，薄而不破，韧性十足不粘口……"这样的文案强调了制作工艺，可以加强顾客对产品的认知，进而形成独特的用餐体验。

产品文案可以提升产品的价值，让顾客更深入地了解产品。餐饮创业者在做产品菜单规划的时候，要针对产品设计配套的产品文案，字数不用太多，但要能精准地打动顾客的心。只有产品文案设计好了，菜单的设计才算是成功的。

第 66 讲　菜单规划——菜单排版

菜单是餐厅的重要宣传品，是连接餐厅与消费者之间的纽带。菜单排版非常重要，舒服的排版可以在一定程度上促进顾客的消费，而较差的排

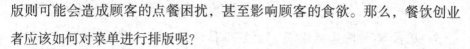

版则可能会造成顾客的点餐困扰，甚至影响顾客的食欲。那么，餐饮创业者应该如何对菜单进行排版呢？

第一，菜单排版要突出主次关系。一家餐厅一定要打造品牌爆款菜品和品类爆款菜品，而这些菜品要在菜单中有所突出。所谓品牌爆款菜品是指提到这个品牌就会想到这个菜品，提到这个菜品就会想到这个品牌，如全聚德的烤鸭、麦当劳的汉堡、大龙凤的鸡煲等，这些都属于品牌爆款菜品。品类爆款菜品是指某个品类中的招牌菜品，每家餐厅都应该在各个品类中确定一两个招牌菜品，如在凉菜中有一两个招牌菜品，在热菜中有一两个招牌菜品，在蒸菜中还有一两个招牌菜品，这是品类爆款菜品。餐饮创业者或者菜单设计者在进行菜单排版时，应该让品牌爆款菜品的文案描述和照片展示占据最大的篇幅，品类爆款菜品占据相对较大的篇幅，而剩下的辅助菜品的文案和照片则可以占据相对小一些的篇幅。

第二，菜单排版要强调招牌菜品和推荐菜品。餐饮创业者在设计菜单时一定要强调招牌菜品和推荐菜品。餐饮创业者可以通过放大招牌菜品和推荐菜品的图片和文字，吸引顾客的注意力。很多餐厅的菜单设计敷衍了事，文字很小，甚至没有图片，这不利于顾客阅读和选择，影响顾客的点餐体验。菜单排版要在突出主次关系的同时，用大号字、大照片来强调招牌菜品和推荐菜品，当然价格的字号可以相对小一些。有一些餐厅的主打菜品照片甚至会占用一整面的空间，其强调效果可想而知。除此之外，餐饮创业者还可以使用多个词语对招牌菜品和推荐菜品进行描述，加深顾客的理解。例如，可以介绍某道鱼类菜品选用的原料是"15年野生鱼……"，哪怕只有一两句话，也能引起顾客对它的关注。

第三，菜单排版要设计标签。既然餐厅的菜品分主次，不同的品类中也有爆款菜品和非爆款菜品之分，餐饮创业者在进行菜单排版时就应该设计标签以示区分。餐饮创业者可以在招牌菜品和推荐菜品旁加上一些标签，如"主厨推荐""顾客喜欢""顾客点单排名第一""月销量 1 万份""年销量 10 万份"等。餐饮创业者还可以在菜品旁边放上星星、大拇指或者皇冠等图案，以引起顾客的关注。餐饮创业者甚至还可以使用一些更细分的标签，如"儿童最喜欢""老人必点"等这样的标签，以进一步加强顾客对菜品的认知。

第四，菜单排版要注重设计形式。餐饮创业者在进行菜单排版的时候，要考虑菜单的设计形式和产品的先后组合顺序。例如，可以使用推荐组合的形式，为顾客搭配营养均衡的菜品组合。假如某一道菜品很辣，餐饮创业者可以为这道菜品搭配合适的凉菜、饮料、甜品供顾客选择，这样不仅可以提升顾客的就餐体验，而且可以促进其他菜品的销售。

每个人对菜单的感知不同，但舒服是菜单排版的基本要素。菜单排版应符合品牌定位和品牌文化并且主题鲜明，颜色搭配合理并且能够吸引顾客，画面不拥挤并且突出爆款菜品，菜单名称和价格布局井井有条等。

曾有餐饮专家根据统计研究证实，菜单排版影响餐厅销量。所以餐饮创业者一定要重视菜单排版，根据品牌定位和品牌文化设计符合餐厅气质的菜单。

第 67 讲　菜单规划——菜单形式

我们已经说过，菜单是餐厅向顾客提供的餐饮产品的品种和价格的一览表。菜单设计与制作的好坏将直接影响餐饮经营的成败。一般来说，菜单形式的选择也有规律可循。

对于人均消费 50 元以下的餐厅，餐饮创业者可以使用电子版菜单，让顾客通过微信等工具扫码点餐，这样可以提高点餐效率。因为此时服务员向顾客推荐菜品的机会不多，建议餐饮创业者在电子版菜单中清晰区分推荐菜品、套餐情况，以及不同菜品的搭配组合等。

如果餐厅的人均消费在 50 元以上 100 元以下，那么餐饮创业者可以使用纸质版的折页式菜单。折页式菜单一目了然，顾客一眼望去就能了解餐厅的经营品类，每种品类都有哪些菜品可以选择，同时也能对如何搭配做到心中有数，这可以提高点餐速度。与翻页式菜单相比，折页式菜单可以节省很多点餐时间，所以更适合一些休闲类的餐厅使用。在使用折页式菜单时，餐饮创业者可以让顾客通过写编号或者打钩的形式完成点餐过程。

对于一些正餐餐厅或者人均消费超过 100 元的餐厅来说，可能就不太适合使用折页式菜单。餐饮创业者可以使用高清的电子屏菜单或者纸质的翻页式菜单来完成点餐过程。正餐餐厅或者人均消费 100 元以上的餐厅的顾客多为宴请朋友而来，餐饮创业者要将菜单设计得厚重且更有质感一些，这样才能显示餐厅的档次，满足宾主的自尊。除此之外，翻页式菜单也可以让顾客在点餐、翻页的过程中，慢慢思考什么样的菜品更适合用餐人的身份和地位，增加用餐的仪式感。

当然，餐饮创业者还可以根据情况搭配使用折页式菜单和翻页式菜单两种菜单形式。这种形式一方面适合提供菜品比较多、形式比较丰富的餐厅，如木屋烧烤和西贝便是搭配使用折页式菜单和翻页式菜单的案例；另一方面适合位置比较特殊且市场中存在相应需求的餐厅。例如，餐厅周边有很多写字楼，适合推出午市套餐、商务套餐；餐厅周边有学校，学生套餐和儿童套餐也是市场所需，那么餐饮创业者就要根据顾客的需求设计菜单的形式。

不管是使用折页式菜单还是使用翻页式菜单完成点餐过程，服务员在顾客点餐过程中或者在对顾客复述所点菜品的时候，可以进行推荐，提高顾客点餐的精准度。

综上，餐饮创业者在设计菜单形式的时候，要根据品牌定位和经营品类确定适合自己的菜单，也可以在经营过程中，随着需求的变化随时调整菜单的形式。总之，餐饮创业者要重视菜单形式的选择和调整，为顾客提供最好的消费体验。

第 *68* 讲　产品研发——如何研发产品

连锁餐饮运营的第二大要点即产品研发。回归本质，餐饮经营的核心还是以美味的产品吸引顾客。不断推陈出新，持续吸引顾客，才是餐饮经营的王道。那么，餐饮创业者该怎么研发产品？在什么时间研发产品？一般来说，一道菜品顾客连续吃过几次就会厌烦，便想尝试一些新菜品，所以餐饮创业者在确定好菜单后，要不断更新产品体系，换换口味，让顾客对餐厅保持一种持续尝鲜的状态。最典型的例子就是肯德基这样的西式快餐品牌。肯德基每隔一段时间就会推出新产品，可能是饮品、汉堡，也可能是薯条、鸡翅、甜品。这些产品的更新，会让这个品牌始终保持着活力感。

那么餐饮创业者该怎么研发产品呢？

第一，餐饮创业者在研发产品的时候，要根据产品销量确定要研发的产品。 在研发产品前，餐饮创业者要汇总和分析目前所有产品的销售情况，看一下所有产品中哪些卖得好，哪些卖得不好，销售周期可以是三个月或者六个月。对于销量不够好的产品，可以视情况将其淘汰或者替换；对于销量好的产品，要想办法对其进行创新，研发新产品，满足顾客的需求。

除此之外，餐饮创业者可以根据各品类中的产品销量排名，确定要剔除或者研发的产品。例如，在凉菜品类中共有十个菜品，哪些菜品卖得好，哪些卖得不好？是荤的卖得不好，还是素的卖得不好？是价格高的卖得不好，还是价格低的卖得不好？然后分析产品卖得不好的原因，是因为顾客没有对其形成正确的认知，还是产品本身口感不够好。同时，餐饮创业者也要对卖得好的产品进行分析，总结成功经验，将其应用在旧产品的改造或者新产品的研发上。

第二，餐饮创业者在研发产品的时候，要对已有产品或者待研发产品做分析。餐饮创业者要详细分析产品不畅销的原因，是季节因素导致的还是产品本身的味道不好，抑或是价格定得过高，然后根据具体的原因改进或者淘汰不畅销的产品。除此之外，餐饮创业者也要对厨师提议的待研发产品进行分析，根据同行同类产品的销售情况或者消费者的消费习惯，确定是否有研发的必要和畅销的可能。

第三，餐饮创业者在研发产品的时候，一定要考虑已有的产品结构。例如，从餐厅规模和成本收益角度来说，餐厅可以提供的汤类产品最多就是四种，如果研发出了八种汤类产品，那就相当于做了很多无用功，浪费了很多人力、物力资源。所以，餐厅要根据产品结构研发产品。

第四，餐饮创业者在研发产品的时候，一定要考虑季节性因素的影响。不同的季节，产品原料的品质和价格是不同的；不同的季节，顾客对产品的需求也是不同的。对于餐饮创业者来说，选择应季的原料，研发符合顾客季节性需求的产品，是获得更高收益的保证。餐饮创业者可以根据不同的季节，研发不同的产品，如在冬季上市汤类产品，在夏季上市凉菜类产品等。

第五，餐饮创业者在研发产品的时候，一定要考虑竞争对手的产品研发情况。餐饮创业者在研发产品的时候要分析竞争对手的产品研发情况，包括竞争对手最近有没有推出新产品，有没有对已有产品进行改造和升级，其新研发的产品市场反馈如何等。然后，餐饮创业者可以根据竞争对手的产品研发情况，确定自己是否有必要研发产品，研发哪些类别的新产品。"知己知彼，百战不殆。"只有这样，餐饮创业者才能在市场中保持竞争力和竞争优势。

第六，餐饮创业者在研发产品的时候，要设计好产品的上市节奏。一般来说，只推出一种新产品获得的效应肯定不如同时推出三种新产品获得的效应大。同时推出的新产品要在菜单上有所体现，且最好具有一定的互补性，如以套餐的形式呈现，这样效果会更好。

以上几点是餐饮创业者在研发产品时需要注意的因素。表 11-1 是一份产品研发说明示例，供餐饮创业者参考。

表 11-1　产品研发说明

产品研发说明	
一、	产品研发前提
	产品至少要符合以下条件中的两个：
	（1）属于四川地区的特色小吃，或者具有四川属性。所谓四川属性，要么是属于四川的原材料，要么是属于四川的工艺做法
	（2）制作流程相对简单。在最终出品前，门店操作越少越好，尽量避免在门店进行全部或大部分操作，包子的制作除外
	（3）菜品的出品形式比较独特、新颖，能够让人眼前一亮
	（4）产品本身具有故事性和历史感，可以引起大家的兴趣；产品具有地区代表性
	（5）产品的味道和口感极好，属于必点菜品；产品的好评度很高，味道很受欢迎
	（6）产品的食材成本相对较低

（续表）

产品研发说明						
二、	产品研发注意事项					
	（1）相关负责人要亲自试吃所有确定好的产品 （2）对于研发的产品，要先确定味道，然后确定制作流程和制作工艺，而后核算成本、定制配套餐具、设计产品故事，最后为其拍摄成品照片 （3）在产品成本定价表中列出所有产品，产品数量初步确定在50~55个 （4）每确定一个产品，都要拍照发到群里，供大家讨论 （5）确定品类和产品后，需要寻找合适的原材料、设备供应商，确定需要的设备尺寸、功率						

产品成本定价表						
序号	品类名称	单品名称	预计售价	预估成本	毛利	毛利率
1						
2						
3						
4						
5						
6						
7						
8						
9						
10						

第 69 讲　产品研发——如何培训、监督、推广

产品研发的最后一步要解决的是培训、监督和推广。在研发出一款产品后，餐饮创业者必须要为其制作一个相应的产品标准卡或者产品标准手册，也就是产品SOP^①。餐饮业的产品SOP涉及产品的加工流程、餐具定制、设备准备、操作过程、装盘形式等。

在确定了产品 SOP 后，餐饮创业者下一步需要做产品培训。餐饮创业者需要召集核心员工，如门店厨师长、门店产品负责人等集中进行产品培训。产品研发人员要为大家详细介绍新产品的特点和制作要点。产品研发人员要亲自演示产品的制作方法和制作流程，让大家现场学习、现场操作。这些人员在掌握了产品制作流程后，要回到门店教会其他相关岗位上的人员。

在完成了产品研发和培训后，餐饮创业者要对执行效果进行监督。新产品上市，最初一段时间的顾客反馈十分重要，而要想获得较好的顾客反馈，保证产品质量和出品标准是重中之重。所以，餐饮创业者要亲自或者委托相关人员，监督新产品的制作和服务情况，确保顾客吃到的是研发人员研发的产品。

当然，除了以上工作外，产品研发和培训人员还需要对产品的销量和顾客的反馈进行持续的跟进，然后根据具体情况开展推广活动。在新产品上市之初，相关人员可以策划一系列的推广活动，如进店的新老顾客可以享受新品八折优惠，门店的员工每成功卖出一份新品，可以获得 2~3 元的

---

① 所谓 SOP，是 Standard、Operation 和 Procedure 三个单词首字母的缩写，即标准作业程序（标准操作程序），就是将某一事件的标准操作步骤和要求以统一的格式描述出来，用来指导和规范日常的工作。

奖励等。在推广产品的同时，门店店长应收集顾客对产品的意见和建议，根据顾客的反馈意见改进或者调整产品。

在产品研发过程中，餐饮创业者必须完成培训、监督、推广这一系列的工作，保证产品的顺利上市。一家成功的餐厅，其每一个产品都是经过以上程序的打磨才顺利进入并固定在菜单中的。

第12章

餐企人力资源管理的关键因素

第70讲　公司规划——架构、岗位、责任、权力、利益

对于餐饮企业来说，要获得长远的发展，五个方面的规划至关重要，这五个方面即架、岗、责、权、利，具体来说就是架构、岗位、责任、权力、利益。

架构即组织结构。大部分的小型餐厅采用简单的组织结构形式，组织结构非常扁平，由于规模小且人员少，往往一人身兼数职，如餐厅所有者就是经理，他可能同时又是采购员或厨师等。这种组织结构的另一特色是决策权掌握在一个人手中，而且以较不正规的口头相传来发布命令。但在顾客需求多变的餐饮业中，这种组织结构十分有利，因为决策者能快速处理各种问题，这是此种组织结构的最大优点。而对于大中型餐饮企业来说，由于人多事杂，其组织结构相对复杂一些，如图12-1所示。

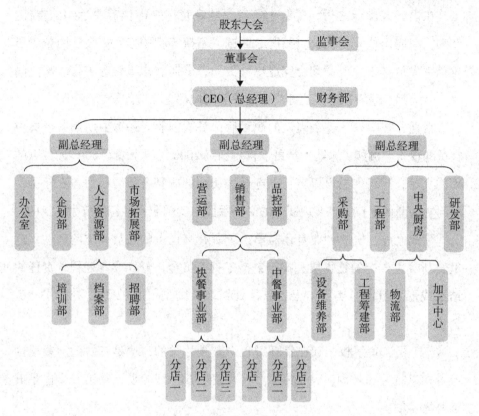

图 12-1 餐饮企业组织结构示例

这一类型的组织结构形式将餐饮企业各部门分成了两类：一类是业务部门，如采购部、研发部等；另一类是职能部门，如人力资源部、办公室等。

在确定了组织结构后，餐饮创业者还要确定每个部门中的岗位。餐饮企业要针对企业规模和部门特点设置必要的岗位。人力资源部需要设置招聘和培训岗位，财务部需要设置会计和出纳岗位，采购部需要设置采购岗位，营运部需要有营运岗位等。当然，随着餐饮企业规模的发展，组织结构和岗位设置也应随之发生调整。

在设计好岗位之后，餐饮创业者要制定每一个岗位需要承担的责任。例如，招聘岗位人员要负责招聘、面试、考核等相关事宜；会计岗位人员要负责发放员工工资、配合完成审计工作、定期制作报表等工作。与此同时，营运部、采购部等其他部门中的各个岗位都有相应的职责。

当然，在明确了各个岗位的职责后，餐饮创业者还需要明确各个岗位人员的权力。例如，采购人员可以自行确定 2000 元以下或者 5000 元以下的采购交易；招聘人员可以自行筛选通过初试的应聘者等。权力与责任是一个问题的两面，权力是实现职责的必要手段，实现职责是行使权力的目的。

除此之外，餐饮创业者还需要给予所有岗位上的人员一定的利益，这里的利益主要指的是物质利益，包括工资、奖金、分红或者处罚。责任的结果或形式可以是奖励，也可以是处罚，奖励是"正利益"，处罚是"负利益"。

架、岗、责、权、利在管理过程中既是相关的，也是统一的。餐饮创业者在进行公司规划时，做好架、岗、责、权、利的设计是第一步也是最重要的一步。

第 71 讲　如何招聘员工

招聘员工是指企业为满足自身发展的需要，向外部吸收具有劳动能力的个体的过程。招聘员工在人力资源管理工作中具有重要的意义。招聘员工是所有企业发展的基础，餐饮企业也不例外。餐饮创业者在开设餐厅的过程中招聘员工主要有三个目的。一是为了获得餐厅需要的人员。新补充进来的员工就像制造产品的原材料，他们的素质高低对餐厅今后的生产经营活动会有很大的影响。因而以获得餐厅需要的人员为招聘目标，有利于保障餐厅的人员素质，提高人员的使用效率。二是为了寻找认可餐厅文化的员工。一般来说，认可餐厅文化是员工努力工作，不轻易跳槽的前提条件。招聘到认可餐厅文化的员工是餐厅招聘工作的重点。三是为了树立餐厅形象。在招聘过程中，招聘人员对企业的介绍、招聘的程序等都是树立餐厅形象的重要环节。

那么，在招聘过程中，餐饮创业者需要注意哪些事项呢？

第一个注意事项，明确岗位职责、权力及利益。很多餐厅发布的招聘通知没有描述岗位职责、权力及利益或者描述得不清楚。这会导致应聘者不明所以，不会前来应聘。所以，餐厅负责招聘的人员要在招聘通知中写清楚岗位职责、权力及利益，即岗位职责、工资福利、晋升空间等。

第二个注意事项，明确对应聘者的经验要求。餐饮创业者和招聘人员在招聘前要根据餐厅的规模和经营的需要确定对应聘者的经验要求。很多餐厅没有事先做这方面的规划，导致招聘不到满足自己需求的员工。通常来讲，如果餐厅要招聘人力专员，其具有一年经验就好；如果要招聘人力主管，其需要具有两年以上经验；如果级别更高，则工作经验要求更高。

第三个注意事项，明确对应聘者的年龄要求。一般来说，不同年龄段的人具有不同的特点，也适合从事不同的餐饮岗位。太年轻的人肯定不适合做厨师长这种需要沉着、稳重的工作，而过于成熟的人也不适合从事服务岗位。所以，餐饮创业者或招聘人员要根据所要招聘的岗位，确定对应聘者的年龄要求。

在明确了以上三个注意事项后，餐饮创业者和招聘人员要选择渠道。招聘渠道分为外部招聘和内部招聘两种。外部招聘大致分为人才交流中心、人才招聘会、网上招聘、校园招聘、人才猎取和员工推荐等；内部招聘是指将招聘信息公布给餐厅内部员工，员工可自行前来应聘。一般来说，不管选择哪种招聘渠道，基本都会产生招聘费用。例如，通过网站招聘需要支付给相应网站一定的费用，通过人才招聘会招聘也要支付给主办方相应的费用。餐饮创业者和招聘人员应根据招聘预算选择适合自己的招聘渠道。

人才是保证餐厅持续经营的基石，餐饮创业者要根据经营预算，为员工提供有竞争力的福利待遇和晋升空间。除此之外，餐饮创业者要明白建立积极向上的企业文化，是吸引人才和留住人才的根本保障。只有这样，才能招聘到满足餐厅需求，有利于餐厅发展的员工。

第72讲 面试员工的技巧

面试的过程是一个双向选择的过程，是双方了解彼此和选择彼此的过程。企业在选择应聘者，应聘者也在选择企业。对于餐饮企业来说，面试是招聘员工过程中最重要的一个环节，其结果直接决定了餐饮企业能否招聘到适合自己的员工。那么，面试人员在面试过程中有哪些技巧需要掌握呢？

一、面试人员的准备工作

首先，面试人员应认真阅读应聘者的简历材料，主要关注其曾就职单位、职务、时长等，只有做到"知己知彼"，才能在面试过程中占据主动地位。其次，面试人员还应选择合适的面试场地，即要准备安静的、不会影响交流的空间。最后，面试人员应该保持温和的态度，树立良好的餐厅形象，给应聘者以亲切感。

二、面试过程中的提问技巧

一般来讲，面试人员在面试过程中，首先应让应聘者做一个简单的自我介绍，内容包括求学经历、工作经历、离职原因等。这些信息不仅能帮助面试人员更好地了解应聘者的经历和想法，也能帮助面试人员通过应聘者的叙述过程考验其逻辑思维和表达能力。这其中，面试人员可以重点关注应聘者从上一份工作离职的原因，尽管有些原因是冠冕堂皇的，但是从其中也能看出应聘者的一些问题。如果在面试人员看来，应聘者从上一份工作离职的原因是不充分的，那要考虑其留在本餐厅的可能性。

在应聘者介绍完基本情况后，面试人员可以进行一些开放式询问和沟通探讨。开放式的交流可以帮助面试人员更准确地了解应聘者的性格、能力及职业想法等。例如，面试人员可以让他简单介绍一下，在过去的工作经历中自己认为表现出色或者颇有成就的一段经历，然后给出理由。如果应聘者在一段工作经历中没有做出过任何贡献，只是按部就班地工作，那么从很大概率上来说，他不是一个很好的员工，甚至不排除其是被动离开即被辞退的可能。与此同时，面试人员还可以询问他在过去的工作经历中觉得自己做得不够的地方，并总结原因。如果他能坦诚相告，说明他很有诚意前来面试，并且是一个善于思考和总结的人。除此之外，面试人员还可以让对方介绍自己的优缺点，进一步了解其是否适合本餐厅的岗位。在这一过程中，面试人员要注意观察应聘者的表情、小动作等，了解应聘者的心态波动，以考察应聘者的心理素质。最后，面试人员可以询问应聘者对本餐厅的了解，以及入职后的期待，进一步考察应聘者加入本餐厅的愿望。

除了以上一些与工作相关的问题之外，面试人员还可以关注一下应聘者的个人情况，如婚姻状况、家庭情况、职业规划等。这些信息可以帮助面试人员从其他侧面了解应聘者入职后的稳定性。

在整个面试过程中，面试人员要合理把控面试时间。面试时间不宜过长，也不宜太短。太长会引起沟通疲劳，太短起不到沟通效果。在面试即将结束时，面试人员可以简要介绍本餐厅的岗位情况及晋升情况，切忌随意给应聘者承诺。面试结束后面试人员要尽快确定面试结果，将面试结果通知应聘者。

第73讲　薪酬结构设计

薪酬是员工因向所在的组织提供劳务而获得的各种形式的酬劳。不管餐厅的经营规模和经营效益如何，向员工发放薪酬是其持续运营的基础。如何设计一个合理的薪酬结构，让员工劳有所得，是每一个餐饮创业者面临的急迫问题。

设计合理的薪酬结构的目的是使薪酬与岗位价值紧密结合，使薪酬与员工业绩紧密结合，使薪酬与餐厅的发展紧密结合。餐饮创业者要为本餐厅所有岗位人员设计薪酬结构，激励其努力工作，提升绩效。一般来说，餐厅在设计薪酬结构时主要包含对基本工资、绩效工资和奖金的设计。

一、**基本工资**。劳动者基本工资是根据劳动合同约定或国家及企业规章制度规定的工资标准计算的工资，也称标准工资。在一般情况下，基本工资是职工劳动报酬的主要部分。它由用人单位按照规定的工资标准支付，较之工资额的其他组成部分具有相对稳定性。对于餐饮企业来说，餐饮创业者要根据员工所在职位、能力、价值核定基本工资。同一职位，餐饮创业者可以根据员工的能力将基本工资划分为不同等级。举个例子，假设某

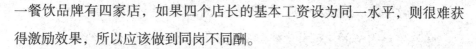

一餐饮品牌有四家店，如果四个店长的基本工资设为同一水平，则很难获得激励效果，所以应该做到同岗不同酬。

二、绩效工资。绩效工资是以对员工绩效的有效考核为基础，实现将工资与考核结果相挂钩的工资制度。餐饮企业可以利用绩效工资对员工进行调控，以刺激员工的行为，通过对绩优者和绩劣者收入的调节，鼓励员工追求符合餐饮企业要求的行为，激发每个员工的积极性，努力实现企业目标。它的基本特征是将员工的薪酬收入与个人业绩挂钩。例如，某餐厅店长的基本工资为5000元，绩效工资为1000元。在完成基础工作外，如果该店长在每个月的工作中较好地完成了餐厅对环境卫生、人员管理、成本控制的要求，并且完成了规定的月营业额指标，那么就可以拿到1000元的绩效工资。

对于餐饮企业来说，发放绩效工资的主要好处，一是有利于将员工工资与可量化的业绩挂钩，将激励机制融于餐厅的经营和个人业绩之中；二是有利于将利润的分配向业绩优秀者倾斜，提高运营效率，节省工资成本；三是有利于突出团队精神和企业形象，增大激励力度和员工的凝聚力。

三、奖金。奖金是指对员工提供的超额劳动所支付的报酬，是实现按劳分配的一种补充形式。对于餐饮企业来说，奖金的发放形式多种多样，一般包括模范员工奖、礼貌奖、最受欢迎奖、考勤奖金、介绍奖金、全勤奖金、礼金及慰问金、小费、年节奖金及年终奖。例如，员工推荐人员加入餐饮企业，则可以为其发放介绍奖金，有些餐饮企业也将其称为"伯乐奖"。奖金不同于绩效工资，绩效工资是对过去绩效的奖励，而奖金则针对未来行为的影响，是企业对优秀员工的一种人力资本投资，具有很强的激励功能，绩效工资可能会永久性地增加到基本工资上，而奖金没有累积作用。对于员工来说，不管表现好不好都会获得基本工资，但是表现好会多拿一些绩效工资，而如果在某一方面表现很出色，就可能获得奖金。

年终奖是奖金的一部分。年终奖是指每年度末餐饮企业给予员工不封顶的奖励，是对员工一年来的工作业绩的肯定。与罚款、扣工资等惩罚手段相反，年终奖是一种正向激励的人力资源管理手段，科学合理地发放年终奖可以留住人才、激励人才、振奋员工士气、提高工作效率。这在员工离职率高、人员流动性大的餐饮行业尤为奏效。餐饮企业可以采取年末双薪制、现金、旅游奖励、赠送保险等形式发放年终奖。

如今，餐饮企业的发展越来越取决于员工的参与程度，让员工和企业抱成团的基本手段就是薪酬激励。薪酬激励已成为现代人力资源管理的重要组成部分，是人力资源管理的重要工具，如使用得当，它对提高餐饮企业的竞争力有着不容忽视的作用。餐饮创业者要用好薪酬激励这一手段，促进餐饮企业持续健康地发展。

第 74 讲 绩效激励方案之运营体系的绩效激励

我们在前一讲已经论述过绩效工资对餐饮企业的重要性。设计行之有效的绩效激励方案，对于餐饮企业的经营来说是一项十分重要的工作。具体到实际工作中，运营体系和职能部门的绩效激励方案应该是不同的，本讲主要介绍运营体系的绩效激励。一般来说，餐饮企业的运营体系包含员工、主管、经理、厨师长、门店的店长、区域经理、大区经理、运营经理、运营总监等岗位。

在门店管理中，店长是级别最高的岗位。区域经理一般负责管理四到五家门店的店长，大区经理一般负责管理两到三个区域经理，运营经理则一般负责管理两个大区经理，运营总监一般负责管理两到三个运营经理。总体算下来，一个运营总监可能要负责管理上百家门店的运营工作。当然，餐饮企业规模不同，每个级别的人员要管理的员工、负担的工作也不同，但整体来说，餐饮创业者可以根据几个维度来设计运营体系的绩效激励方案。

第一个维度是营业额指标。餐饮企业要为负责管理门店的人，包括门店的厨师、经理和店长设置营业额指标。例如，将每月的营业额指标设置为40万元，那么如果完成这40万元的营业额，门店的厨师、经理和店长就可以拿到一定数额的绩效奖励，而如果完不成，则拿不到这笔绩效奖励。假如某一个月的营业额远远超过了40万元，则餐饮创业者可以为这些管理人员发放奖金。

第二个维度是成本和费用控制。为了更好地完成利润指标，餐饮企业除了要考核门店的营业额，还要考核门店对成本和费用的控制。我们在前面已经提到过，利润是由营业额及成本和费用两部分决定的，在保证营业额的同时，只有最小化成本和费用支出，才能使餐厅获得更大的收益。如果只单方面考核营业额，那么有些门店可能就会采用拼命打折的方式来招揽顾客，增加销售，这可能会将营业额提到很高，但是却使利润变得很薄，对于餐厅来说也不是一个很好的经营策略。所以在考核营业额的同时，餐饮创业者也要考核门店成本和费用的控制情况。对于厨师来说，菜品的成本率和利润率一般都会有一个基本的指标可以参考，这个指标可能是本餐厅以前的经营指标，也可能是同业其他餐厅的经营指标。只有将所有菜品以及单个菜品的成本率控制在参考指标以下，利润率控制在参考指标以上，才是厨师实现了对成本和费用的控制的体现。而对于门店店长来说，整个门店的毛利率和净利率可以很好地体现其工作效率和工作成绩。如果各个岗位上的人员都能将成本和费用控制得很好，那么在保证营业额的同时，门店就可以获得较大的收益。餐饮创业者可以将门店多获得的收益用来发放绩效奖励，实现收益的良性循环。

第三个维度是 QSC。做餐饮的人都了解，麦当劳的最高服务标准是 QSC，Q——品质（Quality），S——服务（Service），C——清洁（Cleanliness）。这一标准要求餐饮企业要为顾客提供最优的产品品质、最到位的服务和最清洁的环境卫生，以提高顾客满意度，从而提高营业额。餐饮企业可以通过对 QSC 的检查来考核相关人员的工作。如果产品流程和标准、服务流程和标准、环境清洁流程和标准都符合餐厅的要求，那么该门店 QSC 的评分就会很高，门店工作人员就可以拿到很高的绩效奖励。

餐饮创业者可以从以上三个维度来设计餐厅运营体系的绩效激励方案，当然还可以根据具体情况加入其他维度如顾客满意度、培训完成情况等。在将考核指标量化后，绩效激励便变得有据可依、有章可循，也让餐厅的考核变得更加科学，更加服众，从而取得更好的激励效果。

第75讲　绩效激励方案之职能部门的绩效激励

对于餐饮企业来说，除了运营体系外，职能部门也是其持续运营的基础。所以餐饮创业者在设计绩效激励方案时，也应对职能部门的绩效激励进行考虑。餐饮企业的职能部门一般包括人力资源部、财务部、采购部、产品研发部。营销部和选址开发部在很多企业中是被纳入运营体系中的，但因为上一讲我们论述的运营体系主要涉及管理门店的部门，所以本讲我们将营销部和选址开发部也一并放在职能部门中考虑。以上这些部门构成

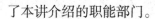

了本讲介绍的职能部门。

对于餐饮企业来说，各职能部门的岗位特点和属性不一样，可以采取的绩效指标类型也应当有所不同。

对于营销类的岗位（营销部）。因为岗位的主要特点是以完成业务目标为导向的，所以岗位目标和餐饮企业业绩关联性较大，而且这类岗位工作的弹性和灵活性比较大。这类岗位的绩效指标应当以结果类指标为主，如销售额、销售量、毛利额等；以行为类指标为辅，如合同签署情况、客户档案管理情况、市场调研计划完成情况等。

对于技术类的岗位（产品研发部）。这类岗位输出的结果通常与个人的专业技术水平直接相关，岗位工作中的创新性比较大。这类岗位的绩效指标一般是以能力类的指标为主，如××技能达标、××认证通过；以行为类指标为辅。当然，对于以开发为主的技术类岗位，可以增加一些结果类指标，如产品开发进度、新产品功能等。

对于行政类的岗位。这类岗位的工作内容比较繁杂，工作量比较多；工作中的不确定性较大；工作产出主要是任务完成质量和完成度。这类岗位的绩效指标一般是以任务类指标为主，如招聘计划完成率、培训计划完成率，以行为类指标为辅，以结果类指标为补充。

例如，对于人力资源部的绩效激励，餐饮创业者可以根据日常工作和职责来设计。假设门店本月需要招聘 10 名员工，那么就可以按照人力资源部该月招聘到的员工数（任务类指标）来发放绩效工资。如完成 10 名员工的招聘任务则发放 200 元满额绩效工资，如只招聘到 8 名员工，则发放 160元绩效工资，而如果只招聘到 2 名员工，则不予发放绩效工资等。所以餐饮创业者在设计人力资源部的绩效激励方案时，要明确其到底要完成什么样的任务，具体可以拿到的绩效工资，将其进行量化，便于统筹管理和对照执行。

我们再举一个财务部的例子。对财务部的考核可以以工资发放、报表汇总等指标（结果类指标）来考核绩效工作完成情况。如果财务部发错工资，餐饮企业收到几笔投诉就要相应扣掉相关人员多少数额的绩效工资；同时如果财务部每月所做的常规报表包括损益表、利润表等出现几个错误就要扣掉相应数额的绩效工资。除此之外，餐饮创业者还可以将其他指标（任务类指标）加进激励方案中，如有没有完成审计任务等。

综上，对职能部门绩效激励方案的设计，可能与门店的业绩、成本控制没什么关系，但是与其岗位关键职责有关系，餐饮创业者要将这些职责尽量量化，依据客观指标来进行考核。

当然，对职能部门的绩效考核可以加入一些主观指标，但比例一定不能太高。如果主观指标达到了 30% 以上，即根据管理者的心情打分，觉得表现好就给 5 分，觉得表现不好就扣掉 5 分，那就很容易出现不服众的情况。一般来说，餐饮企业对职能部门的绩效考核应有 70%~90% 的分数来自客观评估，这样的考核才会公平、公正、公开，起到激励和促进作用。

第 76 讲　培训晋升体系——培训体系搭建

当餐饮企业进入连锁运营阶段后，就必须设计一个相对完善的培训体系，不断地培养已有员工和新进员工，增强他们的归属感，让其个人发展与企业发展保持一致。

对于餐饮企业来说，在只有四五家门店的时候，搭建培训体系是相对比较简单的，而当规模扩大到四五十家门店的时候，其培训体系的搭建就会变得比较复杂。一般来说，餐饮创业者要根据餐饮企业岗位设置情况，对已有员工和新进员工的能力进行分析，然后设计培训内容，搭建培训体系，如图 12-2 所示。

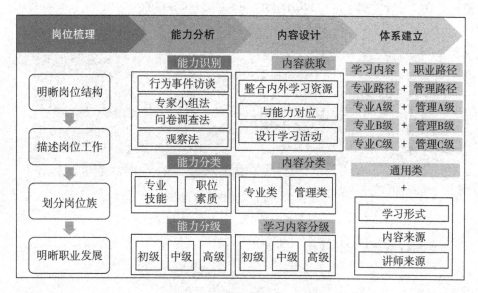

图 12-2　培训体系搭建总体思路

具体来说，以下是餐饮创业者在搭建培训体系时需要注意的关键点。

第一个关键点是培训课程体系的设计。不同的餐饮企业要设计的培训课程体系也不同。同一家餐饮企业，管理层级不同、职能分工不同，要设计的培训课程体系也不同。一般来说，餐饮创业者要针对岗位设置和人员的能力分析设计培训课程，可能会涉及企业文化、企业制度、员工素质、操作技能、管理技能、人际关系等各个方面的培训。图 12-3、图 12-4 分别是销售人员培训课程和管理人员培训课程举例。

课程举例：销售人员培训阶梯

销售／市场专员
- 电话销售技巧
- 专业销售技巧
- 主动行销
- 人际关系行销
- 优质客户服务
- 一线人员的客户服务
- 时间管理
- 沟通技巧
- 呈现技巧

销售／市场主管
- 增值型销售技巧
- 大客户管理
- 大单销售技巧
- 全面客户满意
- 销售预测
- 渠道管理
- 客户关系营销
- 销售谈判技巧
- 商务谈判技巧
- 经销商管理技巧
- 媒体管理
- 项目销售

销售／市场经理
- 高阶市场管理
- 产品经营管理
- 客户服务策略
- 销售的财务管理
- 国际商务沟通
- 区域管理
- 价格策略
- 项目管理
- 销售团队管理
- 策略分析
- 市场调研与分析

销售／市场总监
- 经营愿景与经营理念
- 战略市场营销
- 经营规划
- 解决问题与决策
- 卓越领导艺术
- 财务控制

图 12-3　销售人员培训课程举例

课程举例：管理人员培训阶梯

员工
- 商业意识与职业行为
- 职业生涯发展规划
- 优质客户服务
- 时间管理
- 商务礼仪
- 沟通技巧
- 呈现技巧
- 团队精神

初级管理层
- 人际关系管理
- 新经理管理技巧
- 任务及工作管理
- 项目管理
- 团队管理与领导力
- 员工指导技巧
- 高效率的会议
- 管理心理学
- 非人力资源经理的人力资源管理课程

高级管理层
- 知识管理
- 矩阵式管理
- 高绩效组织建设
- 领导艺术与风范
- 绩效评估与考核
- 目标管理
- 领导力开发课程
- 授权管理
- 员工激励技巧
- 非财务经理的财务管理
- 非人力资源经理的人力资源管理
- 管理心理学

战略管理层
- 全方位战略管理
- 组织策略与组织发展
- 企业资源规划
- 变革管理
- 解决问题与成功对策
- 管理层团队建设
- 人力资源管理
- 长期投资管理
- 企业内部控制

图 12-4　管理人员培训课程举例

第二个关键点是课程资料的准备。根据设计好的培训课程，餐饮创业者要准备相应的课程资料。不管培训老师来自企业外还是企业内，针对具体的培训内容准备相应的资料是餐饮创业者提高培训针对性和有效性的基础工作。例如，餐饮企业要做企业文化方面的培训，就需要有与企业文化相关的培训资料，详细介绍本企业的使命、本企业的发展目标以及本企业的价值观。同时，要收集与本企业文化相关的视频、音频以及案例资料，让员工对企业文化的认识更加深刻和明晰。

在搭建培训体系的过程中，餐饮创业者要针对不同的级别和不同的部门，区分主次和学习重点。对于运营体系和职能部门，其要修的选修课和必修课是不同的。例如，关于财务核算的课程是职能部门的必修课，却是人力资源管理部门的选修课；关于采购流程的课程是采购部门的必修课，却是财务部门的选修课。

第三个关键点是培训老师的选择。在确定了培训课程体系，准备了相关课程资料后，餐饮创业者还需要确定培训老师。培训老师可以是来自内部的业务精英，也可以是从外部聘用的专业人士。不管采用哪种途径，选择有资历、有声望的老师，是培训能够成功完成的重要保障。

培训对于餐饮企业来说是一项常规的工作，需要餐饮创业者在年初做好相关计划，按部就班地进行。当然，在餐饮企业日常运营过程中，餐饮创业者也可以根据突发情况临时开展相关的培训工作。很多餐饮企业也选择将培训业务外包给专业机构，由专业机构负责整个培训过程。不管形式如何，频率如何，培训应该无处不在，无时不有。

第 77 讲　培训晋升体系——晋升体系搭建

对于餐饮企业和餐饮从业者来说，培训和晋升关系密切，培训是为了晋升，晋升后仍需接受培训。一般来说，餐饮企业员工的晋升必须要通过岗位培训，无论是在麦当劳还是在海底捞，待晋升员工需要脱岗两到三天，参加系统的培训和训练，完成下一级岗位所需要的能力培训和考核。那么，餐饮创业者该如何搭建晋升体系？

餐饮创业者应该设计一条明确的晋升阶梯。如员工——优秀员工——领班——主管——经理——店长——运营经理——区域经理——大区经理——运营总监等。明确的晋升阶梯有利于员工目标明确地提升技能、努力工作。

餐饮创业者在设计晋升阶梯的时候，要注意不要将层级设计得过少，如只有三个层级，否则很难起到激励员工的作用。如果阶梯层级足够多，会让员工始终有向上爬的感觉，容易获得职业荣誉感。

除此之外，在设计晋升阶梯的时候，餐饮创业者还要考虑时间跨度，即从一个级别晋升到下一个级别一般需要多长时间。例如，从一星员工到二星员工需要一个月的时间，二星员工到三星员工需要两个月的时间，三星员工到组长或者是领班需要三个月的时间，领班到主管需要六个月的时间，主管到经理需要一年的时间，经理到店长可能需要两年的时间，店长到区域经理则可能需要四年的时间，等等。

餐饮创业者要为晋升阶梯设置大致的时间跨度，当然，如果有个别人员在工作中表现很好，达到晋升要求，也可以随时破格提拔，要提前设置晋升阶梯但同时也要灵活处理。**这就需要餐饮创业者为每个级别的人员设置岗位要求和工作标准，明确员工要想晋升到某个级别需要具备哪些业务**

能力，完成哪些岗位职责，通过什么考核。

第一，**业务能力**。一般来说，餐饮行业中的不同岗位对业务能力的要求不同。例如，经理需要具备培训能力、处事公关能力和战略能力。店长需要具备沟通能力、协调能力和总结能力。只有具备岗位所需要的业务能力，才能胜任相关工作。这也是餐饮创业者在确定晋升人员时需要考虑的重要方面。

第二，**岗位职责**。不同的岗位，要完成的职责不同。服务人员的岗位职责看似简单，实则规矩不少。如上岗时要衣冠整洁、端庄大方、笑容可掬、彬彬有礼；熟知当天订餐的单位名称、时间、人数及台位安排情况，注意记录顾客的特别要求；整理、准备菜单、酒水单；迎接顾客，引导顾客及点餐；客满时合理安排等位时间；随时听取顾客的意见，及时向上级反馈……经理的岗位职责除了熟悉餐厅的运营，还要负责制定餐厅的服务规范、程序和推销策略；妥善处理顾客的投诉，不断提高服务质量；加强现场管理，及时发现和解决服务中出现的问题；加强对餐厅财产的管理，掌握和控制好物品的使用情况；定期召开员工会议，检讨近期服务情况……明确的岗位职责是衡量员工是否胜任的基本标准。

第三，**考核要求**。对员工能否胜任相关岗位工作要求的另一个衡量标准是考核。餐饮创业者要设计一个基本的达标分数，对员工进行现场考核，只有通过考核，才能允许其上岗。例如，要确定某个厨师能否晋升，要对其业务操作进行现场考核，只有达到 90 分才能允许其晋升。

完善的晋升体系是餐饮企业获得稳定及可持续发展的重要保证。以上是餐饮创业者在搭建晋升体系过程中需要注意的问题。

第78讲 员工关系管理

对于餐饮企业来说，员工关系管理十分重要。那什么是员工关系管理呢？从广义的概念上看，员工关系管理的内容涉及餐饮企业文化和人力资源管理体系的构建。从企业愿景和价值观体系确立，到内部沟通渠道的建设和应用，再到组织的设计和调整，以及人力资源政策的制定和实施等，所有涉及企业与员工、员工与员工之间的联系和影响的方面，都是员工关系管理体系的内容。

从人力资源管理部门的管理职能看，员工关系管理主要有：劳动关系管理，包括劳动争议处理，员工入职、离职面谈及手续办理，处理员工申诉、人事纠纷和意外事件；员工人际关系管理，包括引导员工建立良好的工作关系，创建利于员工建立正式人际关系的环境；沟通管理，包括保证沟通渠道的畅通，引导企业上下及时进行双向沟通，完善员工建议制度；员工情况管理，包括组织进行员工心态、满意度调查，预防、监测及处理谣言、怠工情况，解决员工关心的问题；企业文化建设，包括建设企业文化，引导员工价值观，维护企业良好形象；服务与支持，包括为员工提供有关国家法律、企业政策、个人身心等方面的咨询服务，协助员工平衡工作与生活；员工关系管理培训，包括组织员工进行人际交往、沟通技巧等方面的培训。

具体来说，餐饮创业者和人力资源管理部要分几个阶段完成员工关系管理工作。

第一个阶段是在员工入职的时候。餐饮创业者和人力资源管理部一定要让员工充分地了解企业的现状、企业的文化、企业的制度、企业的薪酬和福利待遇等，同时要给员工一个申诉的联系方式，也就是通常所说的员工申诉通道。人力资源管理部的负责人要明确地告诉员工，如果受到了任何不公正待遇或者与其他员工产生矛盾，可以随时与人力资源管理部联系。这样做有利于增强新员工的归属感，帮助他们尽快融入企业。

第二个阶段是员工入职一个月内。员工入职一个月内的人际关系和工作感受直接影响其能否留在餐饮企业工作。员工在刚进入一家餐饮企业后，会因为不熟悉企业文化，不熟悉门店氛围，甚至不熟悉人际关系而产生疏离感，这种疏离感累积到一定程度，可能会使其决定离开餐饮企业。所以，在新员工入职一个月内，人力资源管理部门、门店负责人以及餐饮企业的老员工要帮助其快速适应环境，尽快熟悉工作流程，从而将其留在企业。

第三个阶段是接到员工的投诉后。在餐饮企业的日常工作中，员工产生不满在所难免。在人力资源管理部接到员工的投诉后，要及时与相关人员核实情况。不管投诉的情况严重与否，与生产和运营相关与否，涉及的人员级别如何，人力资源管理部都应该予以重视。及时、有效地处理员工的投诉，是保证餐饮企业健康、稳定发展的基础。

第四个阶段是员工提起申诉或诉讼的时候。员工在和餐饮企业或者上下级之间产生了非常严重的矛盾并且不可调和的时候，可能会选择通过向相关部门提起申诉或诉讼来解决。这时候人力资源管理部的负责人一定要将具体情况通知企业的法律顾问，收集证据，解决纠纷。同时，要针对纠纷的具体情况对相关人员和相关流程进行调整，避免类似情况再次出现。

餐饮创业者和人力资源管理部应该在日常工作中不断完善相关制度和流程，调节员工之间的关系。只有让所有员工都和谐相处，对企业产生归属感，才能推动餐饮企业不断向前发展、提升竞争力。

第 79 讲　人事制度建设

很多小的餐饮企业没有人事制度，只设计了一些在日常运营中会用到的基本考勤规范，这在餐饮企业发展到一定规模后，便很难再适应企业的发展。当餐饮企业进入连锁运营阶段，人事制度建设势在必行。健全的人事制度可以使餐饮企业的人事工作规范化、制度化和统一化，使员工的管理有章可循，提高工作效率和员工责任感、归属感。人事制度的主要组成部分包括招聘与录用制度、工作守则、考勤制度、薪酬福利制度、绩效考核制度和离职制度。

招聘与录用制度。餐饮企业所有岗位的招聘工作都应以企业名义本着公平、公正、公开的原则面向社会统一进行。餐饮创业者和人力资源管理部应该建立招聘录用制度，明确招聘流程，根据不同岗位要求设计岗位招聘通知，完成面试与录取过程。

工作守则。工作守则的设计也是人事制度的组成部分。工作守则是指员工要遵守的一切规章、通告及公告。餐饮创业者和人力资源管理部应根据餐饮企业的运营所需设计适合自己的工作守则。

考勤制度。为了加强餐饮企业纪律，树立良好的工作氛围，对员工上下班、休假等情况进行考核，餐饮创业者和人力资源管理部应该建立完善的考勤制度。考勤制度是对餐饮企业全体员工出勤管理的基本依据。餐饮创业者和人力资源管理部应在考勤制度中明确对工作时间、休假时间、请假管理等方面的规定。

薪酬福利制度。设计薪酬福利制度是为了适应餐饮企业的发展需要，充分发挥薪酬激励作用，进一步拓展员工职业上升通道，餐饮企业根据连锁运营发展的战略思路，设计的一套相对密闭、循环、科学、合理的薪酬制度。薪酬福利制度的制定应该坚持按劳分配、多劳多得，支持效率优先，兼顾公平的原则；坚持按效分配，唯才是用、唯功是赏的薪酬分配原则。餐饮创业者和人力资源管理部可以根据情况实行与年度经营业绩相关的年薪制，与日常管理、技术研发、服务支持相关的结构工资制，与营销相关的销售人员工资制等。

绩效考核制度我们在之前的内容中已经做过详细介绍，本讲不再涉及。

离职制度。离职制度是餐饮企业为降低员工流失率，规范离职管理而制定的制度。离职制度包含辞职、自动离职、解雇和开除等方面的内容。餐饮创业者和人力资源管理部要明确离职规则，离职工资的发放等事项，避免在员工离职时，发生法律纠纷。

除此之外，很多餐饮企业仅在员工入职的时候将人事制度以员工手册的形式发放给员工阅读和学习，这样效果并不明显。很少有员工会认真逐条地阅读员工手册。我建议人力资源管理部在员工入职时带领大家逐条学习人事制度相关规定，以加深其印象和认识。

第80讲 企业文化建设

任何企业的经营活动都离不开对文化的管理，文化是企业的立店之基、发展之源、经营之魂。随着市场经济的逐步完善和企业竞争的不断深化，所有的竞争方式、竞争内容都将演化为企业文化的竞争。建立优秀的企业文化，可以使企业保持良好的发展势头和较强的竞争能力，在经营中立于不败之地。

所谓企业文化，是指企业以组织精神和经营理念为核心，以特色经营为基础，以标记性的文化载体和超越性的服务产品为形式，在对员工、顾客及社区公众的人文关怀中形成的共同的价值观念、行为准则和思维模式的总和。

所有企业都有企业文化，餐饮企业也不例外。只有将其提炼出来，放在墙上、用在手上、说在嘴上，企业文化才算是落地。但是很多餐饮企业的企业文化是潜在的，没有经过提炼，也没有经过落地，无法在企业中形成强大的凝聚力。让企业文化发挥作用，一方面可以增强内部凝聚力，另一方面可以提高外部竞争力。

一般来说，企业文化通过企业的使命、企业的愿景和企业的价值观三个维度来体现。

第一个维度是企业的使命。企业的使命是什么？企业的使命是指企业由社会责任、义务所承担或由自身发展所规定的任务。使命就是餐饮创业者为什么要创办这个企业。餐饮企业使命的确定为企业确立了一个经营的基本指导思想、原则、方向、经营哲学等，它不是企业具体的战略目标，或者是抽象的存在，不一定表述为文字，但影响经营者的决策和思维。

有很多餐饮创业者将自己的使命确认为赚钱，为了让自己活得更好，认为创建餐饮企业只是一门生意。如果是这种心态的话，就会出现问题，不是说生意不能做，而是生意本身不能当作文化进行传承。赚钱是一个基本的方面，但当企业做大之后，餐饮创业者会发现其实自己能做的还有很多。就好像我们餐易私塾的使命是为了帮助更多的餐饮人少走弯路、少踩坑，这是我们的社会价值和行业价值。

在创建和经营餐饮企业的时候，餐饮创业者需要明确：我们的事业是什么？我们的顾客群是谁？顾客需要什么？我们用什么特殊的能力来满足

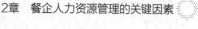

顾客的需求？如何看待股东、客户、员工、社会的利益？

第二个维度是企业的愿景。 企业的愿景体现了企业家的立场和信仰，是企业最高管理者头脑中的一种概念，是这些最高管理者对企业未来的设想，是对"我们代表什么""我们希望成为怎样的企业"的持久性回答和承诺。也就是说，愿景是餐饮创业者想将餐饮企业做成什么样，做成多大的规模。餐饮创业者要在创立餐饮企业时思考三个问题：我们的企业是什么？我们的企业将是什么？我们的企业应该是什么？这三个问题集中起来体现了一个企业的愿景，餐饮创业者要让所有人都看到，感受到自己对未来的规划。

有些餐饮创业者志向远大，立志要做某一品类的第一品牌，他会时刻将这一愿景挂在嘴上，落在行动上，从而带动所有员工与自己为了这个企业愿景努力和奋斗。只有清晰地描述企业的愿景，员工、社会、投资者和合作伙伴才能对企业有更为清晰的认识。一个美好的愿景能够激发人们内心的感召力量，激发人们强大的凝聚力和向心力。

第三个维度是企业的价值观。 企业的价值观是指企业及其员工的价值取向，是指企业在追求经营成功过程中所推崇的基本信念和奉行的目标。不管社会如何变化，产品会过时，市场会变化，新技术会不断涌现，管理方法也在瞬息万变，但是在优秀的企业中，价值观不会变，它代表着企业存在的理由。企业的价值观是企业决策者对企业性质、目标、经营方式的取向所做出的选择，是为员工所接受的共同观念。价值观包含四个方面的内容：（1）它是判断善恶的标准；（2）核心价值观是这个群体对事业和目标的认同，尤其是认同企业的追求和愿景；（3）在这种认同的基础上形成对目标的追求；（4）形成一种共同的境界。餐饮创业者只有让核心价值观像空气一样弥漫于组织之中，才能形成积极向上、健康发展的餐饮企业文化。例如，没有文字规定店员之间在谈话时要用什么样的语气，但根据企业的价值观店员就会知道要用平等共荣的态度来对待伙伴。这种规范已经进入理念层面，不符合这种规范的行为将会被文化无形的力量纠正，不认可这种规范的人将会被企业排斥，这种源自内心的力量胜过一切有形的制度。

餐饮企业的文化建设是一项系统工程。归纳几句响亮的口号，设计几个漂亮的形象，远不能构建出具有持久性的企业文化。餐饮创业者应该确定企业文化的基本类型，并对企业文化的目标模式进行设计和规划，以保证所构建的企业文化一定是能推动和促进企业持续稳定发展的、具有生命力的企业文化；确定企业的使命和愿景，让员工和顾客了解企业的发展目标和发展理念；总结归纳企业价值观，构建企业价值观体系，为企业组织确定一个统一的指导思想和价值目标。建设企业文化不是一蹴而就的事，餐饮创业者要将其层层分解，使各级、各阶层的企业人员都明白企业每年、每季度甚至是每月的目标任务与计划，明白自己该干什么，避免和杜绝员工思想混乱、安于现状、工作懒散的现象，以保证企业文化能起到持续推动和促进企业稳定发展的作用。

第 13 章

门店运营管理技巧

第 81 讲　如何管好管理层的手和管理层的心

很多餐饮创业者在第一次开店的时候，会招聘两个管理团队，一个管理团队负责前厅的管理，包括人工管理、流程管理、顾客服务，另一个管理团队负责厨房的管理，包括产品技术、食品安全、产品操作、卫生、订货等。餐饮创业者如果能将管理层的手和心都管好，他们就能发挥"1+1>2"的力量，反之可能会导致"1+1<2"。那么餐饮创业者该如何管好管理层的手和心呢？

第一步，餐饮创业者要深入了解他们的管理技能和工作技能。一般来说，作为所有者，餐饮创业者要么是做产品出身，很懂产品，知道厨房的工作流程是什么；要么是做运营出身，知道前厅的工作要点和服务流程。如果既不懂产品又不懂运营，那么便很难管理好自己的管理团队。要想让自己的两个管理团队拧成一股绳，餐饮创业者需要在管理过程中深入了解他们的管理技能和工作技能，让其同频共振，朝着企业的目标共同努力。管好两个团队的手和心是一门艺术，需要餐饮创业者在了解厨房运营流程如产品制作方法、原料采购要点的同时，把握前厅的工作节奏和服务效率。

第二步，餐饮创业者要亲自参与日常工作。 很多餐饮创业者在进行门店管理时，总是站在那里指挥，实际上这种做法是错的，餐饮创业者应该亲自参与日常工作。既然是创业，不是在做投资，如果自己不参与进去，便很难切实地节省人力成本，也很难将门店的管理工作做好。所以，我建议餐饮创业者要作为店长在门店工作三个月到六个月。

深入门店工作，餐饮创业者一方面可以学习基本的操作技能、生产技能，也可以提升销售技能和管理技能。餐饮创业者可以通过几个月的时间，了解每一道菜品的制作程序，原料的采购和储存要求，服务的细节和注意事项等。另一方面，餐饮创业者作为管理者深入一线以身作则，更容易树立威信，赢得员工和管理团队的信任和支持。在作为店长期间，餐饮创业者要充分发挥带头作用和引领作用，例如，在用餐高峰期充当服务员为顾客点餐，在厨房人手不够时充当洗碗工保证厨房运转。这就为其他员工和管理团队树立了一个榜样，让大家养成互相帮助的习惯，营造同频共振的氛围。

第三步，餐饮创业者要站在管理团队的立场上思考问题。 餐饮创业者要与自己的管理团队站在同一立场上思考问题。必要的时候，餐饮创业者可以与管理团队同吃、同玩、同乐，甚至同住，在工作中帮助管理团队解决问题。在发现问题后，餐饮创业者要与管理团队一起分析问题、解决问题，切忌一出现问题就马上问责、追责，这是错误的。对于初创型餐饮企业，只有让大家齐心协力，才能更快地实现初始的目标。

要想管好管理层的手和管理层的心，餐饮创业者要深入了解他们的管理技能和工作技能，亲自参与日常工作，站在管理团队的立场上思考问题。三流的管理者靠权势去管理，二流的管理者靠自身能力去管理，一流的管理者则善用自己的人格魅力去管理。餐饮创业者要用真心换真心，使员工心情舒畅地工作，高效地工作，从而获得更大的效益。

第82讲 门店值班管理之门店工作流程和排班管理

门店工作流程和排班管理是门店值班管理的重要组成部分。餐饮创业者要合理安排门店工作流程和排班管理，确保餐厅的日常运营和正常经营。

首先，餐饮创业者要制定门店工作流程。 餐饮门店中的每一个员工都有自己的岗位，而每一个岗位都应有工作流程和工作标准。餐饮创业者要为每一个岗位设计严格的工作流程。我们以店长的工作流程为例。例如，9:30—10:00，检查店内外环境，查阅工作汇报，检查店长信箱有无反馈意见，检查各岗位管理人员到岗情况；10:00—11:00，完成当天工作安排及需要统计的工作；12:00前完成前厅、后厨等餐前准备工作检查；12:00—13:30，现场协调各部门工作；13:30—14:00，处理日常事务，包括文字统计、员工沟通等工作；14:00—16:50，机动时间，临时安排；16:50—17:30，安排夜宵工作人员的工作并处理前一天的问题；17:30—18:30，根据实际情况参加各部门例会或组织全体员工例会，解决各部门面临的问题；18:30—19:00，检查各部门餐前准备工作；19:00—21:30，现场协调各部门工作；21:30—22:10，处理日常事务及与员工沟通；22:10—22:40，召开各部门负责人碰头会，解决当天工作中出现的问题及第二天的工作安排；22:40—

23:30，检查各部门交接班情况后下班。餐饮创业者要将每个岗位的工作流程细化，让所有人员的工作有章可循。

其次，餐饮创业者要做好排班管理。一个餐饮连锁店运营状况如何，除了取决于门店经理的运营管理经验和水平，更重要的一点就是进行科学、合理的排班，而排班则需要依据门店的营业时间、营业业态特点来制定。门店的管理团队，不管是厨师长还是店长，一定要学会为员工排班，确定几个人上早班，几个人上晚班，上早班的人主要做什么，上晚班的人主要做什么。例如，24 小时营业的门店可以排三个班次（8 小时一个班次，具体为早、中、晚三班）。在早高峰、午高峰阶段可以另增加一个早插班、中插班（插班的目的是应对早、午高峰时段人员不足的情况）。针对三班制加一个插班的四班制营业人员部署，可根据每班人数的实际需求进行分组，可以分为五到六组，这样即使每天有一个组休息也不会影响门店的正常营业。当然，遇到节假日高峰时段，也足可以调整与调动班组人员的作业。

门店的排班管理是一门科学，科学、合理的排班是餐饮连锁店运营获得成功的根本保障。

表 13-1、表 13-2、表 13-3 分别展示了门店值班检查表之餐前检查表、门店值班检查表之餐后检查表和周度排班表，供餐饮创业者参考。

表 13-1　门店值班检查表之餐前检查表

_____ 店　值班督导检查表　_____月

达到标准打 "√"，未达到标准打 "×"。"√" 达到九成以上，本表及格。

岗位名称	序号	检查内容	检查目标	1	2	3	……	28	29	30	31
补货岗	1	食材原料存放	原料存放不沾水，无乱扔、乱堆现象，保管良好								
	2	水池、操作台	水池和操作台净，无杂物								
	3	工具存放	操作工具存放得当，安全、干净								
	4	净菜存放	净菜洗净，存放在框内，保鲜保存或常温保存								
	5	保鲜冰柜存放	食材存放有序，保管得当，无变质现象								
	6	冷冻冰柜存放	食材存放有序，保管得当，无过期现象								
	7	展示柜	柜体整洁，串盘无血水，产品无脱签、无断签								
	8	货架	干净整洁，物料定位摆放整齐								
	9	地面清洁卫生	地面干净，无水渍，无垃圾								
炸串岗	1	油炸锅、电磁炉	正常开启，油温达到可炸串的标准，炉台表面干净								
	2	油量	锅中的油量达到标准刻度线（6千克）								
	3	台面	台面清洁干净，无杂物，无水渍、油渍								

（续表）

达到标准打 "√"，未达到标准打 "╳"。"√" 达到九成以上，本表及格。

_____店　值班督导检查表　　_____月

岗位名称	序号	检查内容	检查目标	1	2	3	……	28	29	30	31
炸串岗	4	地面	区域地面清洁干净，无杂物，无水渍、油渍								
	5	秒表	正常使用，时间设置正确								
	6	红外线测温仪	正常使用，电量足，显示摄氏度、外表干净								
	7	工具摆放	油盆、笊篱、大汤勺、油壶等按要求摆放整齐								
撒料岗	1	撒料盘	外圈干净，无堆积过多的油料								
	2	荤素干料	荤料、素料准备足量，且按标准要求装罐，表面干净								
	3	小料、撒料油	葱花、香芹末、撒料油符合要求，且准备足量								
	4	工具	撒料毛刷、食品夹、插单签定位摆放整齐								
	5	包装袋	摆放整齐，且准备足量								
	6	台面	台面清洁干净，无杂物、无水渍、油渍								
	7	货架	干净整洁，物料定位摆放整齐								
	8	地面	区域地面清洁干净，无杂物，无水渍、油渍								

（续表）

店 值班督导检查表 ＿＿月

达到标准打"√"，未达到标准打"✕"。"√"达到九成以上，本表及格。

岗位名称	序号	检查内容	检查目标	1	2	3	……	28	29	30	31
收银岗	1	POS机	正常使用，电量充足，表面干净，定位摆放								
	2	备用金	零钱准备好，且按要求存放								
	3	打印纸	小票打印纸准备充足，摆放整齐								
	4	电视机	正常开启，按要求播放画面，机身、屏幕干净								
	5	收银台	台面干净整洁，内面物品摆放整齐								
	6	招牌及标识牌	干净整洁，无明显污渍								
	7	地面	区域及店门口地面清洁干净，无杂物，无水渍、油渍								
员工仪容	1	服装、围裙	服装、围裙整洁平整，无异味								
	2	鞋子	皮带、鞋子黑色								
	3	工牌	工牌清洁并佩戴整齐								
	4	妆容	女员工淡妆不花哨，男员工不留须								
	5	指甲	不留长指甲，不涂指甲油，且指甲清洁								
	6	帽子	帽子戴严实，不露任何碎发在外，干净清爽								

表13-2 门店值班督导检查表之餐后检查表

_____店 _____值班督导检查表 _____月

达到标准打"√"，未达到标准打"×"。"√"达到九成以上，本表及格。

岗位名称	序号	检查内容	检查目标	1	2	3	4	…	29	30	31
补货岗	1	食材原料存放	原料存放不沾水，无乱扔，乱堆现象，保管良好								
	2	水池、操作台	水池和操作台干净，无杂物								
	3	工具存放	操作工具存放得当，安全、干净								
	4	净菜存放	净菜洗净，存放在框内，盒内，保鲜保存或常温保存								
	5	保鲜冰柜存放	食材存放有序，保管得当，无变质现象								
	6	冷冻冰柜存放	食材存放有序，保管得当，无过期现象								
	7	展示柜	柜体整洁，串盘无血水，产品无脱签，无断签								
	8	货架	干净整洁，物料定位摆放整齐								
	9	地面清洁卫生	地面干净，无水渍，无垃圾								
炸串岗	1	油炸锅、电磁炉	正常开启，油温达到可炸申的标准，炉台表面干净								
	2	油量	锅中的油量达到标准刻度线（6千克）								
	3	台面	台面清洁干净，无杂物，无水渍，油渍								
	4	地面	区域地面清洁干净，无杂物，无水渍，油渍								
	5	秒表	正常使用，时间设置正确								
	6	红外线测温仪	正常使用，电量足，显示摄氏度，外表干净								
	7	工具摆放	油盆、笊篱、大汤勺、油壶等按要求摆放整齐								

（续表）

店____值班督导检查表　____月

达到标准打"√"，未达到标准打"×"。"√"达到九成以上，本表及格。

岗位名称	序号	检查内容	检查目标	1	2	3	4	…	29	30	31
蘸料岗	1	蘸料盘	外周干净，无堆积过多的油料								
	2	荤素干料	荤料、素料准备足量，且按标准要求装罐，表面干净								
	3	小料、蘸料油	葱花、香芹末、蘸料油符合要求，且准备足量								
	4	工具	蘸料毛刷、食品夹、插单签定位摆放整齐								
	5	包装袋	摆放整齐，且准备足量								
	6	台面	台面清洁干净，无杂物、无水渍、油渍								
	7	货架	干净整洁，物料定位摆放整齐								
	8	地面	区域地面清洁干净，无杂物、无水渍、油渍								
收银岗	1	POS机	正常使用、电量充足、表面干净								
	2	备用金	零钱准备好，且按要求存放								
	3	打印纸	小票打印纸准备充足，摆放整齐								
	4	电视机	正常开启，按要求播放画面、机身、屏幕干净								
	5	收银台	台面干净整洁，内面物品摆放整齐								
	6	招牌及标识牌	干净整洁，无明显污渍								
	7	地面	区域及店门口地面清洁干净，无杂物、无水渍、油渍								

表13-3 周度排班表

____店　周度排班表　2019.5

姓名	日期	1	2	3	……	28	29	30	31	本月预估营业额指标
	星期	三	四	五		二	三	四	五	
	目标									本月工作重点
张三		A	休	休						
张三		A	A	B						
张三		B	A	A						
张三		B	休	B						
张三		C	C	C						
张三		休	B	A						
张三										

排班表说明:

1. 此班表需要按照门店的具体人数来填写;
2. 必须在每周周六将下周的班次排定好后,打印张贴出来;
3. 每月工作重点和预估营业额将在每月的最后一周内填写入表;
4. 若某一人员需要调整班次,需要先安排好工作后,方可调整,否则店长可不予批准;
5. A班:9:30—13:00,18:00—22:30; B班:12:00—21:00; C班:10:30—14:30,17:30—22:30; 休班:休。

第83讲 门店值班管理之门店服务管理和客诉处理

在门店值班管理过程中，服务管理和客诉处理是重要的组成部分。对于餐饮品牌来说，产品、环境、服务都是盈利的关键，缺一不可。但服务往往是最容易被忽略的一环，大多数餐饮品牌在服务的提供上是非常落后的，非但起不到吸客的作用，还会伤客，让顾客不再返店，甚至带来负面口碑。这就需要餐饮创业者和门店管理者在日常的管理中重视服务管理和客诉处理。那么服务管理包含哪些方面？餐饮创业者该如何提升服务水平？

第一，门店服务包含标准化服务。标准化服务必须有流程和标准。例如，顾客进来了，服务人员要迎宾，跟顾客打招呼："您好，欢迎光临某某餐厅，请问您几位？有没有预定？"这就是迎宾工作中标准的招待服务。然后服务人员要引导顾客就座，完成点餐、上菜、就餐服务及结账等过程。这是一个标准化的服务流程。

第二，门店服务包含个性化服务。标准化服务是大部分餐厅都会提供的共性服务，个性化服务则千差万别，甚至有的餐厅有，有的餐厅没有。个性化服务很容易被复制和抄袭。我们都知道海底捞会为顾客提供擦皮鞋服务，它是海底捞为了提升顾客的体验，提供的一种个性化的服务。那它可不可以被别的餐饮企业复制呢？当然可以，只不过没有那么多企业复制。

第三，门店服务包含人性化服务。人性化服务因人而异，是根据特定场景产生的一些定制服务。例如，坐在空调下方的顾客觉得特别冷，服务人员立刻给他拿了个披肩，这就是一种人性化服务，是服务人员基于顾客的特定需求而提供的服务。再如，顾客带着孩子到餐厅吃饭，发现没有给孩子带纸尿裤，服务人员去为其购买纸尿裤，这也是一种人性化服务。

一般来说，不同的餐饮业态，侧重提供的服务不同，但都会涉及这三种服务，只不过这三种服务的占比不一样。对于一些快餐厅来说，标准化服务占比较大，而对于一些西餐厅来说，个性化服务和人性化服务占比较大。餐饮创业者要根据自己的餐厅类型和经营品类设计服务管理标准和流程，提升顾客的体验。

在餐厅的日常运营过程中，顾客投诉时有发生。所谓顾客投诉是指顾客由于对产品质量或服务上的不满意而提出的书面或口头上的异议、抗议、索赔和要求解决问题等行为。例如，顾客在产品中发现了毛发、异物或昆虫，或者感觉服务人员态度不好，都可能会向餐饮创业者或者门店管理人员投诉。

一般来说，引起顾客投诉的主要原因包括菜肴味道或质量不好或者分量不足；服务人员讲话不礼貌、态度不好；顾客就座后无人理睬，结账时间太长；酒水和食物价格高，上得太慢；各种突发事件（发现异物、操作失误、受伤停电等）。投诉类型主要包括服务质量投诉、产品质量投诉、服务态度投诉、价格和结算投诉、公用和客用设施投诉、影响形象和信誉的投诉、损害（伤害）事故投诉以及其他因素诱发的顾客投诉。

那么，餐饮创业者或者门店管理人员该怎么处理顾客投诉呢？

在处理顾客投诉的过程中，餐饮创业者切忌上来就以打折的方式解决问题，引起投诉的原因不同，顾客期望的解决途径也不同，并不是所有问题都可以通过打折来解决。所以，了解投诉原因然后对症下药十分必要。如果是产品质量问题，餐饮创业者可以询问顾客是否想要退菜或者换菜，而后再提出用折扣或优惠券等其他手段予以补偿。

一般来说，餐饮创业者在处理顾客投诉时，首先要做的是安抚顾客情绪；然后主动、耐心地了解事情的原委；深表同情地向顾客致以歉意；主动提出解决方案；同意顾客的部分或者全部要求；感谢顾客的批评指正；快速采取行动，补偿顾客的损失；监督、落实具体措施。

概括来说，客诉处理流程主要分为四步：第一步，聆听抱怨；第二步，真诚道歉；第三步，解决问题；第四步，总结经验。

"我们不愿意看到顾客投诉，但我们不能逃避顾客投诉。"没有挑剔的顾客，就没有完美的服务。餐饮创业者要客观地看待顾客的投诉，将顾客投诉作为提升服务水平的抓手，改进餐厅的服务工作。

第84讲　门店团队建设管理之如何处理餐厅前厅后厨的矛盾

很多餐厅都存在这样的情况，即前厅和后厨之间总是会产生各种矛盾。这些矛盾通常会让餐饮创业者感觉非常棘手，它也从一定侧面反映出管理中存在问题。这些矛盾是怎么来的呢？其主要有三方面的原因，餐饮创业者必须要了解。

第一个原因是上客集中导致订单过于集中而产生的催单，这是比较常见的一种情况。 在用餐高峰期，前厅的顾客会比较多，导致同时段需要供应的菜品种类和数量比较多，从而给后厨造成较大的压力。此时，前厅负责人和后厨负责人就很有可能因为上菜压力产生矛盾。

第二个原因是出菜比较慢造成的催单。 有时后厨上菜慢的原因是用餐高峰期顾客比较集中，但有时可能是因为后厨工作人员对制作流程安排得不太合理而导致的，从而造成了前厅和后厨的矛盾。

第三个原因是顾客投诉引发的矛盾。 如果顾客特别集中，导致单据丢失或者服务人员因为太匆忙而上错菜，就很有可能会招致顾客的投诉。这种情况下也会因为责任归属问题导致前厅和后厨之间产生矛盾。

第四个原因是定位和工作内容不同导致的矛盾。在有些餐饮企业，前厅和后厨之间由于定位和工作内容不同，导致不能互相理解，从而产生矛盾。前厅负责人认为后厨工作人员不管技术多好，都应该服从管理，而后厨工作人员觉得自己只要负责做好产品，其他不归自己管，从而在意识和理念上产生矛盾。

矛盾产生的原因不同，其解决方法也就不同。餐饮创业者应该了解矛盾产生的原因，然后对症下药，解决问题。

如果因为用餐高峰顾客特别集中，前厅下单密集，后厨很难供应而产生的矛盾，此时餐饮创业者可以让前厅负责人适当控制一下点餐节奏，让后厨负责人控制好生产和加工的节奏，从而化解二者之间的矛盾，尽快解决顾客用餐问题。

如果出现丢单的情况，餐饮创业者应该尽快协调解决丢单问题，让后厨和前厅暂时放下矛盾，沟通哪个环节出了问题，为顾客上餐。

在解决了顾客用餐问题后，餐饮创业者要想办法从根本上解决二者之间的矛盾，加强对前厅工作人员控制点餐节奏的培训，以及对后厨工作人员优化流程、提升效率的培训。

而对于顾客投诉和定位、工作内容不同引起的矛盾，餐饮创业者可以视情况让大家互换岗位，体验一下对方的工作内容和工作强度，从而增强彼此之间的理解、包容和融合。

在餐饮创业者了解了具体情况，根据不同的情况加以引导和纠正之后，就要制定相应的规则，将可以规范化的细节予以规范化，最大限度地减少引发矛盾的机会，从而提升餐饮企业的运营和管理效率。

第85讲　门店团队建设管理之如何开展团队建设

很多餐饮创业者在创业之初，不知道该如何管理团队，开展团队建设。他们的管理方式很粗糙，员工做对了就表扬一下，做错了就惩罚一下。这离科学地开展团队建设还相差甚远。

在开展团队建设的时候，相关负责人一定要把握两个关键点，一个是要善于使用自己的权力，另一个是要善于活跃团队气氛。

在开展团队建设过程中，相关负责人拥有四项权力。

第一项权力是批假权。一般来说，管理团队中的人员应该拥有不同大小的批假权。领班和主管拥有较小的批假权，如一个月可能只能批一到两个人一天的假；大堂经理和厨师长拥有相对来说大一些的批假权，如一个月可以批一到两个人两到三天的假；而店长则拥有批所有人五天以内的假的权力。只有相关负责人运用好批假权，才能更好地管理团队，增强员工的归属感。

第二项权力是奖惩权。餐饮创业者应该赋予管理团队奖惩权，以更方便管理团队在工作中开展团队建设。与批假权类似，不同层级的管理人员拥有不同大小的奖惩权。例如，领班可以批10元钱的奖单，5元钱的罚单；经理可以批20元钱的奖单，10元钱的罚单；店长可以批30元钱的奖单，20元钱的罚单等。每个管理人员只有在明确了权限，并较好地运用自己的权限后，才能使团队更好地凝聚起来。

第三项权力是会议权。一般来说，门店的基层管理团队、中层管理团队和高层管理团队拥有不同大小的会议权。例如，领班可以召开厨师团队会议，但却不能召开全体员工大会。各级管理人员要运用好会议权，协调和解决日常运营中出现的各种问题。

第四项权力是面试权。一般餐饮企业的管理团队拥有面试权，与以上三种权力类似，面试权的大小也因职级不同而不同。领班可以面试员工，但是领班不能面试领班，经理可以面试员工，面试领班和主管，但是不能面试经理，等等。

在明确了以上权力后，餐饮企业的管理团队要做的另外一件事便是活跃团队气氛。良好的团队气氛是确保餐饮企业顺利发展的基础。管理团队要带领员工开展团队建设，组织各种团建活动，增强员工归属感。在这一过程中，团队建设必须以门店为单位，不能以个人为单位。同时，不管是哪个级别的管理人员要开展团队建设，都要经过上级管理人员的批准。

在具体执行过程中，成功的团队建设应该着重在几个方面进行：（1）要让全体成员目标明确并且各尽其责，这样才能心往一处想，劲往一处使，做到共同前进；（2）要培养员工的参与意识，团队建设活动只有全员参与才有开展价值；（3）要让全体员工学会倾听，因为员工只有学会听取他人的意见和建议，才能集思广益，为餐饮企业做出更大的贡献；（4）要培养员工忠诚的信念，其中信心和信任是重点，要向其灌输强烈的使命感及价值观，鼓励遵守承诺，信用第一；做到依赖伙伴，包容异己；（5）要使所有员工团结互助、互相认同，也只有这样，才能够让团队发挥最大的力量。

第86讲　门店训练管理之如何准备培训所需的资料

很多餐饮创业者会在餐厅开业几个月后发现由于缺少培训，新员工和老员工的操作标准不一样，例如，不同的厨师用同样的食材切出来的备料大小不一，影响出品。而如果临时让大家统一标准，就会很明显地降低出品效率。此时，餐饮创业者便需要开展培训，统一标准，提升效率了。

如果餐饮创业者想要获得较好的培训效果，就要使用丰富的、完备的培训资料来指导培训工作，没有培训资料是没有办法开展培训的。**在准备培训资料的过程中，第一步要明确岗位划分**。餐饮创业者和相关人员要明确本企业的岗位划分，以及需要进行培训的岗位。例如，本餐厅前厅工作中包含哪些岗位？如果餐饮企业规模较大，那么前厅的岗位设置就会比较完善，每个岗位都会有相应的人员承担相应的职责，如有迎宾人员、接待人员、点餐人员、上餐人员、结账人员等。而如果餐饮企业规模很小，就可能会出现一人身兼数职的情况。此时，餐饮创业者和相关人员在准备培训资料的时候就要根据岗位设置，为相关岗位的培训课程准备相应的资料。

在准备培训资料的过程中，第二步要了解岗位职责。餐饮创业者应该将每个岗位的岗位职责进行细分，将其细分为几个工作要点，一般也叫工作站。一般来说，一个岗位可以划分为四个或五个工作站。例如，迎宾岗可以细分为等位工作站、叫号工作站、排位工作站、领位工作站等。餐饮创业者需要根据岗位的核心工作内容，将其划分为具体的工作站，然后准备相应的培训资料。

在准备培训资料的过程中，第三步要明确工作站的工作标准。餐饮创业者要了解每个工作站的工作内容，然后根据工作内容，明确其工作标准。例如，等位工作站需要完成六步工作：第一步，为顾客排号；第二步，摆好等位座椅，安排顾客就座；第三步，为顾客送上小吃、饮料；第四步，安排顾客提前点餐；第五步，按照号码叫号；第六步，跟进就餐和等位情况，与顾客互动，安抚顾客。餐饮创业者在确定了等位工作站的工作内容和标准后，再去准备相应的培训资料便有的放矢了。

如果某一餐厅有六个岗位，每一个岗位有四个工作站，每个工作站有六个工作标准，那就共有 6×4×6=144 个工作标准。那这 144 个工作标准，便是餐饮创业者和相关人员需要准备的培训材料的依据。

除了明确岗位划分、岗位职责和工作标准，按照相应的标准准备培训资料外，餐饮创业者还需要为员工提供其他方面的培训资料。如关于安全的培训资料，介绍企业情况的培训资料，介绍门店运营情况的培训资料等。

只有让员工熟练地掌握工作所需的技能，更了解餐饮企业的情况，才能让他们更有效率、更有信心地完成工作，为餐厅的成长和发展贡献自己的力量。

第 87 讲　门店训练管理之如何制定培训计划

培训计划的制定如果过于密集，会让员工接受起来很吃力；而如果太稀疏，则会导致员工学不到相应的知识，从而达不到培训的目的。那么，餐饮创业者该如何制定培训计划呢？

第一步，根据员工名单建立培训档案。餐饮创业者在制定培训计划前，应确定要培训的员工名单，然后根据上一讲所述的方法确定培训内容，将其列在一份表格里。例如，共有 10 名待培训员工，36 个工作标准，然后制作一份 10×36 的表格。然后餐饮创业者要记录每一名员工要参加的培训，在相应的单元格上画钩，从而形成员工培训档案。

第二步，根据培训档案制定培训计划。当餐饮创业者做完了第一步，列完培训人员名单、培训内容，建完培训档案之后，就要开始制定培训计划。一般来说，培训计划包括培训周期、培训频率、培训时间、培训时长、培训内容等。例如，餐饮创业者要开展为期一个月的培训，每周一次，每周三进行，每次一天，每天的培训内容分别为……餐饮创业者也可以制作一份培训计划表格，使其一目了然、清晰明确。

在制定培训计划时，很多餐饮创业者会犯两个错误，一个是时间安排得不合理，另一个是内容安排得不合理。例如，有的餐饮创业者将培训时间安排在员工休息的时间，如 14:00—17:00 或 21:00—23:00，这使员工不仅要正常工作，还要牺牲休息时间参加培训，一方面会导致心理上的不平衡，另一方面也会导致精力跟不上，难以完全吸收培训内容。有的餐饮创业者根据工作岗位设计培训内容，试图用一讲的时间培训完一个岗位（五六个工作站）的工作内容，导致内容繁杂，知识点颇多，员工很难吸收。

一般来说，餐饮创业者最好按照工作站的内容来制定培训计划，即每次只培训一个工作站的工作内容和工作标准，合理安排培训频率和培训时长。如果共有六个岗位，每个岗位包含六个工作站，那么就设计 36 个课时的培训，在两个月内以每次一个小时的培训时长，完成培训计划。只有这样才会取得较好的培训效果。

表 13-4 是一份培训计划表示例，供餐饮创业者参考。

表 13-4　张三饭店培训计划表

月份	培训时间	培训地点	培训主题	培训目标	参训人员名单	签到	培训人
三月	2019/3/1 9:30—10:10 周五	A1 包间	点菜工作站——熟记菜品	让新老员工熟悉菜品的价格和名称，达到对相关问题对答如流的水平			
	2019/3/4 9:30—10:10 周一	A1 包间	点菜工作站——熟记特色	让新老员工熟记菜品的特色、口味，达到对相关问题对答如流的水平			

（续表）

月份	培训时间	培训地点	培训主题	培训目标	参训人员名单	签到	培训人
三月	2019/3/7 9:30—10:10 周四	A1 包间	点菜工作站——熟记分量	让员工熟记每一道菜品的分量，达到对相关问题对答如流的水平			
	2019/3/11 9:30—10:10 周一	A1 包间	点菜工作站——熟记毛利	让新老员工熟记 50% 核心菜品的毛利，达到对相关问题对答如流的水平			
	2019/3/14 9:30—10:10 周四	A1 包间	点菜工作站——熟记毛利	让新老员工熟记 50% 核心菜品的毛利，达到对相关问题对答如流的水平			
	2019/3/18 9:30—10:10 周一	A1 包间	点菜工作站——推荐菜品搭配	让新老员工掌握如何给 2 人、4 人等搭配菜品，使其够吃且能达到毛利目标，荤素、口味搭配合理			
	2019/3/21 9:30—10:10 周四	A1 包间	点菜工作站——推荐菜品搭配	让新老员工掌握如何给 2 人、4 人等搭配菜品，使其够吃且能达到毛利目标，荤素、口味搭配合理			
	2019/3/25 9:30—10:10 周一	A1 包间	点菜工作站——推荐菜品搭配	让新老员工掌握如何给 2 人、4 人等搭配菜品，使其够吃且能达到毛利目标，荤素、口味搭配合理			

第 88 讲 门店训练管理之如何开展培训

一般来说，在培训开始前，餐饮创业者或相关人员要提前将培训资料放在每个培训人员的桌子上。除了纸质资料，餐饮创业者或相关人员还要准备培训过程中需要用到的食材、工具、笔、印有企业标识的记事本、水果、饮料等，让员工在一个轻松、愉快的氛围中完成培训。这是培训前餐饮创业者或相关人员需要做的准备工作。

在做好以上准备工作、员工完成签到后，就进入真正的培训环节了。开展培训有四个步骤，**第一个步骤是讲解**。培训者需要为员工介绍本次培训涉及的工作的重要性，以及这项工作的工作流程和注意事项，同时要求员工在记事本上记录相关要点。在培训过程中，培训者可以随时进行提问，以加深大家的印象。培训者在讲解完后，可以要求员工朗诵一遍工作流程和注意事项，而后给大家时间记忆整个工作流程，尽量将记忆时间控制在10~15分钟。

第二个步骤是呈现，也叫示范。在完成讲解后，培训者要为员工做示范。很多餐饮岗位的工作重在实操，说一千遍不如做一遍，所以培训者要现场为员工做示范。例如，在开展等位工作站的培训时，培训者要现场示范如何为顾客排号；如何摆好等位座椅，安排顾客就座；如何为顾客送上小吃、饮料；如何安排顾客提前点餐；如何按照号码叫号；如何跟进就餐和等位情况，与顾客互动，安抚顾客。

第三个步骤是练习。在做完示范后，培训者要让每一个参加培训的员工都按照刚刚的示范动作和自己的理解做一遍练习。只有亲自练习过，员工才能将看到的操作转化为自己的行动，才能更规范地完成工作流程，才能获得更好的培训效果。

第四个步骤是跟踪。在培训结束后，餐饮创业者或相关人员必须做一次跟踪，纠正并调整员工的操作动作，而后评估培训效果。

只有完整地完成讲解、示范、练习、跟踪这一培训过程，才能获得理想的培训效果。缺少其中任何一环，都可能使培训功亏一篑。很多餐饮企业在开展培训的过程中，要么没有示范环节，仅仅纸上谈兵导致效果不佳；要么没有让员工现场练习，导致员工体会不深，操作不达标；要么没有事后追踪，完成调整和评估过程，导致培训效果大打折扣。餐饮创业者只要严格按照步骤开展培训，就可以避免以上问题，获得理想的培训效果。

至此，关于门店训练管理的三部分内容就全部讲解完了。餐饮创业者在进行门店训练管理的过程中要不断汲取教训，不断总结经验，从而建立更完善的管理制度，实现更良性的发展。

第 89 讲　门店安全管理之消防安全

很多餐饮企业和餐饮创业者不是十分重视门店的安全管理，认为只要餐厅正常运作，就不会出现安全事故，这种观念是十分危险的。不管是只有一家门店的小餐厅还是已经有十几家二十几家门店的连锁企业，都应该将安全问题放在第一位。餐饮创业者也应该将安全管理作为首要的管理内容。餐饮创业者应该从以下方面加强消防安全管理。

制定消防安全教育、培训制度。餐饮创业者应每年以创办消防知识宣传栏、开展知识竞赛等多种形式，提高全体员工的消防安全意识；定期组织员工学习消防法规和各项规章制度，做到依法治火。

各部门应针对岗位特点进行消防安全教育培训；对消防设施维护保养和使用人员应进行实地演示和培训；对新员工进行岗前消防培训，经考试合格后方可上岗；员工因工作需要换岗，在换岗前必须进行再教育培训；消控中心等特殊岗位要进行专业培训，经考试合格，持证上岗。

制定防火巡查、检查制度。餐饮创业者应落实逐级消防安全责任制和岗位消防安全责任制，落实巡查、检查制度；消防工作归口管理职能部门应每日对餐厅进行防火巡查，每月进行一次防火检查并复查追踪和改善情况；如果在检查中发现火灾隐患，检查人员应填写防火检查记录，并按照规定，要求有关人员在记录上签名；检查部门应将检查情况及时通知受检部门，各部门负责人应了解每日消防安全检查情况通知，若发现本单位存在火灾隐患，应及时整改；对检查中发现的火灾隐患未按规定时间及时整改的，根据奖惩制度给予处罚。

制定安全疏散设施管理制度。餐厅应保持疏散通道、安全出口畅通，严禁占用疏散通道，严禁在安全出口或疏散通道上安装栅栏等影响疏散的障碍物；应按规范设置符合国家规定的消防安全疏散指示标识和应急照明设施；应保持防火门、消防安全疏散指示标识、应急照明、机械排烟送风、火灾事故广播等设施处于正常状态，并定期组织检查、测试、维护和保养；严禁在营业或工作期间将安全出口上锁；严禁在营业或工作期间将安全疏散指示标识关闭、遮挡或覆盖。

制定消防控制中心管理制度。餐厅所有员工应熟悉并掌握各类消防设施的使用性能，保证在扑救火灾过程中操作有序、准确迅速；做好消防值班记录和交接班记录，处理消防报警电话；按时交接班，做好值班记录、设备情况、事故处理等情况的交接手续，如无交接班手续，值班人员不得擅自离岗；发现设备故障时，应及时报告，并通知有关部门及时修复；非工作所需，不得使用消控中心内线电话，非消防控制中心值班人员禁止进入值班室；上班时间不准在消控中心抽烟、睡觉、看报等，离岗应做好交接班手续；发现火灾时，迅速按灭火作战预案紧急处理，并拨打电话通知公安部门、消防部门并报告部门主管。

制定消防设施、器材维护管理制度。消防设施日常使用管理由专职管理员负责，专职管理员每日检查消防设施的使用状况，保持设施整洁、卫生、完好；消防设施及消防设备的技术性能的维修保养和定期技术检测由消防工作归口管理部门负责，设专职管理员每日按时检查了解消防设备的运行情况，查看运行记录，听取值班人员意见，发现异常及时安排维修，使设备保持完好的技术状态；定期测试消防设施和消防设备。

制定火灾隐患整改制度。各部门对存在的火灾隐患应当及时予以消除；在防火安全检查中，应对所发现的火灾隐患进行逐项登记，并将隐患情况书面下发各部门限期整改，同时要做好隐患整改情况记录；在火灾隐患未消除前，各部门应当落实防范措施，确保隐患整改期间的消防安全，对确无能力解决的重大火灾隐患应当提出解决方案，及时向单位消防安全责任人报告，并向单位上级主管部门或当地政府报告；对公安消防机构责令限期改正的火灾隐患，应当在规定的期限内改正并写出隐患整改的复函，报送公安、消防机构。

制定用火、用电安全管理制度。严禁随意拉设电线，严禁超负荷用电；电气线路、设备安装应由持证电工负责；各部门下班后，该关闭的电源应予以关闭；禁止私用电热棒、电炉等大功率电器；严格执行动火审批制度，确需动火作业时，作业单位应按规定向消防工作归口管理部门申请"动火许可证"；动火作业前应清除动火点附近 5 米区域范围内的易燃易爆危险物品或作适当的安全隔离，并向保卫部借取适当种类、数量的灭火器材随时

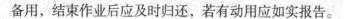

备用，结束作业后应及时归还，若有动用应如实报告。

制定易燃易爆危险物品和场所防火防爆制度。易燃易爆危险物品应有专用的库房，配备必要的消防器材设施，仓管人员必须由在消防安全培训中合格的人员担任；易燃易爆危险物品应分类、分项储存，化学性质相抵触或灭火方法不同的易燃易爆化学物品，应分库存放；易燃易爆危险物品入库前应经检验部门检验，出入库应进行登记；库存物品应当分类、分垛储存；易燃易爆危险物品存取应按安全操作规程执行，仓库工作人员应坚守岗位，非工作人员不得随意入内；易燃易爆场所应根据消防规范要求采取防火防爆措施并做好防火防爆设施的维护保养工作。

制定灭火和应急疏散预案演练制度。餐饮创业者应制定符合本单位实际情况的灭火和应急疏散预案；组织全员学习和熟悉灭火和应急疏散预案；应按制定的预案，至少每半年进行一次演练。演练结束后应召开讲评会，认真总结预案演练的情况，发现不足之处应及时修改和完善预案。

制定消防安全工作考评和奖惩制度。餐饮创业者应对在消防安全工作方面做出成绩的，予以通报表扬或物质奖励；对造成消防安全事故的责任人，将依据所造成后果的严重性予以不同的处理，除将已够追究刑事责任的事故责任人依法移送国家有关部门处理外，还应根据本单位的规定对不当行为予以处罚。

第90讲 门店安全管理之食品安全

"民以食为天，食以安为先"，食品安全问题关系人民群众的切身利益。餐饮创业者只有提供让人吃得安全、吃得放心的产品，才有资格参与餐饮行业的竞争。以下是门店安全管理中食品安全的几个管理要点。

第一，在食品采购环节加强安全管理。采购人员在采购食品时，应查验供货者的许可证和食品合格的证明文件；餐饮创业者应当建立食品进货查验记录制度，如实记录食品的名称、规格、数量、生产批号、保质期、供货者名称及联系方式、进货日期等内容；食品进货查验记录应当真实，保存期限不得少于两年。采购人员在采购各类食品时应注意生产日期或保存期限等食品标识，不应采购快到期或过期食品。禁止采购腐败、霉变、生虫、污秽不洁、混有异物或其他可能对人体健康造成危害的食品。禁止采购病死、毒死、死因不明或有明显致病寄生虫的禽、畜、水产品及其制品，酸败油脂，变质乳及乳制品，包装严重污秽不洁，因严重破损或者运输工具不洁而造成污染的食品。禁止采购掺假、掺杂、伪造、冒牌、超期或用非食原料加工的食品。采购人员应记录采购食品的来源并保管好相关的资料，注意个人卫生并随时接受管理人员检查。

第二，在食品储存环节加强安全管理。餐饮创业者应该严格按照食品储存要求储存食品。仓库应门窗、四壁完整，不漏雨，地面不渗水；保持通风、干燥，避免阳光直射；安装纱门、纱窗，挡鼠板，保证无蝇、无鼠、无昆虫；定期打扫，不得存放农药等有毒、有害物品。餐饮创业者应建立入库、出库食品登记制度，按入库时间先后分类存放，先进先出；各类食品要按品种种类分开存放；存放的食品应与墙壁、地面保持一定的距离，离地 20cm~30cm，离墙 30cm，货架之间要有间距，中间要留有通道；建立库存食品定期检查制度，掌握食品的保质期，防止发生霉烂、软化发臭、鼠咬等现象。

第三，在食品加工环节加强安全管理。餐饮从业人员应每年进行健康检查，取得健康证明后方可参加工作；厨房工作人员应勤洗澡、勤洗手、勤剪指甲、勤换工作服;进入操作间须戴工作帽,头发必须全部戴入帽内;定期理发,不留长胡须;平日不染红指甲,上班不戴戒指、手表、手镯;不准穿工作服上厕所,大小便后坚持洗手消毒;工作时严禁吸烟;工作时不要随地吐痰;不准用工作服擦汗、擦餐具或擦鼻涕;不准对着食品咳嗽或打喷嚏;抹布应专用,经常搓洗、消毒。

第四,在食品出品环节加强安全管理。厨师及上餐人员在出品过程中,应该严格按照卫生要求进行操作:出品期间,不得用手挖鼻孔、掏耳朵、抓头发、剔牙;厨师不能用炒菜勺直接入口品味,更不能把尝过的食品再次倒入锅中;烹调好的菜品不能用手去抓;在端饭菜时,不准用手指接触饭菜;在做饭、炒菜、运送食品时,不得吸烟、吐痰、打喷嚏、大声说笑。

除以上环节外,为了保证食品安全,餐饮创业者还应该制定食品安全检查制度。餐饮创业者应该设置专职或者兼职食品安全管理人员,负责日常食品安全监督检查。食品安全管理人员应每天坚持检查各部门、各岗位的卫生状况和岗位责任制的执行情况,并做好登记。餐饮创业者应每月组织考核食品安全管理人员的工作:其每次检查,都必须有记录;发现问题,应有人跟踪改正;检查内容应包括食品储存、销售过程,陈列的各种防护设施设备,冷藏、冷冻设施卫生和周围环境卫生;对损坏的卫生设施、设备、工具应有维修记录,确保正常运转;各类检查记录必须完整、齐全,并存档。

很多餐饮企业都是因为没有足够重视食品安全问题,而使多年发展功亏一篑,餐饮创业者应该提高警惕,始终将食品安全问题作为门店安全管理的重中之重。

表13-5是一份食品安全操作检定表示例,供餐饮创业者参考。

表 13-5　食品安全操作检定表

食品安全操作检定表			
日期：　　　　　　检定时间：　　　　　　餐厅：　　　　　　评估人：			
	食品安全关键项	Y/N	发现问题
A1	餐厅无害虫、害鼠活动的迹象（虫害活体、死体）		
A2	餐厅无任何变质或受到污染的食材、包装材料以及器具正在或将要被使用的现象		
A3	餐厅无任何与产品或即食食品（包括水、冰）直接接触的接触面有霉变的现象		
A4	餐厅无任何变质、受到污染的或不熟的产品和即食食品正在或准备出售的现象		
A5	餐厅无员工健康状况不符合要求的现象		
A6	食品加工区域及货物储存区无玻璃碎屑		
A7	餐厅内食品操作区内无钢丝清洁球		
A8	检查灭蝇灯无损坏且正常开启，且当发现餐厅内有苍蝇时员工能够及时采取驱赶、扑打等措施		
A9	员工无佩戴饰品（指手表、戒指、耳环、手镯、假指甲等，不包括企业徽章）操作食品现象		
A10	原料被分类存储在指定的区域（干货、湿货、冻货）		
A11	仓库中的产品按照先进先出、分类码放原则进行存储		
A12	冷冻产品在冷藏间内存储，需缓化产品在冷藏专用柜中进行缓化		
A13	清洁消毒剂摆放正确，且未出现在食品操作区域，包括产品操作区、厨房区、柜台区、食品储存区		
A14	与食品储存、制作相关的设备及器具表面没有霉变现象，如冷藏柜、饮料机、刨冰机、刨肉机等表面无发霉现象		
A15	外包装完好的产品、即食食品外部没有被生品、化学品（清洁剂／消毒剂等）、不洁物（如垃圾）污染。如：整袋的瘦身海藻掉在地上捡起后未做处理继续使用		
A16	餐厅食梯内有使用标识，生熟产品分开使用食梯		

（续表）

食品安全操作检定表				
日期：	检定时间：	餐厅：		评估人：
食品安全关键项			Y/N	发现问题
A17	餐厅没有使用食梯（包括生梯、熟梯）运输清洁消毒用品或垃圾，食梯表面及内部没有霉变现象			
A18	餐厅照明设备（包括冷藏库 / 冷冻库 / 干货库）没有非正常的裸露现象			
A19	餐厅水过滤系统、紫外线杀菌灯正常工作，且杀菌灯未超过使用期限			
A20	打包盒无异味、污渍、霉变			
A21	干手器无异味或霉变			
A22	家私柜无异味或霉变			
A23	餐厅超出保存期的常温食品标有禁用标识			
A24	退换货产品是按照不合格品流程进行处理的，且现场有标识以进行区分			
小计	24	实得		%
卫生与消毒			Y/N	发现问题
B1	使用企业统一认可的清洁和消毒用品，由专人负责保管并适当地储存和使用			
B2	有专用的洗手池，员工按规定洗手，时间、方式正确			
B3	厨房区域清洁状况符合要求（包括工作台、天花板、风口、地面、墙壁、刀架盒、各类支架、打单机、出餐口、解冻池、清洗池等）			
B4	厨房区域各类储存空间清洁符合要求（包括冷冻冰箱、冷藏冰箱及门封条、支架、储存盒、风机、外表面、压缩机、货架上下、内外、碗柜上下、内外，工作台等）			
B5	厨房区域各类器具清洁状况符合标准且分类有序（包括剪刀、铲刀、产品夹、刀具、砧板等产品制作工具，煨鱼盆、鱼锅、密胺器皿等餐具，扎壶、水杯等玻璃器皿，保鲜盒、辅料盒、筷筒、不锈钢勺等小器具等）			

（续表）

食品安全操作检定表			
日期：	检定时间：	餐厅：	评估人：
卫生与消毒		Y/N	发现问题
B6	前厅服务区墙壁、地面、天花板、照明设施、台面、设备和工具等清洁维护良好		
B7	所有垃圾间、垃圾桶、拖布池维护良好，并在需要时能够及时处理		
B8	餐厅下水管道通畅，没有堵塞和异味，地面格栅清洁		
B9	解冻清洗区墙壁、地面、天花板、照明设施、台面、设备和工具等清洁维护良好		
B10	解冻槽、三星水槽和周转盒及工具等清洁维护良好		
B11	任何进入生产区的员工以及管理人员均佩戴一次性帽子且帽子盖住耳朵		
B12	员工着装整齐，个人卫生良好		
B13	所有的食品操作均符合卫生规范		
小计	13	实得	%
货物存放		Y/N	发现问题
C1	冷冻库、冷藏库温度符合标准		
C2	冷冻冰箱、冷藏冰箱温度符合标准		
C3	货物堆叠规范。货物离地 15cm，距顶部 30.5cm，离墙 5cm，物与物间距 2.5cm		
C4	货物按照"先进先出"方式周转		
C5	冷冻库、冷藏库墙面、地面和货架清洁，无异味，维护良好		
C6	干货库天花板、墙面、地面、货架和门帘清洁，维护良好		
C7	冷冻库、冷藏库内物料温度符合标准（冷冻货品温度低于 $-12°C$，冷藏货品温度保持在 $1°C{\sim}7°C$）		
C8	冷冻冰箱、冷藏冰箱内物料温度符合标准		
C9	食品原料的包装完好无损（无塌陷、裂缝或胀开，盖子无破损）		
小计	9	实得	%

（续表）

食品安全操作检定表					
日期：		检定时间：	餐厅：		评估人：
解冻				Y/N	发现问题
D1	正确执行解冻程序，避免交叉污染（程序参见营运标准手册）				
小计	1			实得	%
知识点认知				Y/N	发现问题
E1	询问正确的温度计校准步骤				
E2	询问正确的洗手消毒步骤				
E3	询问"先进先出"的概念及执行原则				
小计	3			实得	%
应得总分	50			实得	%
分析问题："为什么有差异""什么是问题的根源"，是个别事件还是普遍现象					
回应问题：需采取什么行动					
设定方向，或： 训练，或： 提供回馈，或： 支持并获得承诺，或：			行动负责人	完成时间	
使习惯化					
沟通结果 重复 EARS，或 确定下次评估时间：		认同鼓励 其他			
填表说明： −每栏小计为该项累计得分，单项合格打"√"，若某个单项不合格，则在相应的"N"格内写明具体情况； −总计实得%="Y"项合计 / 总分100分； −若不涉及某项，评估人需在此项标注"NA"；总计实得%="Y"项合计 /（总分100分−NA项的分值）； −用 EARS MODEL 的方式找到问题根源，制定行动计划并使之习惯化。					

第 91 讲　门店安全管理之人身安全

除了消防安全、食品安全，餐饮创业者在餐厅经营的过程中还要注意人身安全。

餐厅必须为员工提供一个安全的工作和生产环境。通常来说，员工面临的安全事故大多是由其疏忽大意造成的，因此在繁忙的工作期间，如果不重视安全事故的预防，跌伤、摔伤、切伤、烫伤和火灾等事故极易发生。餐饮创业者必须使员工掌握各种安全事故的预防及处理措施，尽最大能力确保员工的人身安全。

预防跌伤、摔伤、撞伤。一般来说，餐厅中的厨房通道、餐厅的过道和门口处是跌伤、摔伤、撞伤的多发地，因此，餐饮创业者应该在相应位置安装充足的照明设备和充分的防滑措施以及友情提醒等，督促员工保持地面干净，及时清理地面水渍、油渍等。餐厅应常备急救药箱，在发生跌伤、摔伤、撞伤时，做必要的处理，而后视情况将伤者送往医院。

预防切伤。切伤主要是由员工在工作时精神不集中，工作姿势或者工作程序不正确，刀具钝或者刀柄滑，作业区光线不足或刀具摆放的位置不正确，切割设备没有安全防护装置等原因引起的。餐饮创业者应该经常对员工进行培训，提醒其刀具是处理食材的工具，绝不能拿来打闹，在切割食材时要集中注意力，并使用正确的切割姿势，按照规定的程序操作等。一旦发生切伤事故，可采用压迫止血法、止血点指压法、止血带止血法等方法止血。如果是小伤口，用清水或生理盐水稍微冲洗后再用干净的纱布包扎一下即可。

预防烫伤。烫伤主要是由员工工作时粗心造成的。在日常工作中，由于非常忙碌，员工很容易接触热锅、热锅柄、热油、热汤汁和蒸汽等，从而造成烫伤。餐饮创业者应加强员工的安全意识培训，提醒其使用热水器的开关时应小心谨慎，不要将容器内的开水装得过满，经常检查蒸汽管道和阀门，防止出现漏气伤人事故。如发生烫伤情况，应让伤者迅速避开热源；在水龙头下用冷水持续冲洗伤处，或将伤处置于盛冷水的容器中浸泡，持续30分钟，以脱离冷源后疼痛显著减轻为准；将覆盖在伤处的衣裤剪开，以避免皮肤损伤变重；创面不要用红药水、紫药水等有色药液，以免影响医生对烫伤深度的判断，也不要用碱面、牙膏等乱敷，以免造成感染。如伤者烫伤严重，应将其送往医院接受医生的治疗。

预防扭伤。餐厅员工在搬运过重物体或者使用不正确的搬运方法搬运物品的过程中，可能会出现腰部或者四肢扭伤的情况。餐饮创业者应该提醒员工在搬运物品时量力而行，使用正确的搬运姿势，可以使用推车等减少人力损耗。

预防电击伤。一般来说，餐厅员工受电击伤害的可能性不大，但其危害却很大，应当予以特别关注。电击伤发生的主要原因是厨房设备老化、电线有破损处或者接线点处理不当、湿手接触电器设备等。餐饮创业者应该定期检查相应设备和电路情况，在容易发生触电事故的地方做上标记，以提醒员工注意。若发生电击情况，相关人员应立即切断总电源，使伤者脱离电源，视情况实施心肺复苏，而后包扎电烧伤伤口，将伤者迅速送往医院。

除了员工，餐饮创业者也要确保在餐厅就餐的顾客的人身安全。顾客面临的人身安全隐患与餐厅的员工相比可能相对少一些，其处理措施与员工的基本一致。餐饮创业者和餐厅的员工应该加强设施设备、食品卫生、员工操作等各方面的管理，确保顾客的人身安全不受任何损害。

第 92 讲 　门店安全管理之财产安全

除了消防安全、食品安全、人身安全，财产安全也是门店安全管理的重要一环。财产安全包括餐厅的财产安全、员工的财产安全和顾客的财产安全。

首先，现金安全。一般来说，餐厅的每日营业额会有一部分以现金的形式收取，这就会发生被偷、被抢等情况。这就要求相关人员按照要求及时将现金收入存入银行，减小被偷、被抢风险。当然，随着线上收款方式的普及，以现金形式收到的餐费会越来越少，这方面的风险也会逐步降低。

其次，食材安全。除了现金，餐厅运营中的珍贵食材也是容易发生损失的重要方面。一些高端餐饮企业的某些食材相对来说比较珍贵，如一些顶级的酒水、顶尖的火腿、顶尖的生蚝、顶尖的鲍鱼等。这些食材也是非常重要的财产，如果保存不当或者被员工偷拿，也会造成不小的损失，餐饮创业者应该对其加强管控。餐饮创业者可以加强监督和管控，实行重要食材多人负责制，同时使用加锁的冰箱保存，以防止丢失。

最后，固定资产安全。餐厅的固定资产包括电视、电脑、桌椅和挂在墙上的字画及装饰品等。固定资产的非正常损耗直接关系着餐厅的经营效益。餐饮创业者可以采取安装监控等措施，加强对固定资产的管控。

除了餐厅的财产安全之外，餐饮创业者还要考虑员工的财产安全。餐饮创业者要时刻提醒员工，不要将手机、电脑等贵重物品放在公共空间，提升安全意识，保证自己的财产安全。

最后是顾客的财产安全。顾客的财产涉及顾客的衣服、电子产品，以及随身携带的重要资料等。餐厅应不允许吵闹、斗殴，要及时将闲杂人员请出现场。餐厅服务人员要随时提醒顾客看好自己的财物，发现醉酒或可疑人员及时通知保卫人员。当顾客离开餐厅时，服务人员要主动提醒顾客带好随身物品，要先检查有无遗留物品再收台面。如果发现顾客遗留物品应将其送到吧台，由吧台统一管理。在这一过程中，服务人员应在摄像头下清点顾客遗留物品，以确认失主并避免不必要的纠纷。

第93讲　门店五常管理

五常管理法，也叫五常法，在餐饮业或者其他行业的应用十分普遍。五常法是用来创造和维护良好工作环境的一种有效技术，包括常整理、常整顿、常清洁、常规范、常自律。它源自五个以"S"为首的日本字，又称5S，是当今餐饮企业十分推崇的、先进的卫生管理模式，也是强化餐饮经营卫生意识，提高卫生管理水平，促进企业员工自律，消除餐饮卫生安全隐患的一种有效手段。

第一个常是常整理（Structurise）。常整理指将工作场所的任何物品区分为有必要的与没有必要的，留下有必要的，清除没有必要的。

常整理要求餐饮创业者能快速地掌握店面所有物资及原料情况，做到整体把握、条理清晰。

餐饮创业者要准确地判断出哪些是必要物品，哪些是非必要物品，哪些是无用物品，同时将必要物品库存降到最低（也就是最低安全库存），将非必要物品及无用物品清理掉，腾出最大的空间。餐饮创业者应制定必要物品和非必要物品的判别标准，了解必要物品的使用频率、决定日常用量；根据物品的使用频率进行分层管理。

第二个常是常整顿（Systematise）。常整顿指将留下来的必要物品依规定位置摆放，并放置整齐，加以标示。

常整顿要求餐饮创业者能将所有物品根据门店营业状况、使用状况、动线形式、岗位布置等进行合理科学的安置；对要用的东西依规定定位、定量，明确标示且摆放整齐。

餐饮创业者要对可供置物的场所和物架进行统筹规划，将物品在规划好的地方摆放整齐，标示所有的物品。

第三个常是常清洁（Sanitise）。常清洁指将工作场所内看得见与看不见的地方清扫干净，保持工作场所干净、整洁。

常清洁要求餐饮创业者具备较高的清洁标准和清洁能力，同时能合理地划分责任区域及明确责任人。

餐饮创业者应勒令相关人员清除工作场所各区域的脏乱物品，使环境、物品、仪器、设备保持清洁状态，防止污染的发生；使环境整洁、明亮，保证取出的物品能正常使用。

第四个常是常规范（Standardise）。这里的规范指卫生、服务、菜品标准、操作、安全等的规范。

常规范要求餐饮创业者能够整体把控店面所有的规范标准。

餐饮创业者要连续地、反复不断地坚持前面的 3S 活动，养成坚持的习惯，并辅以一定的监督措施，通过制度化来维持成果。

第五个常是常自律（Self-discipline）。常自律即自觉履行规则、自我监督执行，养成良好的习惯。

常自律要求餐饮创业者严以律己，并监督员工严以律己。

餐饮创业者要监督所有人员依规定行事，养成好习惯，常自律是五常管理法的灵魂。

五常管理法是餐饮业现场管理的实用技术和方法，是厨房卫生管理的革命，有效落实五常法可以提高工作效率和工作质量，节约成本、空间和能源，使餐厅的成本减少10%；确保厨房卫生和菜品安全，使安全事故的发生率降至最低；改善工作现场，增加人均能效，提升员工素质，使餐饮管理上一个新的层次，这是提高餐饮企业效率，树立企业形象的最佳途径。

第94讲 成本管理之食材成本的控制与管理

餐厅食材成本控制与管理的关键点包括订货、收货、储存、盘点、生产计划管理和值班管理。

在订货时，采购人员应做到以下几点。 1.根据餐厅的运营状况，计划食材采购数量。2.正确填写订货单。3.及时完成订货评估表。4.保存和管理相关资料与报表。5.适时、准确地完成原料的千元用量计算及订货前的盘点。6.依照历史记录与趋势预估营业额，并与门店经理沟通进货的次数与数量。7.监督原料与仓库的管理，如先进先出的执行，检查物品是否均处于保质期内。一般来说，原料采购过多，会使原料过期，使丢弃成本上升，同时还会造成资金积压，影响先进先出的执行。订货量＝需求量－存货量（未进货量＋期末存量）。预估需求量＝预估营业额 × 千元用量。千元用量是指每1000元营业额所需使用原料的数量。例如，在1000元的营业额中，销售了10份土豆丝，预计第二天的营业额是8000元，那么就会销售80份土豆丝，如果每一份土豆丝的制作需要使用250克的生土豆丝，那么80份就需要20千克（80×250克）的生土豆丝。假设土豆切成丝的转化率（也叫出成率）是90%，那么就需要约22千克（20千克/90%）的土豆，即土豆的需求量为 22 千克。采购人员可以根据这个需求量来计算订货量。

在收货环节，相关人员应做到以下几点。餐饮创业者应制定食材验收的操作规程，验收一般分质、量和价格三个方面的验收。质：验收人员必须检查购进的食材原料是否符合原先规定的规格标准和要求。量：对所有的食材原料查点数量或复核重量，核对交货数量是否与请购数量、发票数量一致。价格：检查购进原料的价格是否和所报价格一致。如果以上三方面有一方面不符，验收人员都应拒绝接受全部或部分原料，门店也应拒绝付款，并及时通知原料供应单位。

在储存环节，相关人员应做到以下几点。储存是食材成本控制的一个重要环节，如储存不当就会引起食材的变质或丢失等，从而造成食材成本的增高和利润的下降。一般来说，餐饮经营中会涉及的食材包括谷类食品、蔬菜类食品、鱼类食品、肉类食品、调味品、豆类食品、乳制品、蛋类、油脂类、水果、腌制食品、酒水饮料等。食材不同，其储存方法也不同，相关人员要按照食材的储存要求，将验收入库的食材分类储存。例如，谷类食品应放在密闭、干燥容器内，置于阴凉处。蔬菜类食品应除去败叶、尘土及污物，保持干净，用纸袋或多孔的塑胶袋套好，放在冰箱下层或阴凉处。所有储存的食材原料都应注明进货日期，以便搞好存货的周转工作；发放原料时要遵循"先进先出"原则，即先存原料早提用，后存原料晚使用。餐饮创业者要安排专人定期检查食材储存情况，避免食材过期、受潮等。

在生产环节，相关人员应做到以下几点。粗加工过程中的成本控制工作主要是科学、准确地测定各种原料的净料率，为提高原料的净料率，就必须严格按照规定的操作程序和要求进行加工。对成本较高的原料，应先由有经验的厨师进行操作；尽量回收粗加工过程中的剔除部分（肉骨头等），提高其利用率，做到物尽其用，以便降低成本。在**切配过程**中，相关人员应根据食材原料的实际情况，遵循整料整用、大料大用、小料小用、下脚料综合利用的原则降低食材成本。在**烹饪过程**中，厨师应严格执行调味品的使用规格，这不仅可以保证菜品质量稳定，还可以降低成本。除此之外，厨师在烹饪过程中应"一锅一菜、专菜专做"，并严格按照操作规程进行操作，掌握好烹饪时间及温度。如果宾客对每份菜品都有意见并要求调换，就会影响服务质量，造成食材成本的提高。因此，餐饮创业者应要求每位厨师努力提高烹调技术，合理投料，力求不出或少出废品，这样才能有效地控制烹饪过程中的食材成本。

以上是食材成本的控制与管理要点，餐饮创业者在日常工作中应予以关注。

第95讲 成本管理之能源成本的控制与管理

餐饮创业者树立能源成本控制与管理理念十分重要。餐饮创业者应实施有效的节能管理，采用节能措施降低能源的损耗，达到降低能源成本的目的。一般来说，餐饮企业的能源成本要占到3%~10%。餐饮业态不同、餐厅规模不同，其能源成本也不同。如果门店规模较小，能源成本可能只占3%~4%；如果是中餐厅，能源成本可能会占到5%~6%；如果是火锅店，那会相对高一些，可能要占到8%~10%。通常来说，餐厅的水、电、燃气等能源成本是可控的。积少成多，能源成本控制应从一点一滴抓起。

一、节水

餐饮创业者可以采用的节水装置有废水二次利用的节水装置，废水回收利用装置，双层洗菜盆，多功能回用水循环利用系统，自动储水节水器，厨房用循环储水箱，多功能污水处理高效节水装置，节水型商用中餐灶，厨房废水分流节水系统，实用节水箱，废水利用节水装置，源头二次回用节水储水排水装置等。

二、节电

电费是餐厅经营中的一项重要支出，随着电价的不断攀高，电力成本也会越来越高，那么怎么才能最大限度地节电降耗呢？

冰箱。餐饮创业者应将冰箱放在通风处，四周留出适当的散热空间；在夏季来临之前，应先清理冰箱外围，留出足够的通风空间，散热好，冰箱耗电量就少。尽量将冰箱放在厨房背阴的一面，冰箱周围的温度每提高 5 摄氏度，就要增加 25% 的耗电量。一次取出够一餐使用的原料，尽量减少开关冰箱门的次数。调节温控器是冰箱省电的关键，夏季一般将其调到最高处，以免冰箱频繁启动，增加耗电。及时除霜，如果冰箱挂霜太厚，会产生很大的热阻，影响冷热交换，增加耗电量。应将水果、蔬菜等水分较多的食品，用塑料袋包好放入冰箱，以免水分蒸发，增加耗能。冰箱内的东西不要塞得太满，与箱壁保持一定间隙。严禁将未冷却的食品马上放入冰箱内，以减少耗电。发现门封条有漏气现象，应及时更换，避免从缝隙中散失冷气，空耗电能。

电灯。一般来说，厨房的灯光只需发挥照明作用即可，而且使用时段固定，无须频繁开关，所以最适合使用节能灯，与日光灯管相比可节电

30%。厨房人员要尽量减少节能灯的开关次数，频繁开关极易造成节能灯的损坏，而且更加耗电。

烤箱。工作人员在用烤箱制作食品时，应连续操作，不要在烤完一箱后停很长时间再烤第二箱。要尽量利用烤箱箱内空间，一次制作多种食品，这样的用法既节省时间，又降低电耗。

电饭锅。工作人员在使用电饭锅煮饭时，要用热水代替凉水，可缩短烧煮到沸腾的时间，达到节约电能的目的。煮饭时，当锅内沸腾一段时间后，可拔掉电源插头，使电源断开，利用电热元件的余热，将米饭的水全部吸干，再插上电源插头，这样既可节约电能，又可延长电热元件的使用寿命，也能减少开关接触点的磨损。

三、节燃料

餐厅现在所用的炉灶，因为压力大，开关一开，火苗就会瞬间窜出，这样会一下烧掉很多燃料，这就需要使用人员研究怎么用才最节省，例如，先开一下立即关掉，再慢慢打开，火就没有那么大了。餐饮创业者还应利用技术完成锅炉油改气的改造，可长久地节省能源费用。

餐饮创业者应在餐厅中广泛推广以上节能方法和节能措施，建立相应的管理制度。很多员工由于习惯所致，很难及时地转变观念，需要制度加以规范，并通过有效的监督检查体系督促落实。餐饮创业者可以将节能责任落实到人，将单位时间内的目标能源成本分解成具体指标，分配给不同的成员或者生产班组，并与一定的奖惩制度挂钩，对节能意识好，节能效果显著的人员给予适当的奖励，对浪费能源或者没有达成目标能源成本的人员采取有力的教育和处罚措施。

第 96 讲　成本管理之物料成本的控制与管理

餐饮经营中容易出现的三种损耗包括食材损耗、能源损耗及物料损耗，前两讲已经介绍了前两种损耗的控制方法，本讲主要介绍如何管理门店的物料损耗。

餐饮企业为完成一定的经营目标，为了满足顾客的消费和享用的需求，就必须消耗一定数量的物料。通常来说，餐饮企业的物料成本少则占到成本的 3%，多则占到 5%~6%。餐饮创业者要对物料消耗进行定额管理，从而更好地控制和管理物料成本。物料消耗定额也就是指在一定的营收基础上，餐饮企业为达到服务标准所消耗的物料数量的标准。

常用的物料消耗定额管理方法主要有以下几种。

1. 经验估计

经验估计指管理人员根据一定的客观资料进行主观估计的办法。采用这种方法，要求物料管理人员运用较为丰富的实践经验，以及一定数量的物料消耗记录，制定企业物料消耗定额指标。

2. 技术分析

该方法主要是根据运营过程中物料消耗的实地、定点的观察记录，通过对物料实际的消耗程度的测定，并且运用一定的技术分析方法来确定餐饮企业物料消耗定额。

3. 量化统计

量化统计主要是按照本餐饮企业和其他同类型餐饮企业物料消耗的数

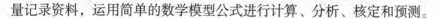

量记录资料，运用简单的数学模型公式进行计算、分析、核定和预测。

餐饮业不同于其他行业，其在经营过程中的每时每刻都消耗物料，所以就需要保持一定的物料储备，以保证经营运作的不间断。

餐饮企业备有一定数量的物料用于维持正常运转是十分必要的。但是，这一量化的标准应该满足合理、经济和平衡的管理要求。换句话说，餐饮企业物料的储备量不能过多，而且储备数量应该随着餐饮企业经营情况和市场需求的实际变化，及时进行调整。储备数量过多，势必形成物料积压的被动局面，既占用餐饮企业大量的流动资金，又浪费人力，还会由于物料存放期过长，造成不应有的损耗，从而降低餐饮企业的经济效益。因此，确定物料储备的合理量化，在采购、供应和营运环节的连接中就显得格外重要。

餐饮企业到底应该储备多少物料不能简单而论，而应该从自身的经营需要和物料的成本费用角度出发，寻求一个综合的平衡点，使用最经济的费用、最低的物料储备，保证经营活动的正常运转。

餐饮企业对物料供应进行量化管理是为了适应企业经营的实际需要。一方面，物料供应可以保证餐饮企业的正常经营运作、设备保养和维护，是财务管理和资金合理流动的重要环节。另一方面其又要为这些环节管理活动的顺利进行提供物料保障。因此，餐饮企业应制定一个供应计划，包括年度供应计划、季度供应计划和月度供应计划，在计划下统筹安排物料的使用和储存。

以上三讲的内容是连锁运营的成本管理要点，餐饮创业者要在日常经营和管理过程中不断积累经验，降低相关成本，提升经营收益。

第 97 讲　门店需要遵循的监管要求

在餐饮经营过程中，餐饮创业者要受到很多管理部门的监管。在基础篇中，我们已经介绍过餐饮创业者在开设餐厅过程中要接触的管理部门，以及要达到的要求。本讲主要介绍随着餐厅的不断发展以及规模的不断扩大，餐饮创业者需要遵循的监管要求。

一、餐饮创业者要遵循食品药品监督管理局的监管要求

餐饮服务的提供者，包括餐馆、小吃店、快餐店、饮品店、食堂、集体用餐配送单位和中央厨房等都是食品药品监督管理局的监管对象。餐饮服务提供者需要在以下方面遵循食品药品监督管理局的监管要求。

机构及人员管理。餐饮服务提供者应根据经营规模设置食品安全管理机构并配备专职食品安全管理人员，或者配备专职或兼职食品安全管理人员。食品药品监督管理局对餐饮服务提供者设置的食品安全管理机构和人员职责、基本条件、健康条件、个人卫生、工作服、人员培训等均有明确要求，需要餐饮服务提供者严格遵守。

场所与设施设备。食品药品监督管理局对场所与设施设备的要求包括选址要求，建筑结构、布局、场所设置、分隔、面积要求，设施要求（地面与排水要求，墙壁与门窗要求，屋顶与天花板要求，卫生间要求，更衣场所要求，库房要求，专间设施要求，洗手消毒设施要求，供水设施要求，通风排烟设施要求，清洗、消毒、保洁设施要求，防尘、防鼠、防虫害设施及其相关物品管理要求，采光照明设施要求，废弃物暂存设施要求，设

备、工具和容器要求），场所及设施设备管理要求。

过程控制。食品药品监督管理局对过程控制的要求包括加工操作规程的制定与执行，采购验收要求，粗加工与切配要求，烹饪要求，备餐及供餐要求，凉菜配制要求，裱花操作要求，生食海产品加工要求，饮料现榨及水果拼盘制作要求，面点制作要求，烧烤加工要求，食品再加热要求，食品添加剂的使用要求，餐用具清洗消毒保洁要求，集体用餐食品分装及配送要求，中央厨房食品包装及配送要求，甜品站要求，食品留样要求，储存要求，检验要求，餐厨废弃物处置要求，记录管理要求，信息报告要求，备案和公示要求，投诉受理要求等。

表 13-6 是食品药品监督管理局对餐饮服务提供者的场所布局要求，供餐饮创业者参考。

表 13-6　餐饮服务提供者场所布局要求

项目	加工经营场所面积（m²）或人数	食品处理区与就餐场所面积之比（推荐）	切配烹饪场所面积	凉菜间面积	食品处理区为独立隔间的场所
餐馆	≤ 150 ㎡	≥1：2.0	≥食品处理区面积50%	≥食品处理区面积10%	加工、烹饪、餐用具清洗消毒
	150 ~ 500 ㎡（不含 150 ㎡，含 500 ㎡）	≥1：2.2	≥食品处理区面积50%	≥食品处理区面积10%，且≥5 ㎡	加工、烹饪、餐用具清洗消毒
	500 ~ 3000 ㎡（不含 500 ㎡，含 3000 ㎡）	≥1：2.5	≥食品处理区面积50%	≥食品处理区面积10%	粗加工、切配、烹饪、餐用具清洗消毒、清洁工具存放
	> 3000 ㎡	≥1：3.0	≥食品处理区面积50%	≥食品处理区面积10%	粗加工、切配、烹饪、餐用具清洗消毒、餐用具保洁、清洁工具存放

（续表）

项目	加工经营场所面积（㎡）或人数	食品处理区与就餐场所面积之比（推荐）	切配烹饪场所面积	凉菜间面积	食品处理区为独立隔间的场所
快餐店	—	—	≥食品处理区面积50%	≥食品处理区面积10%，且≥5㎡	加工、备餐
小吃店饮品店	—	—	≥食品处理区面积50%	≥食品处理区面积10%	加工、备餐
食堂	供餐人数50人以下的机关、企事业单位食堂	—	≥食品处理区面积50%	≥食品处理区面积10%	备餐、其他参照餐馆相应要求设置
	供餐人数300人以下的学校食堂，供餐人数50～500人的机关、企事业单位食堂	—	≥食品处理区面积50%	≥食品处理区面积10%，且≥5㎡	备餐、其他参照餐馆相应要求设置
	供餐人数300人以上的学校（含托幼机构）食堂，供餐人数500人以上的机关、企事业单位食堂	—	≥食品处理区面积50%	≥食品处理区面积10%	备餐、其他参照餐馆相应要求设置
	建筑工地食堂	布局要求和标准由各省级食品药品监管部门制定			—

（续表）

项目	加工经营场所面积（m²）或人数	食品处理区与就餐场所面积之比（推荐）	切配烹饪场所面积	凉菜间面积	食品处理区为独立隔间的场所
集体用餐配送单位	食品处理区面积与最大供餐人数相适应，小于200㎡，面积与单班最大生产份数之比为1：2.5；200～400㎡，面积与单班最大生产份数之比为1：2.5；400～800㎡，面积与单班最大生产份数之比为1：4；800～1500㎡，面积与单班最大生产份数之比为1：6；面积大于1500㎡的，其面积与单班最大生产份数之比可适当减少。烹饪场所面积≥食品处理区面积15%，分餐间面积≥食品处理区10%，清洗消毒面积≥食品处理区10%				粗加工、切配、烹饪、餐用具清洗消毒、餐用具保洁、分装、清洁工具存放
中央厨房	加工操作和储存场所面积原则上不小于300㎡；清洗消毒区面积不小于食品处理区面积的10%	≥食品处理区面积15%	≥10㎡		粗加工、切配、烹饪、面点制作、食品冷却、食品包装、待配送食品储存、工用具清洗消毒、食品库房、更衣室、清洁工具存放

注：1. 各省级食品药品监管部门可对小型餐馆、快餐店、小吃店、饮品店的场所布局，结合本地情况进行调整，报国家食品药品监督管理局备案；

2. 全部使用半成品加工的餐饮服务提供者以及单纯经营火锅、烧烤的餐饮服务提供者，食品处理区与就餐场所面积之比在上表基础上可适当减少，有关情况报国家食品药品监督管理局备案。

二、餐饮创业者要遵循消防部门的监管要求

《中华人民共和国消防法》第十五条规定："公众聚集场所在投入使用、营业前，建设单位或者使用单位应当向场所所在地的县级以上地方人民政府消防救援机构申请消防安全检查。

消防救援机构应当自受理申请之日起十个工作日内，根据消防技术标准和管理规定，对该场所进行消防安全检查。未经消防安全检查或者经检查不符合消防安全要求的，不得投入使用、营业。"

《中华人民共和国消防法》没有单列章节对餐饮业进行特别规定，但餐饮企业作为公众聚集场所，必须进行消防验收、消防申报及营业前安全检查。

餐饮创业者要按照《餐饮场所消防安全管理规范》（DB42/T 413-2009）文件要求，制定消防安全管理制度，有效地预防火灾。

三、餐饮创业者要遵循其他有关部门的监管要求

除了食品药品监督管理局、消防部门外，餐饮创业者还要遵循其他有关部门包括城市管理部门、街道办事处等相关部门的监管。餐饮门店在经营过程中会涉及油烟的排放、污水的排放、厨余垃圾的处理等，这些都需要接受城市管理部门的检查和监督。街道办事处有时也会对本辖区的餐饮企业进行专项巡查，以确保餐饮服务行业的食品安全，提高餐饮服务单位对食品安全的重视。

餐饮创业者除了要在开始装修之前，了解各个管理部门的相关规定，按照流程完成相关的申请和报批工作，还要在经营过程中严格遵循相关部门的监管要求，依法取证，合法经营。

第 98 讲　门店利润管理之营业收入分析

有些人认为，营业收入高的餐厅应该比营业收入低的餐厅好，如果是

同一家餐厅，营业收入高更要比营业收入低好。但是，对于专业的餐饮创业者而言，结论则不一定，因为一家餐厅的效益除了受营业收入数量的影响，更要受营业收入质量的影响。

作为劳动密集型行业，餐饮业的工作强度和工作难度在第三产业难寻对手。但是，很多餐饮创业者辛辛苦苦多年，最终却以关门收场。也有很多侥幸存活下来的企业，可能发现自己白忙一场，营业收入看似不错，利润却几乎为零。这种情况的发生就是因为其营业收入只有数量，没有质量。

对于营业收入数量的高低，餐饮创业者一眼就能看出来，但是如何判断营业收入质量的好坏呢？

餐饮创业者需要分析营业收入的结构。营业收入结构是指营业收入的构成。宏观而言，餐饮企业的营业收入由两部分构成，即长效收入和当期收入。这里的"效"指的是时效，长效收入是指长期出现的规律性的消费收入，这部分收入在每个消费周期都会重复出现。例如，快餐的消费周期是周（星期），火锅的消费周期是月。当期收入是指偶发性收入，今天有，明天就不一定，可能没有，可能更少，也可能更多。

按照营业收入的质量，当期收入又可细分为有效收入和无效收入。此处的"效"指的是效益，具体而言，就是转化为利润的程度。有效收入的质量好，转化为利润的程度高，而无效收入则刚好相反，不但无利可图，甚至可能出现倒贴的情况，即为了获得这部分所付出的成本高于收入本身。

这样，餐饮企业的营业收入就由长效收入、有效收入和无效收入构成。利润的实质，就是餐饮企业从长效收入和有效收入中获得的盈利抵消无效收入产生的亏空后的节余。如果刚好抵消，则餐饮企业盈亏平衡，不挣不亏；如果无法完全抵消，那么，餐饮企业亏损。

很多餐饮企业在营业之初的营业收入很高，然后直线下滑，而且波动很大，就是因为营业收入结构中当期收入比重高，长效收入比重低。还有一些餐饮企业生意很好，营业收入很高，就是没有利润，原因就在于无效收入比重偏高。

总之，营业收入结构是每一位餐饮创业者应该重点关注的指标。只有营业收入结构合理、有效，餐饮企业才能持续获得利润，不断发展壮大。

第 99 讲　门店利润管理之保本点分析

保本点也称盈亏平衡点，指在一定的销售量下，企业的销售收入和销售成本相等，不盈利也不亏损。在餐饮经营与管理中，盈亏平衡分析对降低餐饮企业经营风险、提高餐饮企业盈利能力具有重要意义。

一般来说，在计算保本点时会涉及收入、成本等方面的数据。收入包括客单价（平均每位顾客每次在餐厅内消费的金额）、翻台数（餐厅每个座位平均每天上座次数）、上座率（餐厅总体入座比率）等；成本包括固定成本和变动成本等。

餐饮成本与其他成本一样，可以按多种标准进行分类。固定成本和变动成本是按照是否与业务量有关来划分的。固定成本是指不随业务量（产量、销售量或销售额）的变动而变动的那些成本，如人力成本、餐厅租金、能源成本、固定资产折旧；变动成本是指在一定时期和一定经营条件下，随着业务量的变动而变化的那些成本。例如，食材成本会随着菜品生产和销售的增加而增加，所以属于变动成本。

一般来说，在餐饮企业的日常运营中，高层管理者以控制固定成本为主；中低层管理者以控制变动成本为主，尽量降低成本费用。在划分固定成本和变动成本后，餐饮创业者就可利用数学方法分析业务量、成本及利润（简称量本利）三者之间的盈亏平衡关系，对成本费用进行分析，加强对成本的控制和管理，提高餐饮企业的经营效益。

一般来说，餐饮企业经营利润的计算公式为：

$$经营利润 = 总收入 - 总成本$$
$$= 客单价 × 座位数 × 翻台数 × 上座率 - 固定成本 - 变动成本$$

当餐厅经营利润 =0，即在盈亏平衡的状态下，

$$客单价 × 座位数 × 翻台数 × 上座率 - 变动成本 = 固定成本$$

在以食材成本约为变动成本的情况下，则

$$客单价 × 座位数 × 翻台数 × 上座率 - 食材成本 = 固定成本$$

由此可以推导出，保证餐厅盈亏平衡的客单价应该达到：

$$客单价 = 固定成本 / [（1- 食材成本率）× 座位数 × 翻台数 × 上座率]$$

同理，还可以推导出保证餐厅盈亏平衡，必须要达到的顾客数量和食材成本率的下限，即：

$$顾客数量 = 固定成本 / [客单价 ×（1 - 食材成本率）]$$
$$食材成本率 =1- 固定成本 /（客单价 × 座位数 × 翻台数 × 上座率）$$

餐饮成本与其他成本一样，可以按多种标准进行分类。

此外，依据盈亏平衡分析还能够推导计算出一定目标利润下的客单价、顾客数量、食材成本率等。此处不再赘述。

餐饮创业者由此可以计算出，在其他条件一定的情况下，餐饮企业至少需要保证 × 元的客单价、× 人的客流量以及 × 的食材成本率，才能实现盈亏平衡。

而如果要实现盈利，则需要通过新品研发、营销及促销、成本控制等来提升客单价、增加客流量和降低食材成本率。在通过盈亏平衡分析确定保本客单价之后，能够为餐厅菜品定价提供量化参考。在其他指标达到要求的情况下，餐饮创业者只有为预计顾客消费的产品组合定一个高于保底客单价的价格总和，才能确保盈利。在其他指标达到要求的情况下，餐饮创业者只有研发价值大于保底价值的新品，才能为企业盈利做出贡献。在其他指标达到要求的情况下，餐饮创业者只有通过开展各种营销及促销活动，使一定时期（每日、每周、每年）光顾的顾客数量达到盈亏平衡要求的最低顾客数量，而且要尽可能提高来店光顾的顾客数量，才能为餐厅盈利提供基础。除此之外，在其他指标达到要求的情况下，餐饮创业者要保证餐厅经营不亏损并实现一定盈利，必须通过成本控制，将食材成本率（变动成本率）控制在盈亏平衡分析得出的数字以下。

当然，除了餐饮创业者要关注保本点的测算，餐饮投资者也要关注餐饮企业的保本点，从而使投资决策更加科学，投资回报率更加稳健。

第 14 章

餐饮基础股权设计

第 100 讲 合伙协议包括哪些要点

如今在餐饮行业，经营一家餐饮企业风险越来越高，竞争也越来越大，于是与人合伙成了很多餐饮创业者的第一个选择。不管是找一个合伙人还是两个合伙人，餐饮创业者一定要签订合伙协议，明确责任和利益分配，以规避经营风险。通常来说，签订合伙协议这项工作应该交给专业的第三方如律师来完成。那么，除了双方名称、企业名称、合伙经营项目和范围这些基本信息外，合伙协议包括哪些要点呢？

一、出资额、方式、期限。一般来说，合伙人可以用货币、实物、知识产权、土地使用权或者其他财产权利出资，也可以用劳务出资。货币比较好理解，实物又称有形财产，指合伙人现存的可以转让的有形财产，通常包括厂房、机器设备、原材料、零部件等。知识产权包括商标权、著作权、专利权、发明权、发现权及其他科技成果权。土地使用权须为依法取得的。其他财产权利如商业秘密权、土地承包权、担保物权、采矿权、债权、资本证券等。

劳务出资，指出资人通过自己的劳动所体现出来的劳动技能出资的一种出资形式。合伙协议中要约定双方的出资形式、出资金额、出资占比，以及交齐出资额的时间。

二、盈余、工资分配与债权债务承担。一般来说，合伙企业的合伙人应该共同经营、共同劳动、共担风险、共负盈亏。除去经营成本、日常开支、工资、奖金、需缴纳的税费等的收入为净利润，即合作创收盈余，此为分配的重点，一般以合伙人出资为依据，按比例分配。如果在合伙经营过程中产生了债务，则先由合伙财产偿还，合伙财产不足清偿时，以各合伙人的出资为依据，按比例承担。

三、入伙、退伙、出资的转让。合伙协议中要对合伙人入伙、退伙（可以退伙和当然退伙）的情况予以约定，同时也要约定出资的转让条件。

四、合伙负责人及合伙事务执行。合伙协议中要对合伙负责人及合伙事务的执行进行约定。假设两个合伙人都参与门店的管理，那大家的分工如何？例如，甲负责经营和管理，乙负责品牌和推广，或者甲负责市场拓展或者招商，乙负责门店管理等。双方必须在合伙协议中约定清楚各自的职责、各自的分工。

五、禁止行为。禁止行为指未经全体合伙人同意，禁止任何合伙人私自以合伙企业名义进行业务活动，禁止合伙人参与经营与合伙项目相似或有竞争的业务，禁止合伙人从事损害本合伙企业利益的活动。如果发生了类似行为，合伙人要承担相应的赔偿或者退出责任。

六、合伙的终止和清算。这一点主要约定在何种情况下，合伙终止及清算。根据《合伙法》第五十六条规定，合伙企业有下列情形之一时，应当解散。（1）合伙协议约定的经营期限届满，合伙人不愿继续经营的。合伙协议定有存续期间的，则于该期间届满时解散。但若合伙协议所定的期限届满后，合伙人仍继续其事务的，视为以不定期限继续合伙协议。（2）合伙协议约定的解散事由出现。合伙协议中约定有合伙解散事由的，当该约定事由出现时，合伙也就解散。（3）全体合伙人决定解散。合伙系基于全体合伙人的意思而成立，当然也得基于全体合伙人的意思而解散。无论合伙协议是否定有存续期间，均可因合伙人的全体同意而解散。（4）合伙人已不具备法定人数。（5）合伙协议约定的合伙目的已经实现或者无法实现。所谓合伙协议所约定的合伙目的无法实现，包括自始不能完成及中途不能完成。合伙皆有其存续目的，若其目的已达到或确定不能达到，合伙也就失去了存在的依据，理应解散。（6）被依法吊销营业执照。（7）出现法律、行政法规规定的合伙企业解散的其他原因。

七、违约责任。合伙人应该对未经其他合伙人同意而转让其财产份额，私自以其在合伙企业的财产份额出质，严重违反合伙协议或因重大过失或因违反相关法律法规导致合伙企业解散的行为承担违约责任。合伙协议要明确约定这种违约责任。

八、协议争议解决方式。合伙协议应对争议的解决方式做出约定。一般来说，凡因本协议产生或与本协议有关的一切争议，合伙人之间共同协商，如果协商不成，提交当地的仲裁委员会仲裁。

以上几部分是餐饮企业合伙协议包含的要点，餐饮创业者应提前熟悉，深入研究。

第 101 讲　如何设计餐饮股权架构

一个企业发展的根本是股权设计，大多数创业者都认为只有企业做大做强了，才会涉及股权架构的设计；殊不知，企业如果要快速发展、快速转型，就需要利用股权吸引人才和资本，再由此推动企业创新。而这一点在餐饮业尤为明显。餐饮企业的股权架构要服务于企业的战略定位，企业制定了什么样的战略，就要配置相应的股权架构。

本讲主要介绍餐饮股权架构的设计问题。对于餐饮创业者来说，不管是开设连锁企业还是只开设一家门店，只要有合伙人，都会涉及股权架构设计问题。

一、合伙人股权比例分配的考虑因素

1. 出资。如果所有合伙人都同意按比例出资，各方资源优势基本相当，则可以直接按出资比例分配。如果只有部分合伙人出资，则应取得比没有出资的合伙人相对多的股权。

2. 合伙人的资源优势。一般来说，在创业之初，合伙人的资源优势不同，其股权分配也应有所侧重。例如，有些项目的启动不需要太多资金，而是依赖某位合伙人的专利；有些项目则需要创意，产品仅是技术体现；有些项目，产品并不具有绝对的市场优势，推广更重要，等等。餐饮创业者应根据具体情况，赋予资源优势较大的合伙人更多的股权。

3. 股权设计必须有明显的梯次，最好不要比例均等。如果是三个合伙人，较为科学的比例结构是 5：3：2。

二、股权分配比例差异

合伙企业的股权不能由合伙人分光。合伙事业的发展还需要新合伙人、核心员工和投资人的支持。所以，在切分股权蛋糕时，餐饮创业者应当具有长远眼光，预留好未来需要引进的新合伙人的股权，员工激励股权份额，还有未来需要引进的投资人需要稀释的份额。

对于具体预留份额，没有固定比例，需根据实际情况而定。这些预留的股权份额，可以由 CEO 合伙人代持。

当然，这种预留是针对普通有限责任公司而言的，股份有限公司则不存在这个问题，股份有限公司可以通过增发股份的方式来吸引其他人，不一定需要采用预留的方式。

三、连锁企业和单个门店的股权设计差异

股东在连锁企业中的股权代表对所有门店的权力，而单个门店的股权则只代表在这个门店的权力。如果三个合伙人想要设立一个品牌，做成连锁企业，那么首先要注册成立一家公司，然后以约定的比例（如5：3：2）向这家公司注资，再以这家公司的名义开设多家门店，由该公司向门店进行投资，而非三个合伙人直接出资。

此时如果有第四个人想要入股，他可以选择向该公司投资，也可以选择向某个门店投资。已有的合伙人既可以选择让他投到品牌公司中，也可以让他投到单店的股权中。如果该投资者选择将资金投入公司中，那么就需要对公司进行估值，如果公司发展较好，估值比三个合伙人实际出资高，那么就发生了品牌溢价；而如果他想向单个门店投资，那就与公司按照投资比例分配单个门店的股权。

和其他行业相比，餐饮业可以通过连锁店或者加盟店的方式快速扩张，这是餐饮行业的优势，一个成熟的餐饮企业可以开设多家门店进行连锁经营。

虽然我们一直都在强调母公司的作用，但是母公司对门店是不是控股没有太大关系。因为门店的品牌、门店的供应链、门店的管理体系都是母公司提供的，甚至管理团队也是由母公司委派的。基于门店这样的特殊性，门店的股权完全可以面向社会众筹，包括面向员工众筹，这一方面可以实现杠杆收益，另一方面可以让员工更有归属感。

第 102 讲　餐饮企业如何实施期权激励

期权是什么？期权是一种选择，是企业赋予员工购买企业股权的选择权。在满足约定条件后，员工可以选择按照事先约定的价格和步骤购买企业股权。期权并不是股权，但未来可以转变为股权。餐饮创业者可以用期权这根纽带将期权持有者的利益与企业的长期利益结合起来，促进企业健康、持续发展。那么，餐饮创业者该如何实施期权激励呢？

一般来说，企业应统一制定一份《期权激励计划》，其中规定拟授出用于激励的期权数量、激励对象如何选择和确定、是分期分批还是一次性、行权价格或其确定方法、行权条件等。

餐饮创业者要和具体的激励对象签署《期权授予协议》。通过签署《期权授予协议》企业就授予了特定的员工一定数量的期权，协议内容包括数量、可行权日、行权有效期、行权价格、行权条件（包括积极条件和消极条件）、怎么行权等。

第一，餐饮创业者要设置一个期权总量。在设置期权总量前，餐饮创业者要先确定要分配的股权总量。

餐饮创业者可以根据激励力度、激励范围和激励成本来设置期权总量。一般来说，企业用于期权激励的总量越多，每个激励对象相应获得的份额也就越多，激励的效果就越显著。但是，根据实证研究，高管层期权持有比例与企业业绩并不总是正相关的，存在一定的区间效应，期权激励的总量应该保持在合理的区间范围。除此之外，期权激励对象的范围与激励总量成正比关系，激励的范围越大，需要的股权激励总额越多，反之则越少。但是，确定总量时关键还要考虑激励人员的层次，如果是针对高管人员，即使激励的人员范围较小，也需要拿出较多的总量，才能真正达到激励效果。而期权激励的成本可以从企业融资、薪酬激励和会计处理多个角度考虑。从融资角度来说，需要的融资越多，那么拿出的股权总量越多。从薪酬激励的角度来说，企业释放的股权越多，总的薪酬激励成本越高；从会计核算的角度来说，股权激励的总量越多，企业需要摊销的成本越多。

例如，一个企业打算拿出 10% 的股权以分配期权的形式来激励企业管理团队，那么期权和股权之间就应该存在一个价值交换关系。如果企业的估值是 1000 万元，拿出 10% 的股权作为激励，这 10% 股权的价值就是 100 万元，假如将其分为 100 万份期权，那么每份期权的价值就是 1 元；分为 10 万份期权，那么每份期权的价值就是 10 元。

第二，在确定好期权总量后，下一步要考虑的就是如何进行期权分配。一般来说，期权激励对象的重点范围限于对企业未来发展有突出贡献和持续影响力的核心及骨干人才。餐饮创业者在确定好期权激励对象后，就要确定为每个激励对象分配多少期权。例如，共有 10 万份期权，分配给市场总监 1 万份，经理 5000 份……

第三，确定行权条件。授权不等于激励对象已经获得了期权，也不等于就可以行使期权了，餐饮创业者要为期权的兑现设置条件。一般都要安排一个可行权日，在这之前的期限就是所谓的成熟期，餐饮企业可以在这个期间对激励对象设置一些条件。例如，假如企业的利润每年增长 10%，那么激励对象每满一年可以获得期权的 20%，工作满五年才有权行使所有期权。如果激励对象工作没满五年，或者在五年之内任何一个时间退出，其期权将被无条件收回。

第四，确定退出的条件。当激励对象获得了期权之后，如果他辞职了，怎么收回他的期权？激励对象如果想收购和转让期权的话，又要符合什么条件？这些都是需要明确的。

期权作为一种激励机制，其要实现的目的是督促企业所有员工一起为企业的发展而努力。所以，期权能发挥作用的前提是大家对企业的估值看涨。只有企业价值高于《期权激励计划》和《期权授予协议》中确定的行权价格，激励对象才会行权。这个差价使行权那一刻激励对象便有收益，虽然只是账面收益。如果再继续，当激励对象成功变现时，企业估值（市值）又涨了一截，这时的差价就是实实在在的收益了。这才达到了激励的目的。

餐饮创业者只有设计可行且具有吸引力的期权激励机制，才能有效地激励员工为企业的发展做出贡献。

第103讲　餐饮企业在融资前需要做的准备工作

在消费升级的大背景下，我国的餐饮业获得了长足、快速的发展，餐饮企业要想做大做强，也开始需要资本的加持。如何获得融资，是摆在很多餐饮创业者面前的难题。本讲主要介绍餐饮企业在融资前需要做的准备工作。

一、餐饮创业者需要制作一份品牌手册。在这份品牌手册中，餐饮创业者应厘清自身的产品、模式及价值，明确以下几个问题：我是谁？我做什么东西？我的主打产品是什么？我的竞争对手是谁？我有哪些竞争优势？竞争优势可以体现在多个层面与维度，如创始股东团队优异、菜品实现了标准化生产、商业模式新颖、市场营销能力强、目标客户市场潜力巨大等。定位明确一方面可以帮助餐饮创业者找到适合自己的投资者，另一方面也让投资者能更加了解自己，从而提升融资成功的概率。

二、餐饮创业者要做好市场分析和发展规划。餐饮企业在融资之前一定要先做好市场分析，即分析自己的品牌在市场中有什么优势，市场的现状如何，国家的相关政策，竞争对手的特点，消费需求场景等。除此之外，餐饮创业者还需要做好企业发展规划，即明确企业未来要怎么发展，做好未来三到五年的发展规划。这样做是要给投资人信心，增强其投资信念。如果你只是走一步看一步，那便很难走得长远，也就没有投资人敢为你投资。

三、餐饮创业者要准备好近几年的财务报表。当然，财务报表要能体现餐饮企业的盈利能力和盈利趋势。如今的餐饮市场与两年前已经不一样了，两年前可能你只要有一份比较不错的商业计划书，就可以融到资金，现在不是了。你只有证明自己的商业模式具有很好的盈利性和盈利可能，才能说服投资人，而财务报表是证明盈利性和盈利可能的不二选择。

四、餐饮创业者要明确融资需求和资金使用方向。一般来说，餐饮创业者在融资前，需要确定此次融资的规模与目的，即结合企业现有资金状况及未来发展规划，确定需要从投资人手中融多少钱，并将融到的钱用在什么地方，是用于产品研发、开设新店，还是用于人才梯队建设、品牌营销，抑或其他方面。对于餐饮创业者来说，融资金额并不是越高越好。融资太多会稀释已有的股权，可能会不利于企业的稳定和运营。当然，如果融资金额太少，则可能解决不了当下的问题。所以餐饮创业者需要明确融资需求以及资金的使用方向，确定一个最合理的融资金额。

任何时候，打无准备之仗都是不明智的，融资也不例外。餐饮创业者要想取得最佳的融资效果，就必须提前做好完善的策划工作和充分的准备工作。从融资的战略策划和设计，到融资的具体实施，再到融资后的资金使用，都要心中有数，稳扎稳打。

第15章

餐饮加盟体系的建设

第104讲　连锁餐饮加盟招商前的准备工作

对于餐饮创业者来说，在企业发展到一定规模或者成为连锁餐饮品牌之后，就会面临加盟招商的问题。如果想要进行加盟招商，就要做好一定的准备工作。

第一，餐饮创业者需要到商务部门进行备案。根据《商业特许经营备案管理办法（2011修订）》，商务部及省、自治区、直辖市人民政府商务主管部门是商业特许经营的备案机关。在省、自治区、直辖市范围内从事商业特许经营活动的，向特许人所在地省、自治区、直辖市人民政府商务主管部门备案；跨省、自治区、直辖市范围从事特许经营活动的，向商务部备案。商业特许经营实行全国联网备案。符合《条例》规定的特许人，依据本办法规定通过商务部设立的商业特许经营信息管理系统进行备案。

申请备案的特许人应当向备案机关提交以下材料。（一）商业特许经营基本情况。（二）中国境内全部被特许人的店铺分布情况。（三）特许人的市场计划书。（四）企业法人营业执照或其他主体资格证明。（五）与特许经营活动相关的商标权、专利权及其他经营资源的注册证书；（六）符合《条例》第七条第二款规定的证明文件。在 2007 年 5 月 1 日前已经从事特许经营活动的特许人在提交申请商业特许经营备案材料时不适用于上款的规定。（七）与中国境内的被特许人订立的第一份特许经营合同。（八）特许经营合同样本。（九）特许经营操作手册的目录（须注明每一章节的页数和手册的总页数，对于在特许系统内部网络上提供此类手册的，须提供估计的打印页数）。（十）国家法律法规规定经批准方可开展特许经营的产品和服务，须提交相关主管部门的批准文件。外商投资企业应当提交《外商投资企业批准证书》，《外商投资企业批准证书》经营范围中应当包括"以特许经营方式从事商业活动"项目。（十一）经法定代表人签字盖章的特许人承诺。（十二）备案机关认为应当提交的其他资料。以上文件在中华人民共和国境外形成的，需经所在国公证机关公证（附中文译本），并经中华人民共和国驻所在国使领馆认证，或者履行中华人民共和国与所在国订立的有关条约中规定的证明手续。

第二，餐饮创业者要符合加盟招商的条件。对外进行加盟招商的品牌，也叫特许人，需要符合相应的条件。首先，对外进行加盟招商的品牌，必须要有相对成熟的经营模式，也就是说餐饮创业者要能证明自己的模式是具有盈利能力和竞争优势的。其次，作为特许人必须要具备给加盟商提供经营指导的能力，要能为其在经营技术方面和业务培训方面提供相应的指导。最后，餐饮创业者必须拥有至少两家直营店，并且开业时间要超过一年。也就是说如果餐饮创业者只有一家直营店，那么进行加盟招商是不合法的。

第三，餐饮创业者要制作加盟招商推广手册和管理手册。加盟招商推广手册是餐饮企业用来招商的重要工具。它不但是展示企业实力的重要物料，同时也能体现品牌的总体运营状况。餐饮创业者需要对其进行系统规划，把企业的优势、实力及相应的招商优势体现出来，使之跃然纸上，从而促成招商的成功。它一般以企业简介、企业文化、行业分析、产品系列、优势分析、加盟保障、加盟条件、加盟流程等几部分内容构成。

　　加盟招商管理手册是为加强连锁餐饮品牌对加盟商的服务与管理，推动加盟店的业务规范、健康、有序地发展而制作的。其要在统一政策、统一管理、统一服务的基础上，加大对加盟商的资质审查力度、支持服务力度、监督力度，在保证其经济效益的同时，维护好品牌的社会效益。

　　第四，餐饮创业者需要扩建团队。如果要维护品牌的信誉，管理并服务好加盟商，餐饮创业者需要分别组建一支加盟招商团队和一支管理团队。如果只有招商团队，没有管理团队，那么加盟商做得对不对、好不好，餐饮创业者是不清楚的。如果加盟商产品不达标、价格不统一，折扣、促销不规范，那么会损害品牌的形象和利益。

　　以上便是餐饮创业者在进行加盟招商前要做的准备工作。图 15-1 是一张加盟运营流程图示例，供餐饮创业者参考。

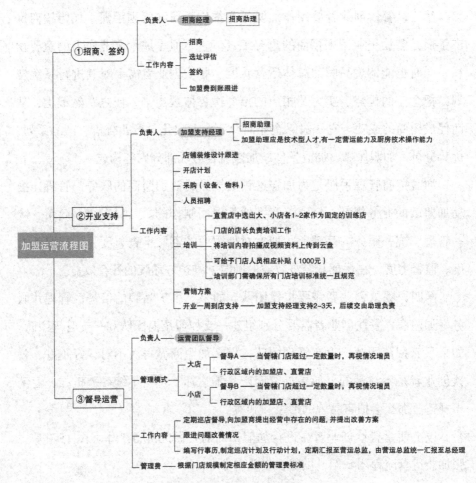

图 15-1 加盟运营流程图

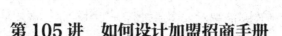

第105讲　如何设计加盟招商手册

　　餐饮创业者在进行加盟招商前，需要设计加盟招商手册。加盟招商手册包含两份手册，一份是加盟招商推广手册，另一份是加盟招商管理手册。正如上一讲介绍的，加盟招商推广手册是展示企业实力的重要物料。那么，加盟招商推广手册应该包含哪些内容呢？

　　一、加盟招商推广手册应该包含企业简介。 加盟招商推广手册应介绍企业的发展历史，如成立时间、发展过程等；还应介绍企业的文化，包括企业的发展理念、使命和愿景；最后加盟招商推广手册应介绍企业过往取得的荣誉，包括企业获得的相关证书、表彰等。企业简介可以帮助加盟商初步了解企业情况。

　　二、加盟招商推广手册应该包含产品介绍。 餐饮创业者应该在加盟招商推广手册中对本企业的产品进行介绍，包括核心产品是什么，产品的特点是什么，产品的销售情况如何，以及与其他竞争者的产品相比本企业的产品有什么差异化优势等。

　　三、加盟招商推广手册应该包含团队介绍。 加盟招商推广手册应该介绍运营团队、管理团队以及企业创始人，以进一步加深加盟商对企业的了解。

　　四、加盟招商推广手册应该包含加盟流程介绍。 加盟流程非常重要，因为一旦加盟商确认加盟，便会按照这个流程开展合作。一般来说，餐饮加盟的基本流程大致相同。加盟商提交加盟申请；连锁品牌对加盟商的资质进行审核；审核通过后，连锁品牌邀请加盟商到企业来洽谈参观；确认最终的加盟意向。这时候加盟商可能需要交一笔意向金，签订一份意向性的协议，然后由连锁品牌对加盟店进行选址并评估，或者由加盟商自己选址，连锁品牌进行评估。评估合格并确定选址之后，双方就要签订合同开始加盟合作。

在签订完加盟合同、加盟协议之后，连锁品牌要对加盟商的管理团队进行培训，包括产品培训、技术技能培训等。除此之外，连锁品牌还要为加盟商设计营销方案，开展为期一个月的加盟指导等。这些内容都是餐饮创业者需要在加盟流程中予以明确的。

五、加盟招商推广手册应该包含服务标准。餐饮创业者要在招商推广手册中明确可以为加盟商提供的服务，如为加盟商提供选址服务、营销服务、管理支持服务、产品支持服务等。除此之外，餐饮创业者还可以进一步明确该加盟商的投资比例、投资额度、投资回收期、投资回报率等指标，使加盟收益更加量化，让加盟商在经营过程中有的放矢。

除了加盟招商推广手册，加盟招商管理手册也是餐饮创业者要准备的一份指导性的工作手册。连锁品牌要按照加盟招商管理手册对加盟商进行管理。

首先，加盟招商管理手册需要明确产品生产步骤。产品如何采购？如何加工？如何生产？产品的制作标准如何？产品的出品标准怎样？这些都是需要在加盟招商管理手册中明确的内容。

其次，加盟招商管理手册需要明确岗位职责和设备管理要求。加盟商中处于不同岗位的人员具有什么权力，需要完成什么职责，如何完成岗位工作，这些都应该有相应的标准流程，都应该在加盟招商管理手册中列示。除此之外，门店设备的使用规范及保养维护等也需要餐饮创业者在加盟招商管理手册中予以明确。

最后，加盟招商管理手册需要明确安全管理、值班管理标准。安全管理标准、值班管理标准等也需要餐饮创业者在加盟招商管理手册中列示并提供指导。

总体来说，在加盟招商过程中，设计一份完善的加盟招商手册至关重要。餐饮创业者在设计加盟招商手册时，重点要注意几个方面，即内容要全面、标准要细化、要结合实践、适时做出调整。只有做好这项工作，餐饮创业者才能在加盟招商过程中事半功倍，实现最初的招商目标。

第106讲　加盟招商协议包含哪些内容

在与加盟商确定了合作意向后，餐饮创业者要与其签订加盟招商协议来约束双方的关系。通常来说，加盟招商协议包含三部分，一部分是加盟合作协议，即品牌使用协议；另一部分是加盟管理协议，明确连锁品牌对加盟商的管理事项、要求；还有一部分是供货协议。

那么，加盟招商协议应该包含哪些内容呢？

一、合同双方名称及其他基本信息。这部分内容主要包括招商品牌名称及加盟商名称，以及双方的法定代表人、所在地址、邮编等信息。

二、特许经营权许可期限及合同期限。这部分内容主要明确双方的合作期限。一般来说，本部分内容还要包含加盟费用的数额、支付形式等。

三、加盟形式及双方权责。这部分内容要明确加盟形式及双方的权责。其要明确加盟商是否有权使用品牌方的品牌标识、企业名称、宣传照片，以及某些责任的划分等。

四、促销与广告。这部分内容需要明确品牌方在促销与广告方面需要为加盟商提供的协助，提供相关协助的周期和频率，加盟商需要在促销与广告方面做出的配合，以及促销与广告费用的负担情况等。

五、培训与指导。这部分内容主要包括品牌方要为加盟商提供的知识及技术支持，培训与指导的形式，以及费用负担情况。例如，品牌方是否通过区域督导或者区域经理来实现技术支持？是向加盟商派驻人员提供支持还是加盟商指派人员来品牌方接受培训？这些都需要明确下来。

六、商标、服务标志及相关权利。这部分内容主要明确所有商标、服务标志及相关权利的所有权归属，双方在经营过程中针对商标、服务标志及相关权利要遵守的义务。

七、竞争限制。这部分内容明确加盟商在同等条件下是否有优先代理权，以及是否有权转让品牌方授予的经销权等。

八、服务质量控制。这部分内容主要约束加盟商对服务质量的控制，主要包括产品质量、产品出品标准、产品生产加工标准等。一般来说，加盟商在经营过程中必须遵守品牌方提供的经营手册规定的要求和标准，维护品牌方产品和服务的一致性，同时品牌方有义务定期或不定期地以书面或其他方式对加盟商进行进货管理、销售管理、商品知识、职工管理等各方面的指导，帮助加盟商实施标准化管理。

九、合同的变更、解除、终止，以及协商调整。这部分内容就合同的变更、解除、终止，以及协商调整的情形做出规定。

除了需要了解加盟招商协议包含的主要内容，餐饮创业者还需要在签订加盟招商协议的过程中注意以下事项。

第一，根据《特许经营管理办法》第十三条规定："特许经营合同约定的特许经营期限应当不少于三年。但是，被特许人同意的除外。特许人和被特许人续签特许经营合同的，不适用前款规定。"也就是说，品牌方在首次授权特许经营的时候，除非加盟商同意特许经营期限少于三年，否则不应该少于三年。

第二，品牌方应该向加盟商提供加盟招商管理手册，并且按照手册中约定的内容为加盟商提供技术支持和培训服务。同时，品牌方授权特许经营的产品必须符合法律法规的规定，这是最基本的一项原则。

第三，如果品牌方要求加盟商在签订合同前支付一定数额的款项，那么必须明确这一款项的性质，其是属于定金还是意向金。如果后续确定了合作关系，这笔款项如何处理；如果后续没有达成合作，这笔款项又该如何处理。

第四，品牌方向加盟商收取的推广费用和宣传费用，必须要按照协议的约定使用。如果品牌方收取了宣传费用，却不做任何宣传，或是没有按照协议约定的形式和力度做宣传，也是不符合相关规定的。

第五，没有经过品牌方的同意，加盟商不可以向其他人转让经营权，同时不可以在不经过授权的情况下多开门店，以及向他人泄露品牌方的商业秘密和商业配方等。

餐饮创业者应该了解加盟招商协议包含的主要内容，以及在签订加盟招商协议过程中的注意事项，以规避法律风险。

第107讲 如何管理加盟商

加盟连锁已经成为很多餐饮品牌发展的常见方式。但是对于品牌方来说，必须要有一定的经营策略，否则会影响到品牌的形象和发展。如何管理加盟商，一直是很多品牌方的痛点，原因如下所述。

一、餐饮创业者在进行加盟招商时没有明确范围。很多餐饮创业者在进行加盟招商时，没有确定一个合适的范围，一开始就将加盟店铺开到全国各地。这难免会造成管理半径很长，品牌方的管控力度很弱，很难约束加盟商的一些动作和行为等。

二、加盟商没有完全按照加盟招商协议行事。有些加盟商的管理者自认为有一定的从业经验，所以不想完全按照品牌方的要求做事。例如，他们会将自己的想法加在产品中，或者不会严格按照品牌方的要求使用某种食材原料，而选择从市面上采购其他原料，从而造成了产品的出品与品牌方的不一致。当然，他们也可能在其他方面脱离品牌方的约束，按照自己的意愿行事。这些行为最终都会损害品牌的统一性和延续性，给品牌方造成损失。

三、品牌方的管理失误。很多时候，品牌方要么由于重视程度不够而忽视了对加盟商的管理，要么由于管理团队不健全导致不能对加盟商进行全方位的监督和管理。现在很多品牌连锁加盟体系的合作关系本身就比较脆弱，如果品牌方再出现管理失误，那么分歧的出现在所难免。

那么，餐饮创业者该如何对加盟商进行管理呢？餐饮创业者需要在两个方面同时下功夫。

一是加盟管理团队的建设。对于品牌方来说，品牌价值和体验至关重要，在对加盟商进行管理的过程中品牌方要建立并完善加盟管理团队。一个品牌的加盟管理团队至少要包含区域督导或区域经理，他们的工作职责是监督加盟商的运营，定期或不定期地巡查加盟商。餐饮创业者要视连锁经营的规模组建加盟管理团队。一般来说，一个区域督导或者区域经理负责 10~20 家加盟店即可。如果负责监督的门店太多，那么便很有可能造成管理上的疏忽。

二是加盟管理制度的建立。加盟管理团队的存在意义就是帮助加盟商发现问题，调整和优化运营策略及管理状况。所以，餐饮创业者在组建好加盟管理团队后，就需要建立加盟管理制度，包括督导方法、督导方案、督导手册、督导标准等，从制度上规范和指导加盟管理团队的工作。以下几个加盟督导过程中的要点供餐饮创业者参考。

1.加盟管理团队每个月都要对管辖的加盟商进行巡查。区域督导或区域经理要到加盟商的门店对其经营情况进行检查，在相应的表格中对加盟商的门店经营情况进行打分，对加盟商的经营管理和项目数据进行评估，帮助加盟商寻找管理上的问题。

2.区域督导或区域经理还要检查加盟商是否按照品牌方的规定生产产品，以及其日常运营是否按照品牌方的要求进行。区域督导或区域经理应与加盟商的管理团队一同召开沟通会议，帮助他们分析管理中存在的问题。

3.加盟管理团队需要根据巡查情况制作《督导检查表》，反馈加盟商的管理问题以及解决措施。《督导检查表》是联系品牌方和加盟商的纽带，也是品牌方和加盟商继续合作的基础。品牌方可以通过《督导检查表》了解加盟商的运营情况，加盟商也可以通过《督导检查表》了解品牌方的要求和理念。

4.加盟管理团队要严格按照加盟招商协议的要求使用奖惩手段。一般来说，品牌方在和加盟商签订的加盟招商协议中都会约定奖惩条款。其会对加盟商违反规定的情形及其处罚措施做出约定，也会对加盟商取得的成绩及其奖励措施做出约定。例如，加盟商违反了第 × 条规定，那么品牌方可以收取 1000~5000 元的罚款；而对在巡查中表现优异的加盟商，品牌方可以在供货价上提供 1% 的优惠等。这些都是品牌方管控加盟商的手段。加盟管理团队只有严格按照加盟招商协议要求使用奖惩手段，才能确保双方的合作更加持久和稳定。

以上是品牌方在管理加盟商的过程中需要掌握的一些技巧，供餐饮创业者参考。

第 16 章

餐饮创业 13 问

第 108 讲　如何给位置不太好的门店引流

问题： 我的门店的位置不太好，怎么引流呢？

其实这个问题也发生在很多创业伙伴身上，他们在创业之初，由于成本压力，只能选择一些位置相对没有那么出色的商铺。由于这些商铺没有足够的流量，所以餐饮生意就会受到一定的影响。针对这一问题，我简单介绍一下我的看法，希望能对餐饮创业者有所启发。

餐饮创业者不能迫于成本压力，而选择地段不太好的位置开设餐厅。餐厅的选址对其发展影响显著。所以我建议餐饮创业者在可承受的资金范围内，选择一流或二流的位置。

如果餐饮创业者特别想要一流、二流的位置，资金又不够的话，那可以通过缩小门店的面积节省资金，从而获得理想的门店位置。餐饮创业者要评估在一定的预算如 60 万元，在好的位置开设一家面积相对小一些的门店能获得的收益，与在一个相对差一些的位置开设一家面积相对大一些的门店能获得的收益，二者的大小。一般来说，前者会相对大一些。

如果餐饮创业者已经在一个不太如意的位置开设了门店，那么该如何引流呢？

一、老顾客带新顾客。老顾客作为餐厅的常客，已经对餐厅的产品、环境、服务等各方面都给予了肯定，可以通过他们的口碑传播、朋友圈晒照等方式告诉那些没有来消费过的顾客，这家店值得品尝。如果想要让老顾客主动晒照，那餐厅的各方面条件必须过硬，如果装修设计美观时尚，很多女性消费者就会主动晒照；餐厅也可以通过发放优惠券等有偿的形式鼓励老顾客进行门店的口碑宣传。

二、在流量比较集中的地方投放广告位。例如，在大的交通路口设置广告位，指示该餐厅的具体位置；在附近的写字楼旁边设置广告位，重点介绍门店的特色和优惠活动。这些都会起到不错的引流作用。

三、在线上宣传营销上下功夫。如今，互联网、新媒体的发展十分迅速，活跃在网络上的用户量是非常大的。餐饮创业者可以设计比较好的活动方案，通过线上宣传的方式吸引新客源。例如，在本地美食公众号、美团点评等平台开展优惠和促销活动；通过行业领袖的推广，将门店加入一些当地的美食排行榜等，从而增加线上曝光量。在这一点上需要注意的是文案不要夸大其词，如果来到店里消费的顾客发现饭菜并没有宣传的那么好吃，就会起到反作用。所以活动策划一定要恰到好处，具有吸引力。

为门店引流的前提是将产品做好、服务做好，这一点是餐饮创业者需要时刻谨记的。

第109讲　如何平衡产品的品质和价格

问题：我该如何平衡产品的品质和价格，让顾客觉得性价比高？

一般来说，顾客觉得某种产品的性比高，就会消费某种产品，所以这个问题中的"顾客觉得性价比高"可以用销量提升来体现。这个问题的本质是餐饮创业者如何处理产品品质、价格和销量三者之间的关系。这是所有餐饮创业者在经营过程中永远面临的问题，只有处理好三者的关系，才能获取可观的收益。很多餐饮创业者对这三者之间的关系的理解都走进了一个误区，以为优质产品以低价卖出，自然销量大增，又或者以为好产品遇上适中价格，销量也不会差到哪里去，可是实际情况往往相反，销量并没有因为高质低价而有所增长。在此，餐饮创业者必须正确地平衡好产品品质、价格与销量之间的关系，获取更大的收益。

一、很多餐饮创业者十分注重品质，所以推出的产品品质很高，价格与市场平均价格相差无几，但销量却并不突出。而这样定价是因为餐饮创业者认为："我们这一区域的消费水平不高，市场上很多同类产品都是这个价格，如果我们把价格提上去了，就没生意做了。"可是反观一些高端餐饮品牌的同类产品，产品品质不错之余，价格也不低，可是照样销量可观。

出现这种现象的原因是餐饮创业者对餐饮经营的本质认识不透，也没有针对相关的产品进行市场调查。在餐饮市场竞争中，如果门店的知名度不够高，其定位也不是高端餐饮，那么即便其产品使用的食材是高品质的食材，顾客也是不会买账的。因为顾客无法评估餐饮创业者说的是真话还是假话，他们会觉得门店的位置这么偏，店这么小，装修也不够出色，名气也不够大，产品的价格也没那么高，产品的品质很难保证。

二、还有很多提供高品质产品的餐饮创业者发现，即便把产品的价格定得高一些，销量也很难提升。这是因为顾客对门店的品牌没有形成认知，不敢轻易购买，怕上当受骗。

所以，对于处于初创期的餐饮企业来讲，顾客还没有对其形成黏性和认知，很多时候是通过产品品质、价格、品牌知名度、空间体验等多个维度来评估门店及其产品的性价比的。

所以对于以上两种情况，我们建议餐饮创业者在保证产品品质的同时，使用中等品质的食材（注意一定不能是劣质品）来生产产品，这样也可以为定价提供一定的空间。例如，使用中等品质的食材生产维持着平均水平的产品，然后价格稍微低于平均水平，将利润摊薄一些，那么顾客自然会觉得门店及产品的性价比高。

三、很多餐饮创业者生产的产品很好，价格适中，可是销量照样不行。这是因为产品的好与坏是需要被发掘与品尝的，不然就算产品多么优质和美味，也遇不到知音和伯乐。因此，仅仅依靠产品说话是远远不够的，卖产品的人更要说话。同样品质和价格的产品在同一个市场不同的门店销量差距很大，其原因一目了然。

所以，优质的产品还需要通过优秀的营销人员和合适的销售渠道让更多的人品尝到。在这个环节中，对销售人员进行系统化的培训尤为重要。因此，餐饮创业者只有善于对营销人员展开合适的培训，规模化与专业化并举，才能在保持产品品质、价格的同时，提高销售额。

综上所述，产品的品质、价格和销量的平衡是需要多方面的协调与促进的。经营一间餐厅是一个循序渐进的过程，餐饮创业者不能盲目地降低价格以求销量增长，如此会造成门店的经营不善；当然，餐饮创业者也不

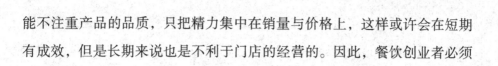

能不注重产品的品质，只把精力集中在销量与价格上，这样或许会在短期有成效，但是长期来说也是不利于门店的经营的。因此，餐饮创业者必须正确平衡三者之间的关系，只有这样才能获得更好的经营成果。

第110讲　餐厅生意一直不太好，是要坚持还是放弃

问题：我的餐厅开业之后，生意一直都不太好，并且一直亏损，我该坚持还是放弃呢？

我相信这个问题困扰着很多餐饮创业者。在开业前期，很多餐饮创业者都做好了充分的准备，信心满满，觉得只要自己选的位置好，生产的产品质量好，肯定就会生意兴隆，但是开业之后却发现现实并非如此。这可能是由很多原因造成的，以下是常见的几个原因。

第一，可能与选址有关。很多餐饮创业者觉得自己的选址很好，但事实可能并非如此。并不是所有人都擅长为自己的品牌选择一个最适合自己的位置。一方面，如果餐饮创业者不根据自己经营的餐饮品类或者业态来选择最适合自己的位置，而只是盲目跟风，想当然地认为什么位置好，就贸然地选择那些位置，就会对经营效益产生一定影响。另一方面，餐饮创业者需要对具体的位置进行深入的分析，不然就会造成选址不当。例如，很多餐饮创业者并不具备专业的评估能力，自认为选择了适合自己品牌定位的小区门店，但该小区虽然住宅很多，可入住率并不高，就会造成收益没预想中的大。

第二，可能与营销推广有关。如果营销推广做得不到位，那么就会使餐厅的辐射范围有限，导致上门的顾客不多，从而影响餐厅的经营效益。

第三，**可能与空间设计有关**。很多餐饮创业者觉得自己的空间设计很漂亮，但是也许这种设计并不适合自己的品牌定位。正如前文所述，空间设计并不是越漂亮越好，适合自己的才是最好的。

第四，**可能与门店管理有关**。很多餐厅在经营的过程中，管理混乱，没有章法，顾客消费体验较差，这也会导致生意萧条。

所以当生意不好时，餐饮创业者首先要做的是分析生意不好的原因。是因为成本控制没做好导致利润受影响，还是因为管理混乱、顾客体验差导致利润受影响？如果内部管理没有问题，那是不是由外部因素，如选址不当造成效益不佳？只有在找出导致生意不好的具体原因后，才涉及探讨坚持还是放弃的问题。

如果确实是选址出了问题，那么餐饮创业者要分析能否通过营销推广来弥补选址不当造成的客流量低的问题。如果可以通过营销推广解决问题，那么餐饮创业者就想办法加大营销推广力度。餐饮创业者可以聘请专业的营销人员负责营销推广工作，或者与专业的营销推广机构合作，增加餐厅的曝光量，吸引客流量。如果营销推广也无法解决客流量低的问题，那么餐饮创业者就可以考虑换个位置重新开设餐厅了。

如果是空间设计与品牌定位不符导致的生意不佳，那么餐饮创业者可以改变空间设计风格，重新按照品牌定位装修餐厅。此时，餐饮创业者要明确导致空间设计与品牌定位不符的原因是什么，是自己当初一意孤行还是当初请的设计团队水平不够，然后在下次装修过程中避免类似错误，完成符合自己品牌定位的空间设计。

如果是门店管理问题造成的生意不佳，那么餐饮创业者可以针对管理过程中存在的问题调整管理方式和方法。当然，餐饮创业者可以自己解决，也可以咨询专业人士。总之，餐饮创业者如果想继续经营餐饮生意，管理

上的问题必须予以解决，不然不管将门店开到哪都会面临生意不佳的困扰。

除此之外，餐饮创业者还要考虑自己的经济条件，如果自己的资金足以支撑解决目前问题的过渡期，那么坚持还是有必要的，毕竟开设一家餐厅并非易事，如果资金有限，无法负担哪怕一两个月的调整周期，那么再可惜也无济于事，餐饮创业者需要及时止损。

第111讲　员工实行轮岗制还是定岗制

问题：餐厅的员工是该实行轮岗制还是定岗制？

岗位轮换制（轮岗制）是企业有计划地按大体确定的期限，让员工（干部）轮换担任若干种不同工作的做法，从而达到考查员工的适应性和开发员工多种能力、提高换位思考意识、进行在职训练、培养主管的目的。

采用轮岗制的优势，一是可以培养复合型人才，二是可以激励优秀员工，三是可以控制企业风险，四是可以促进沟通团结，五是可以促进工作创新。

基于轮岗制的优势，在"用工荒"的形势越来越严峻的当下，很多餐饮创业者都想尝试轮岗制，来培养全能型的员工。但轮岗制究竟适不适合餐饮企业？究竟对员工实行轮岗制还是定岗制？这也是一个可能会困扰餐饮创业者的问题。事实上，不同的餐饮业态、不同的岗位适合实行不同的制度。

对于很多中餐厅来说，前厅主要负责经营管理、服务客户和营销推广，厨房主要负责产品的生产、设备的清洁维护、毛利的控制等，他们有不同的分工。如果只在前厅实行轮岗制，那是没有问题的，因为前厅的工作技术难度并没有那么大，领位员可以去做收银员，收银员可以去做传菜员，传菜员也可以去做服务员，只要餐饮创业者进行轮岗培训就可以实现。但要在中餐厅的后厨实行轮岗制，难度就相对较大。通常后厨的每一个岗位都有一定的技术难度要求，如切配岗位对刀功和速度有很高的要求，而且要满足岗位需求，没有长时间的积累是很难做到的，所以并不适合轮岗。

对于一些西餐厅来说，也有一些餐饮品类是不适合进行轮岗的。例如，日料中的寿司师傅、刺身师傅、一些资深的主厨，其工作技术难度较高，并不是所有人都可以胜任的，所以也不适合轮岗。而对于肯德基和麦当劳这样的西餐体系，其前厅和厨房基本都会实行轮岗制。无论是生产薯条、汉堡，还是收银、保洁，这些工作都没有特别高的技术难度，只需要一定程度的熟练度即可胜任。这样的餐厅实行轮岗制不仅可以提升员工的综合服务能力，还可以提升工作效率。

所以综合来说，对于有技术难度的岗位，轮岗制就会受到一定的限制，餐饮创业者只能在对技术要求不高的岗位之间实行轮岗，以提升工作效率。

第112讲　非厨师出身的老板，如何把握后厨生产的稳定性

问题：我不是厨师，我也不懂厨艺，那么我该如何把握后厨生产的稳定性？

这是餐饮创业者在日常运营中会遇到的一个问题。在以前的餐饮市场中，大部分餐饮创业者都是懂产品的，很多甚至就是厨师出身。随着互联网的快速发展，很多互联网人开始进军餐饮业。于是越来越多不懂产品的

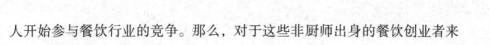

人开始参与餐饮行业的竞争。那么，对于这些非厨师出身的餐饮创业者来说，该如何把握后厨生产的稳定性呢？

通常情况下，大部分餐饮创业者都是懂产品的，即便不懂产品，也懂得品尝产品口味上的变化。如果一个餐饮创业者既不懂产品，也不会品尝产品口味上的变化，那么，其在产品稳定性方面的控制力就会很弱。我们对这个问题的解答是以餐饮创业者可以品尝产品口味上的变化为前提的。对于如何从技术层面，把握产品生产的稳定性，我们简单介绍几种管理方式和方法。

一、制定标准菜谱。标准菜谱是统一各类菜品的标准，它是使菜品质量保持稳定的依据，同时也有利于成本核算和控制要求。餐饮创业者可以表格的形式列示标准菜谱，列出主辅料配方，规定制作程序、烹调时间，明确装盘形式、盛器规格及味型，指明菜肴的成本、售价和毛利率。除此之外，餐饮创业者要为每道菜品配上图片，以供厨师在日常工作中参考。

二、制定标准化的进货流程。餐饮创业者要根据经营需要，采购菜品的主配料。将所需食材的标准，包括色泽、味道、质感及形状等写在采购单上，提前发给送货人，要求供货商必须按照采购单送货，达不到要求的拒绝进入厨房。采购回的原料必须分类摆放，严格执行"先进先出"原则，合理使用。

三、实行定量生产。餐饮创业者要加强对生产过程的监管，强化厨房工作人员的标准化操作。餐饮创业者应指定资深人士定期对生产人员进行培训，确保生产人员掌握生产标准。在生产过程中，严禁工作人员根据自己的经验或者直觉来进行生产，必须将电子秤、小台秤、尺子、温度计等计量工具利用起来。

四、规定标准化的烹调过程。原来的厨师多以经验烹调，但实际上这个过程同样可以实现标准化。厨师在烹制菜品时，必须按照标准菜谱中明确标注的主配料进行操作，在装盘前，必须保证菜品的成熟度。其要保证菜品的色泽、味道、质地与标准菜谱中标注的一致。

五、随时与厨师进行交流。如果餐饮创业者开设了一家餐厅，认为厨师做出的某道菜品味道不好，厨师可能以餐饮创业者是外行为由拒绝进行改进，此时餐饮创业者需要一定的管理或者沟通技巧来解决问题。餐饮创业者可以邀请餐厅管理团队的所有成员一起来品尝菜品，如果大家一致觉得菜品味道有待改进，那么厨师肯定会信服，不得不做出调整。

另外，非厨师出身的餐饮创业者要树立威信，要相信自己对菜品味道的把握。不能因为自己没有做过厨师，而在管理过程中畏首畏尾，没有底气。当然，要想对产品的出品有发言权，餐饮创业者在经营过程中还是要花一定精力钻研菜品，只有这样才能与员工更好地交流，提升沟通效率。

第 113 讲　如何平衡标准化的出品和依赖厨师的出品

问题：我希望慢慢地把产品生产标准化，可是标准化之后菜品的口味会下降，同时厨师也会多少有些不满，因为他觉得他的技艺没有得到很好的发挥和认可。而如果我们依赖厨师，会导致人力成本增加，产品生产的稳定性也会受影响，我该如何平衡？

在创业初期，餐饮创业者要依靠厨师来完成产品的制作，这很好理解。因为在创业初期，品牌知名度不够高，品牌影响力不够强，产品口味的独特性是餐厅吸引客流和建立口碑的关键。而要生产具有独特口味的产品，厨师的努力和钻研至关重要。但在品牌发展到连锁运营阶段后，依靠厨师已经很难保证出品的品质和数量，所以标准化生产势在必行。

所谓标准化的出品包含两方面的内容，除了我们上一讲介绍的菜谱、进货流程、生产、烹调过程的标准化，还包括将标准化的产品生产放在中央厨房进行，从而实现工业化。

在标准化出品的过程中，菜品口味难免会有损失。一方面是因为，批量加工、批量生产、批量制作不可避免地会影响菜品口味；另一方面是因为，标准化生产需要提前预加工、库房存放、半成品配送等，也会导致口味的下降。

显然，厨师出品和标准化出品各有利弊。所以从宏观层面考虑，餐饮创业者要根据自己所处的阶段来选择主要以哪种方式生产产品。如果仍处初创期，那么依赖厨师出品是必然选择，如果已经进入连锁运营阶段，那么标准化生产就势在必行。

当然，在进入连锁运营阶段，餐饮创业者也要面临厨师出品和标准化出品的选择。一般来说，并不是所有产品都适合进行标准化生产，有些颇具特色的菜品还得依赖厨师的技术和经验来完成，此时就不能对其进行标准化生产。而对于可以标准化的菜品，餐饮创业者也面临着某个环节需要标准化，某个环节不能标准化的选择。有一些菜品可以在所有环节标准化，如一些凉菜的制作，而有一些菜品则需要在工厂或者在中央厨房提前加工好，由厨师来完成操作和烧制，也就是说只能部分标准化。

餐饮创业者需要在连锁运营过程中，把控标准化的程度和工业化的程度。如果想最大化地保证菜品的品质，那么不管是哪种菜品（所有环节都可标准化的菜品或者部分环节可以标准化的菜品），都可以尽量依赖厨师来完成生产过程，当然前提是厨师的生产本身要具备稳定性。如果想要获得最大化的收益，提升生产效率，那么在损失一定口味的代价下，餐饮创业者可以选择进行最大限度的标准化生产。

所以对于处于连锁运营阶段的餐饮品牌来说，餐饮创业者也要根据实际情况，权衡厨师出品和标准化出品的利弊，选择更适合自己的生产方式。如果餐饮创业者觉得口味体验对自己的品牌仍旧十分关键，因为自己的品牌知名度还不是很大，黏性仍旧不强，那么就不能将标准化生产做得太深入，可能只需要在食材加工环节进行标准化，然后由厨师完成剩下的环节。而如果餐饮创业者觉得自己的品牌知名度已经很高，想要实现更大规模的发展，那么就可以选择由标准化流程来完成 90% 甚至更大比例的产品生产，从而提升生产效率。

第114讲 如何紧随风口打造爆款产品并形成自己独特的竞争力

问题：我如果紧随风口去打造爆款产品，该如何形成自己独特的竞争力？

这是一个需要大多数餐饮创业者在经营过程中时刻钻研和琢磨的问题。对于餐饮创业者来说，打造属于自己的爆款产品至关重要。但如果能力有限，或者已经进入连锁运营阶段，想要跟随风口打造爆款产品，那么就需要形成自己独特的竞争力。中国的餐饮市场十分巨大，创新也无处不在，所以总是会出现各种各样的风口产品。无法引领创新潮流的餐饮创业者可以选择跟随风口产品，通过打造自己独特的竞争力来打造爆款产品。

一、与品牌建立关联

对于已经形成一定规模的连锁餐饮来说，品牌知名度和品牌黏性已经存在，那么在跟随风口打造爆款产品的时候，就要与自己的品牌建立关联。让自己的品牌积累为打造风口上的爆款产品赋能，是已经具有品牌知名度的餐饮品牌在跟随风口打造爆款产品方面具有的独特优势。

二、设计差异化卖点

创新很难，但分析创新产品、改进创新产品并不难。只要是有一定市场敏锐度的餐饮创业者都能发现目前处于风口上的产品，那么对其进行分析并改进便不是难事。餐饮创业者可以从产品的原料、配料、包装和玩法上进行创新。例如，爆款产品选用的绿豆原料，那么餐饮创业者能不能选择红豆或者品质更好的绿豆作为原料？火遍抖音的土耳其冰淇淋也是因其售卖手法的创新而受到关注。

三、设法拓展产品的受众面

一般来说，大家的口味是有差别的，有些爆款产品可能只聚焦某一口味的受众。餐饮创业者可以针对爆款产品的特点，适当改良口味，设法拓展产品的受众面，从而获得更多的顾客。当然，这一点只针对有改良可能的爆款产品，不是所有产品都可以实现的。

四、突出产品的价值感

在紧随风口打造爆款产品时，餐饮创业者要从消费者的需求出发，突出产品的竞争力，要让顾客觉得消费很超值。通常来说，餐饮创业者打造爆款产品的目的是用它来提升门店的流量。如果一间人均消费 60 元的餐厅，想主力推出一款售价 160 元的爆款产品，难度和价值可想而知。所以餐饮创业者要立足自己的品牌定位，突出产品的价值感，维护老顾客的同时吸引更多新顾客。

综上，餐饮创业者要勇敢地站在巨人的肩膀上，打造自己的差异化优势；从细分市场入手，实现单品升级；倾听顾客反馈，永远多做一点点；立足品牌资源，不断升级产品。

第 115 讲 餐厅生意火爆，有人在附近开店抄袭，怎么办

问题：我的餐厅生意火爆，有人在附件开店抄袭，我该怎么办呢？

被同行抄袭是在餐饮竞争中很常见的一种现象。有人抄袭肯定会对餐饮创业者的生意造成影响，这是毋庸置疑的，即便对方将店开在距离很远的地方。面对竞争对手的抄袭，很多餐饮创业者第一时间就想开展连锁经营，扩大市场规模，迅速占领市场，这种做法在有些情况下是不可取的。因为开展连锁经营需要具备很多条件，进行周密的筹划，需要顺势而为，餐饮创业者不能因为外界因素而打乱自己的发展步伐。

那么，当面临竞争对手在附近开店抄袭的行为时，餐饮创业者可以采取哪些行动予以应对？

餐饮创业者需要分析自己生意火爆的原因，找出自己的差异化优势。生意火爆一定有火爆的理由，要么是菜品味道好，要么是餐厅环境好，要么是门店管理做得好，要么是营销推广做得好。这个让自己餐厅生意火爆

的理由就是餐厅的核心竞争力。找出自己的差异化优势，确定自己的核心竞争力，是餐饮创业者进行下一步的前提。

如果餐厅火爆是因为空间设计特别如采用了田园风格，或者是因为制作过程新颖，如采用了现场加工、现场出品的做法，那么其就很容易被竞争对手复制。因为其操作难度不大，复制门槛很低。此时餐饮创业者需要加大营销力度，将管理做好，然后寻找其他竞争点，打造差异化优势。

如果餐厅火爆是因为菜品味道好，则相对好一些，因为菜品味道并不是那么容易被复制的。餐饮创业者要在保持出品稳定性的前提下，继续开发新菜品，保持领先优势。

总而言之，不管对方抄袭什么，餐饮创业者最需要做的都是稳住阵脚，立足品牌定位，发挥差异化优势，提升品牌知名度。久而久之，那些试图抄袭的餐厅自然难以抗衡，因为餐饮竞争长久来说是综合实力的竞争，靠抄袭某一方面终归是难以立足的。

所以空间设计可以被抄袭，玩法可以被抄袭，味道可以被模仿，但是品牌的调性和气质是难以被复制和模仿的。餐饮创业者在确定了品牌定位，找到了具有竞争力的模式后，要做的就是在坚守初心、保持品牌调性和气质的基础上不断创新，按部就班地经营和发展下去。

第116讲　餐饮选址应该规避哪些坑

问题：在为餐厅选址的过程中，我应该规避哪些坑？

这个问题困扰着很多餐饮创业者，我们也在前面的章节多次提及，鉴于其对餐饮经营的重要性，本讲再次剖析这一问题，以帮助餐饮创业者规避选址中的陷阱。

第一个坑，商圈不匹配。餐饮创业者在选址前一定要了解自己的餐厅适合开在哪种商圈，千万不能为餐厅选择一个不匹配的商圈。如果商圈选错了，那么位置便很难选对。

第二个坑，贸然进入商场。如果餐饮创业者在空间设计、产品品质、运营管理等方面都不具备十分大的竞争力，那么千万不要贸然进入商场。商场中进驻的餐饮业态很多，涉及的餐饮品牌也很多，会对餐饮创业者的经营带来各种各样的竞争，这对新创品牌是十分不利的。所以，餐饮创业者不能贸然进入商场。

第三个坑，租赁的门店没有得到授权。在选址过程中，餐饮创业者一定要明确商铺的所有权归属。很多餐厅商铺的出租方可能是二手房东或者三手房东，并没有转租权。这时就会存在法律风险。

第四个坑，商铺不能办理营业执照。有些商铺因为所处位置或者用途限制等无法办理营业执照，而餐饮创业者在选址的时候没有考虑商铺不能办理营业执照的可能，导致陷入签好租赁合同却不能办理营业执照的尴尬处境。如果营业执照办不下来，那么后续其他证照如餐饮服务许可证也办不下来，那么便无法营业。这是餐饮创业者一定要规避的陷阱。

第五个坑，认为流量越大，商铺越好。在选址的时候，有些餐饮创业者认为流量越大，商铺越好，这是不对的。很多商铺周围人流量确实很大，但如果跟品牌定位不符，那么也很难生意火爆。例如，餐饮创业者的品牌定位是要开设一家人均 200 元的高档餐厅，但是某个商铺周围的人流量多为务工人员或者学生，那么便很难吸引这些人进店，从而也就很难获得较高的收益。

第六个坑，进驻新开业的商场。新开业的商场在一年甚至一年半的时间里，可能都不是最佳的进场时间，因为其人流量不会很多。很多餐饮创业者选择进入商场，就是为了借助商场的人流量来提升餐厅的客流量，如果商场的人流量无法保证，那么餐厅的客流量便也无法保证。更何况，正如前文所言，对处于初创期的餐厅来说，进入商场本身就不是最佳的选择。

以上几个坑是餐饮创业者需要在选址中规避的，希望餐饮创业者能够提高警惕，迈好创业第一步。

第117讲　到底有没有必要建立中央厨房

问题：到底有没有必要建立中央厨房？

所谓中央厨房，是将菜品用冷藏车在全部直营店实行统一采购和配送。在以往的餐饮经营中，除了毛肚、鸭肠等干货外，所有新鲜蔬菜都由直营店实行单店采购。采用中央厨房配送要比传统的配送节约30%左右的成本。一般来说，中央厨房采用巨大的操作间，采购、选菜、切菜、调料等各个环节均由专人负责，将半成品和调好的调料一起，用统一的运输方式，赶在指定时间内运到分店。

对要不要建立中央厨房这个问题的回答，因企业规模和发展规划的不同而不同，餐饮创业者需要考虑两个方面的因素：第一，餐饮企业的发展规模如何，标准化需求是否强烈？第二，餐饮企业的资金实力是否能够支撑中央厨房的建立，企业的发展战略如何？解决了这两个问题就能确定是否要建立中央厨房。

　　一般来说，如果餐饮创业者只开设了一两家门店，那么从投入产出的角度来说完全没有必要建立中央厨房。而如果餐饮创业者开设了八家或者十家连锁门店，觉得有必要进行标准化，为后续扩充规模做准备，如将在一年之内开二三十家门店，那么餐饮创业者可以考虑建立中央厨房。可是如果餐饮创业者一年之内只能开三五家门店，三四年的时间只能开十一二家门店，那么建立中央厨房的必要性也不是很大。餐饮企业的发展规模、发展速度和战略规划是是否建立中央厨房的重要考量因素。

　　正如前文所言，建立中央厨房的好处是可以实现标准化。建立一个严格意义上的中央厨房，成本可能要两三千万元，对于拥有小于 20 家门店的连锁企业来说，我们不建议建立中央厨房，必要的情况下可以建立小的加工部，完成某些环节的标准化生产。如果餐饮企业的发展速度很快，那么餐饮创业者可以通过融资的形式来建立中央厨房。一个中央厨房拥有支撑五六十家甚至上百家门店的产能，所以从未来战略角度出发建立的中央厨房，在企业没有发展到预期的规模这段时间，会产生产能过剩的问题，这是餐饮创业者需要权衡的问题。

　　餐饮创业者要在全面权衡餐饮企业的发展规模、发展速度和战略规划后，做出是否建立中央厨房的决策。毕竟餐饮创业者也是以利润最大化为经营目标的，考虑投资收益比是基本的决策原则。

第118讲　单店盈利能力比较强的情况下，如何部署下个阶段

　　问题：在我的单店盈利能力比较强的情况下，我该如何做好下一个阶段的部署？

这其实是一个发展战略问题。餐饮创业者要提前为自己的企业确定发展战略和发展方向，如果第一家店顺利地活下来并且盈利不错，那后续要如何发展？这考验的就是餐饮创业者的布局能力。

很少有餐饮创业者的梦想是只开设一家餐厅，然后就潇洒度日，大多数餐饮创业者在创业之初还是有做连锁餐饮的打算的。餐饮创业者在开店之初就要做一个大致的发展规划，确定在单店盈利后，是否要继续扩大规模。当开到两三家门店时，餐饮创业者基本就在一个小的餐饮市场占据不小的份额了，此时餐饮创业者需要做未来至少一年的规划，例如，从今年8月到明年8月，要开几家门店，开什么样的门店，是升级店还是形象店，是旗舰店还是标准店。店面属性不同，发挥的作用也不同。

在规划好了预计开设的门店数量后，餐饮创业者还要确定具体的开店时间和开店速度，如分别在3月、6月和9月开设一家门店。

在确定好开店数量、开店时间和开店速度后，餐饮创业者还要在这一过程中研究竞争对手。餐饮创业者在发展的过程中，一定要搞清楚自己的竞争对手，也就是自己的对标企业是谁。在只有一家门店的时候，餐饮创业者的对标企业可能是很多的个体户，当发展到两三家门店的时候，餐饮创业者的对手可能是当地的一个连锁品牌。不同的竞争对手，需要采取的竞争策略也不一样，所以除了门店规模的扩大，餐饮创业者还要及时调整运营策略，以应对不断变化的外部环境。

在进行连锁运营的过程中，有一个点需要餐饮创业者关注，那就是尽可能地集中开店。这里的"集中"不是指时间，而是指位置。如果可能的话，餐饮创业者要将自己的连锁门店开在距离不远的位置，先集中占领小区域的份额，发挥规模优势，再不断向外扩散，如北京簋街的胡大饭馆。地理位置上的集中，也可以让营销和推广发挥更大的作用，从而更好地提升品牌知名度和品牌黏性。

以上是在单店盈利可观的情况下，餐饮创业者可以考虑的下一步战略，仅供餐饮创业者参考。

第 119 讲　如何做好门店的选址调研

问题：在确定了商圈后，我该如何进行选址调研？

对于餐饮创业者来说，选址调研是一项十分关键也相对专业的工作。本讲主要介绍一下选址调研涉及的几个关键点。

一、在进行选址调研的时候，餐饮创业者要制作商圈调研报告。在商圈调研报告中，餐饮创业者要标注门店在地图中的位置，评估门店辐射范围内的小区数量。例如，门店面积是 200 平方米，辐射范围是周围 500 米的地区。餐饮创业者要评估方圆 500 米涉及的小区数量，每一个小区有多少栋楼，每栋楼有多少个单元，每个单元有几户，每户平均多少人，进而评估覆盖人群。这样做一来可以帮助餐饮创业者评估门店的目标受众人数，二来有助于门店后续的营销推广工作。

二、餐饮创业者要评估门店辐射范围内学校、医院等的数量。这些机构中的人员不仅是餐厅的重要客源，还有可能是餐厅的兼职员工来源。了解门店辐射范围内学校、医院的数量，可以帮助餐饮创业者对门店的发展和营销做出更好的规划。

三、餐饮创业者要评估门店周围有哪些机关单位或者国有企业。机关单位或国有企业中的工作人员也是餐厅重要的目标客群，所以餐饮创业者要了解门店周围机关单位或国有企业的情况。不同的人群，其营销和推广的重点不同，餐饮创业者要针对不同的人群，使用不同的营销策略。

四、餐饮创业者还要评估商圈中的交通情况。例如，餐饮创业者要了解门店周围有没有地铁站、有没有高铁站、有没有公交车站或汽车站。餐饮创业者要评估餐厅与这些交通枢纽的距离；采取相应的营销策略，将过往旅客引流到餐厅中，以提升餐厅效益。

五、餐饮创业者要评估商圈中的竞争对手。餐饮创业者要了解目标商圈中与自己经营同样品类的竞争对手有多少，与自己处于同等价位的竞争对手有多少，以提前制定应对策略，打造自己的差异化优势。

六、餐饮创业者要评估门店前的人流量。人流量踩点是门店选址评估中的重要步骤，有了实际踩点的人流量，乘以评估店的客单价及捕获率（入店率），就可得出该门店的每日营业额，进而得出每月营业额及每年营业额。餐饮创业者可以采用全日踩点法和时段踩点法来评估门店前的人流量。

七、餐饮创业者还要对门店进行评估。餐饮创业者要评估门店的建筑格局、水电气的功能，以及产权的归属等。除此之外，在选址调研报告中，餐饮创业者要针对门店设计适合的招牌位和广告位，从而为后续工作打好基础。

现在有很多选址分析模型，可以帮助餐饮创业者通过兴趣点、消费能力、消费习惯、人口特征、经济数据、小区、房屋、商圈等大数据来进行选址。餐饮创业者可以向专业人士寻求帮助，从而为自己的餐厅选择一个最好的位置。一般来说，这方面的投入对餐饮创业者来说绝对是不能节省的。

第 120 讲　加盟其他品牌如何避免被坑被骗

问题：加盟其他的品牌该如何避免被坑被骗？

很多餐饮创业者在创业之初选择加盟其他品牌，一是因为觉得自己的经验少，资金也有限，自创品牌的抗风险能力较差；二是觉得自创品牌引流能力有限，跟目前已经成熟的品牌竞争基本上就是以卵击石。但很多餐饮创业者在选择要加盟的品牌时，由于没做好调研，结果导致被坑被骗，对方只提供特许经营权，剩下的什么支持都没有，还是要自力更生，结果导致经营失败。所以，餐饮创业者在选择招商品牌时，一定要对品牌做详细的调研和研究，避免被坑被骗。以下是几个注意事项。

第一，餐饮创业者要去招商品牌营业地进行实地考察。餐饮创业者要了解招商品牌的资质、规模以及实际运营情况等；要摸清对方的人员结构、岗位设置和管理情况，以规避后续的风险。

第二，餐饮创业者要去招商品牌的工厂进行实地考察。餐饮创业者要了解招商品牌的原料供应方，如果对方有其自己的工厂或者固定的委托工厂，那么餐饮创业者要去工厂进行实地考察。餐饮创业者要重点考察工厂所在地，工厂生产产品的品质，工厂的卫生管理以及流程管理。因为大部分招商品牌是要为加盟商供应食材原料的，其供货来源对加盟商来说至关重要，会影响加盟商的经营和收益。

第三，餐饮创业者要了解招商品牌的培训内容。如果招商品牌承诺会对加盟商提供培训，那么餐饮创业者要查看其培训资料，了解对方会在什么时间开展什么培训；是培训管理技能，还是培训产品操作。餐饮创业者

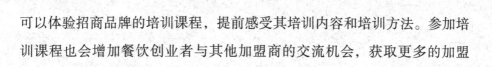

可以体验招商品牌的培训课程，提前感受其培训内容和培训方法。参加培训课程也会增加餐饮创业者与其他加盟商的交流机会，获取更多的加盟信息。

第四，餐饮创业者要深入了解招商品牌已有的加盟商。餐饮创业者需要去招商品牌已有的加盟商走一走、转一转，看看其门店的生意如何，加盟商的反馈如何等。

如果在以上的调研中均获得了满意的成果，那么餐饮创业者可以考虑与招商品牌的合作。在洽谈合作的过程中，餐饮创业者还要注意仔细阅读招商加盟协议，逐句逐字解读每个条款。餐饮创业者应聘请专业的律师帮助自己了解每个条款及其涉及的法律意义，以规避法律风险。

加盟其他品牌有利有弊，餐饮创业者在选择加盟品牌的过程中要慎之又慎，少走弯路，规避风险。

结束语

随着互联网技术和创业风潮的不断发展，越来越多的人加入餐饮行业。但是，做过餐饮或者仍在餐饮市场浮沉的人都知道，要做好餐饮生意并不是一件容易的事情。餐饮创业者要有毅力、有勇气；要守得住繁华，也要耐得住寂寞；要既守初心，又敢创新；要既坚守阵地，又敢于追赶潮流。要做到这些，餐饮创业者就要广泛涉猎各种餐饮类著作。

写作这本书的初衷是帮助餐饮创业者少走弯路甚至不走弯路，在创业的过程中能够更加坦然，更加自信。我们餐易私塾开展的培训和分享，也志在帮助餐饮创业者掌握更系统的餐饮运营知识，结识更多的餐饮同行，加深对餐饮行业的理解。只有做到这些，我们才可能将自己的品牌越做越大、越做越强。

由于篇幅的限制，我们很难将多年的培训经验全部展现给各位读者，如果大家有其他的问题或者疑问，欢迎与我交流。我的邮箱是：canyi_xujian@163.com。最后，祝各位餐饮创业者的餐饮企业和餐饮事业越做越大，越做越好！